城市轨道交通概论

主　编　陈明明　杨德臣
副主编　周　辉　张宝宁
参　编　张　幸　郭　军　李　航　辛亚江
　　　　董　飞　王　晗　张伟康
主　审　毛红梅

北京理工大学出版社
BEIJING INSTITUTE OF TECHNOLOGY PRESS

内 容 简 介

本教材从适应城市轨道交通运输生产实际需要出发，既突出了先进性、应用性、实践性和可操作性的特点，又将城市轨道交通工作生产一线涉及的知识点和能力点有机结合，以现场真实的岗位工作任务为载体，以项目为导向，进行改革创新示范引领，系统地介绍了城市轨道交通的主要设备、作用、结构及其维护规则。

本教材设计了九个学习模块，分别是城市轨道交通规划与发展，城市轨道交通土建设施，城市轨道交通车站机电设备，城市轨道交通车辆，城市轨道交通供配电系统，城市轨道交通通信与信号，城市轨道交通运营管理，城市轨道交通行车组织管理，城市轨道交通安全管理。

本教材既可作为城市轨道交通类专业教材和教学参考书，也可作为城市轨道交通类专业岗位的职业培训教材，还可供从事城市轨道交通规划、建设和运营管理的专业技术人员学习和参考。

版权专有　侵权必究

图书在版编目（CIP）数据

城市轨道交通概论／陈明明，杨德臣主编．－－北京：北京理工大学出版社，2023.3
ISBN 978-7-5763-2716-8

Ⅰ.①城⋯　Ⅱ.①陈⋯ ②杨⋯　Ⅲ.①城市铁路-轨道交通-教材　Ⅳ.①U239.5

中国国家版本馆 CIP 数据核字（2023）第 150347 号

责任编辑：封　雪		**文案编辑**：封　雪	
责任校对：刘亚男		**责任印制**：李志强	

出版发行 ／ 北京理工大学出版社有限责任公司
社　　址 ／ 北京市丰台区四合庄路 6 号
邮　　编 ／ 100070
电　　话 ／ （010）68914026（教材售后服务热线）
　　　　　　（010）68944437（课件资源服务热线）
网　　址 ／ http://www.bitpress.com.cn
版 印 次 ／ 2023 年 3 月第 1 版第 1 次印刷
印　　刷 ／ 涿州市新华印刷有限公司
开　　本 ／ 787 mm×1092 mm　1/16
印　　张 ／ 16.75
字　　数 ／ 388 千字
定　　价 ／ 79.00 元

图书出现印装质量问题，请拨打售后服务热线，负责调换

前 言

随着我国城市化进程速度的加快,城市规模和人口数量逐年上升,以地铁、轻轨等为代表的大运量、高效率、土地占用率低、低碳环保的绿色交通运输方式便成为从根本上解决超大型、特大型城市交通、环境及效率问题的最佳途径,也是我国未来城市化,以及城镇化建设和发展面临的重大问题。

城市轨道交通是一个庞杂的系统工程,犹如一台精密的"大联动机",它们相互合作、相互制约,只有当各种设备及它们之间的关系都处于正常状态时,这个"大联动机"才能正常运转。同时,"十四五"规划中提出了"加快推动数字产业化,构建基于5G的应用场景和产业生态,在智能交通等重点领域开展试点示范"。因此,必须培养一支懂技术、会管理、操作水平高超的高素质技术技能人才队伍才能适应新时代中国城市轨道交通建设、运维、发展的需要。

本书从适应城市轨道交通运输生产的实际需要出发,突出了先进性、应用性、实践性和可操作性,还有机结合了城市轨道交通工作生产一线涉及的知识点和能力点,可以普及城市轨道交通基本知识。

本书由陕西铁路工程职业技术学院陈明明、中铁一局集团电务工程有限公司杨德臣担任主编,由西安市轨道交通集团有限公司运营分公司周辉、张宝宁担任副主编,由陕西铁路工程职业技术学院毛红梅担任主审。另外,陕西铁路工程职业技术学院张幸、郭军、李航、辛亚江、董飞、王晗和张伟康也参与了本书的编写。

本书的编写分工为:模块一由中铁一局集团电务工程有限公司杨德臣、陕西铁路工程职业技术学院张幸编写,模块二由陕西铁路工程职业技术学院郭军、王晗编写,模块三由陕西铁路工程职业技术学院陈明明编写,模块四由西安市轨道交通集团有限公司运营分公司周辉编写,模块五由西安市轨道交通集团有限公司运营分公司李航编写，模块六由陕西铁路工程职业技术学院辛亚江编写，模块七由陕西铁路工程职业技术学院董飞编写，模块八由陕西交通职业技术学院张伟康编写，模块九由西安市轨道交通集团有限公司运营分公司张宝宁编写。

  由于编者水平有限，且时间仓促，书中难免存在不妥之处，诚恳希望广大读者提出批评及改进意见。

编 者

目 录

模块一 城市轨道交通规划与发展 ……………………………………… 001

  任务一 了解城市轨道交通的发展………………………………………… 002
    一、城市轨道交通的产生与发展……………………………………… 003
    二、我国城市轨道交通的发展………………………………………… 005
  任务二 了解城市轨道交通规划方法……………………………………… 011
    一、路网规划设计原则………………………………………………… 011
    二、路网基本结构……………………………………………………… 012
    三、路网方案设计的基本方法………………………………………… 017
  任务三 认知城市轨道交通系统…………………………………………… 025
    城市轨道交通系统主要组成…………………………………………… 025

模块二 城市轨道交通土建设施 ……………………………………… 030

  任务一 认知城市轨道交通车站…………………………………………… 031
    一、城市轨道交通车站概述…………………………………………… 031
    二、城市轨道交通车站的分类………………………………………… 031
    三、城市轨道交通车站设置原则……………………………………… 033
    四、车站的平面布置…………………………………………………… 034
    五、城市轨道交通车站的组成………………………………………… 035
  任务二 认知城市轨道交通地铁区间隧道结构…………………………… 042
    一、地铁区间隧道的基本结构形式…………………………………… 043
    二、地铁区间隧道施工技术…………………………………………… 044
  任务三 了解城市轨道交通轻轨高架桥结构……………………………… 052
    一、轻轨高架桥结构概述……………………………………………… 052
    二、轻轨高架桥结构与运行特点……………………………………… 053
    三、轻轨高架桥的基本结构…………………………………………… 053
    四、高架桥的设计基本要求…………………………………………… 054
  任务四 了解城市轨道交通车辆段结构…………………………………… 058
    一、车辆段的设计原则………………………………………………… 058
    二、车辆段的主要作用………………………………………………… 059

三、车辆段的主要组成 060

模块三　城市轨道交通车站机电设备 067

　任务一　认知自动售检票系统 068
　　一、自动售检票系统概述 068
　　二、自动售检票系统架构 069
　　三、车站自动售检票终端设备功能 070
　任务二　认知屏蔽门系统 079
　　一、屏蔽门的各种门体结构 079
　　二、屏蔽门的门机系统结构及功能 082
　　三、屏蔽门控制系统的控制功能 082
　任务三　认知环境控制系统 087
　　一、通风空调系统 088
　　二、给排水系统 089
　　三、低压配电及照明系统 090
　　四、自动扶梯和电梯 091
　　五、环境与设备监控系统 092
　任务四　认知火灾自动报警系统 096
　　一、火灾自动报警系统 096
　　二、气体灭火系统 099

模块四　城市轨道交通车辆 103

　任务一　了解城市轨道交通车辆类型 104
　　一、车辆类型的定义 104
　　二、车辆的类型及其特点 106
　任务二　认知城市轨道交通车辆结构 111
　　一、城市轨道交通车辆的含义 111
　　二、城市轨道交通车辆组成和作用 112
　任务三　了解城市轨道交通车辆段与车辆检修基地 118
　　一、车辆段与车辆检修基地的含义 118
　　二、车辆段与车辆检修基地基础设施配置及其功能 119
　　三、主要线路、各库房的作用 120

模块五　城市轨道交通供配电系统 125

　任务一　掌握城市轨道交通变电所结构组成与工作原理 126
　　一、城市轨道交通供电系统介绍 126
　　二、城市轨道交通供电系统结构概述 127
　　三、变电所概述 128
　　四、牵引系统运行方式 130

五、牵引变电所 130
　　　六、动力配电与照明系统 131
　　　七、负荷分级及配电方式 131
　　　八、接地网 132
　任务二　掌握城市轨道交通接触网的结构组成与工作原理 136
　　　一、柔性接触网 137
　　　二、刚性接触网 139
　　　三、接触轨式 143

模块六　城市轨道交通通信与信号 147

　任务一　了解城市轨道交通通信系统 148
　　　一、城市轨道交通通信系统的作用 148
　　　二、城市轨道交通通信系统的组成 149
　　　三、城市轨道交通通信系统的功能 149
　任务二　了解城市轨道交通信号系统 155
　　　一、城市轨道交通信号系统的作用 155
　　　二、城市轨道交通信号系统组成 156
　　　三、信号基础设备 156
　　　四、车站联锁 159
　　　五、闭塞 160
　任务三　了解城市轨道交通列车自动控制系统 164
　　　一、列车自动控制系统 164
　　　二、列车自动防护系统 166
　　　三、列车自动驾驶系统 167
　　　四、列车自动监控系统 169
　　　五、基于通信的列车控制系统 171

模块七　城市轨道交通运营管理 177

　任务一　了解城市轨道交通客流组织基本特征 178
　　　一、客流概念 178
　　　二、客流的产生 180
　　　三、客流调查 180
　　　四、客流特征分析 181
　任务二　掌握城市轨道交通客运服务基本要求 187
　　　一、客运服务的含义、类型、特征及重要性 188
　　　二、服务质量——服务的核心 189
　　　三、客运服务主要设备 191
　　　四、地铁客运服务职业道德 197
　　　五、地铁客运服务人员基本要求 198

模块八　城市轨道交通行车组织管理 ... 202

任务一　了解列车开行计划与列车运行图 ... 203
一、列车出行计划的含义 ... 204
二、客流计划 ... 204
三、全日行车计划 ... 204
四、列车运行计划 ... 205
五、车辆运用计划 ... 206
六、列车运行图 ... 207

任务二　了解城市轨道交通行车组织 ... 212
一、行车指挥原则 ... 212
二、正常情况下的行车组织 ... 213
三、非正常情况下的行车组织 ... 218

任务三　了解城市轨道交通乘务管理 ... 224
一、乘务组织 ... 224
二、乘务作业管理 ... 227

模块九　城市轨道交通安全管理 ... 231

任务一　了解城市轨道交通安全管理 ... 232
一、城市轨道交通安全管理的意义 ... 232
二、城市轨道交通安全管理的特殊性 ... 233
三、城市轨道交通安全管理的基本概念及术语 ... 234

任务二　了解城市轨道交通安全管理体系 ... 238
一、城市轨道交通安全管理工作的原则 ... 238
二、城市轨道交通安全管理体系建设的目的 ... 239
三、城市轨道交通安全管理体系的基本内容 ... 240

任务三　分析城市轨道交通事故案例 ... 246
一、人的不安全行为导致的事故 ... 246
二、物的不安全状态导致的事故 ... 249
三、环境因素导致的事故 ... 251
四、管理因素导致的事故 ... 253

参考文献 ... 257

模块一

城市轨道交通规划与发展

伴随社会经济的快速发展，世界各国都将发展安全、高效、绿色、智能的轨道交通作为发展城市公共交通的重要方向。截至 2022 年 12 月 31 日，中国共有超过 50 座城市获批建设地铁、市域（郊）铁路等，线网批复里程超过 15 万 km，总投资金额超过 10 万亿元。近几年来，国家发改委相继批复了《粤港澳大湾区（城际）铁路建设规划》《长江三角洲地区多层次轨道交通规划》《成渝地区双城经济圈综合交通运输发展规划》等建立在都市圈基础上的市郊（域）铁路、城际交通，在政策及机遇的加持下，中国城市轨道交通发展的前景广阔。

你知道世界上第一条城市轨道交通是何时、何地建成的吗？你知道中国第一个建设城市地铁的是哪个城市吗？让我们一起走进城市轨道交通发展的"前世今生"！

思维导图

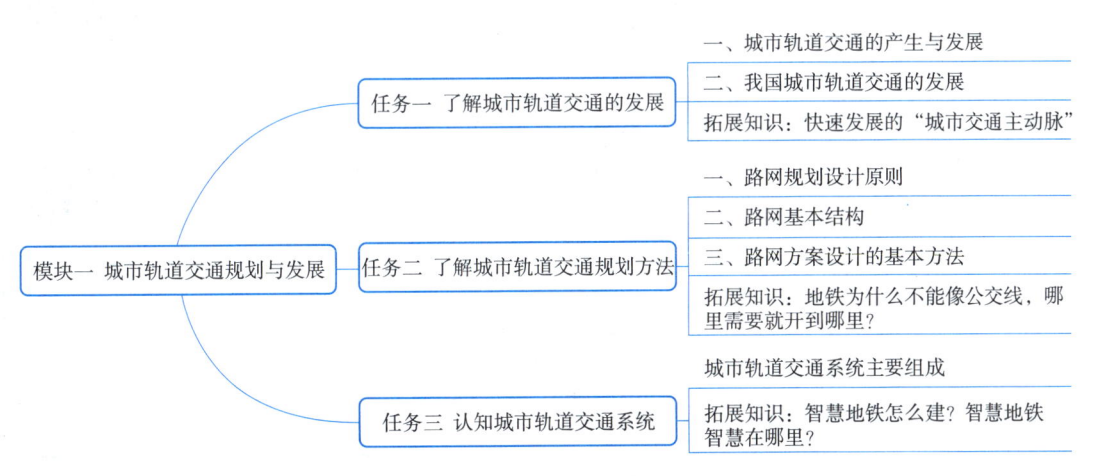

- 模块一 城市轨道交通规划与发展
  - 任务一 了解城市轨道交通的发展
    - 一、城市轨道交通的产生与发展
    - 二、我国城市轨道交通的发展
    - 拓展知识：快速发展的"城市交通主动脉"
  - 任务二 了解城市轨道交通规划方法
    - 一、路网规划设计原则
    - 二、路网基本结构
    - 三、路网方案设计的基本方法
    - 拓展知识：地铁为什么不能像公交线，哪里需要就开到哪里？
  - 任务三 认知城市轨道交通系统
    - 城市轨道交通系统主要组成
    - 拓展知识：智慧地铁怎么建？智慧地铁智慧在哪里？

任务一　了解城市轨道交通的发展

【任务描述】

中国城市轨道交通已有超过 40 年的历史，截至 2023 年 6 月，全国 31 个省（自治区、直辖市）和新疆生产建设兵团共有 54 个城市开通运营城市轨道交通线路 295 条，运营里程 9 728.3 km，实际开行列车 312 万列次，完成客运量 24.4 亿人次。追溯过往，于 1908 年建成的上海有轨电车是我国最早建设的城市有轨公共交通，全长 6.04 km。有关全世界和中国城市轨道交通发展的诸多"第一个"你了解吗？请以小组的形式使用 PPT 汇报展示。

【学习目标】

1. 了解城市轨道交通的产生，首条地铁线路诞生的时间与地点；
2. 了解现代轻轨交通的产生；
3. 了解现代轻轨交通的发展；
4. 了解世界主要城市轨道交通的发展情况；
5. 了解我国城市轨道交通的现状与发展；
6. 学习我国城市轨道交通从无到有、由弱到强的历史，增强民族自豪感。

【涉及主要规范和标准】

序号	名称	下载二维码	序号	名称	下载二维码
1	中国城市轨道交通智慧城轨发展纲要		4	城市轨道交通分类（T/CAMET 00001—2020）	
2	公共交通客运标志第 2 部分：城市轨道交通（DB11T 657.2—2015）		5	城市轨道交通工程基本术语标准（GB/T 50833—2012）	
3	城市轨道交通客运服务标志（GB/T 18574—2008）				

【相关知识】

一、城市轨道交通的产生与发展

1775 年，英国人约翰·乌特兰发明的有轨马车是世界上最早的城市轨道交通工具。它是一种用马匹作动力，牵引车辆在钢轨上滚动行驶的交通运输工具。它可搭载双倍于普通马车的乘客和货物量。由于车辆在轨道上行驶，减少了颠簸，提高了运行的速度和舒适性，从而备受市民的青睐。1832 年，约翰·斯蒂芬森在美国纽约第四大街建立了第一条市区有轨马车线路，运营达 3 年之久（图 1.1）。

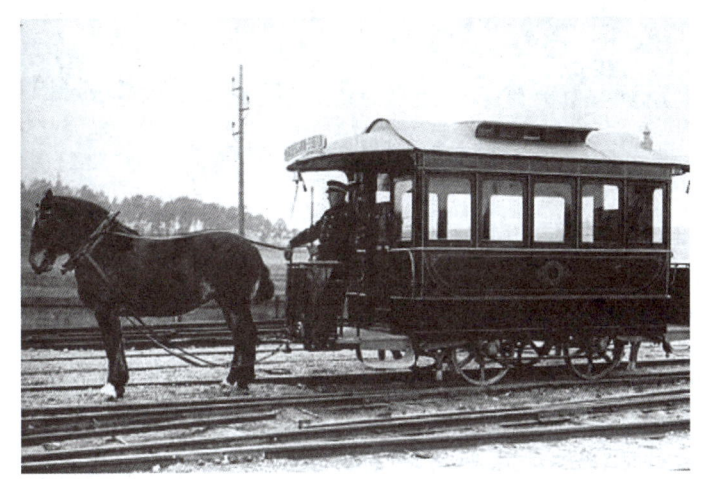

图 1.1 美国纽约市区的有轨马车及线路实景图

第一个提出将马车轨道嵌入路面的是法国人埃米尔·卢巴，根据这项发明，1835 年，他为巴黎修建了第一条嵌入式凹形马车轨道。

1804 年，英国人理查德·特雷维塞克设计制造蒸汽机车"新城堡号"，经过在圆形轨道上试车后，沿着专门铺设的轨道由默尔瑟开到阿伯西昂。这条轨道成为世界第一条成功行驶蒸汽机车的轨道。

1825 年 9 月 27 日，世界上第一条行驶蒸汽机车的永久性公用运输设施在英国斯托克顿至达灵顿的铁路上正式通车。由机车、煤水车、32 节货车和 1 节客车组成的载重质量约 90 t 的"旅行号"列车，由设计者斯蒂芬森亲自驾驶运行 31.8 km。它标志着世界轨道交通运输业的诞生和用轨道交通来解决城市内（间）人们出行问题的开始。1843 年，英国律师查尔斯·皮尔逊针对当时伦敦人口日益膨胀给交通造成的压力，向国会提交了修建地下铁道的建议。经过近 20 年的酝酿，英国从 1860 年开始修建地下铁道。它采用明挖法施工，是单拱砖砌结构。1863 年 1 月 10 日，世界上第一条长 6.5 km、采用蒸汽机车牵引的地铁线路在伦敦建成通车。它是世界首条地下铁路（简称"地铁"），如图 1.2 所示。

此后，地铁作为新型城市公共交通方式而不断发展。1874 年，英国在伦敦首次采用盾构法施工，于 1890 年 12 月 18 日修建成了一条 5.2 km 的地铁线路，并首次采用电力机车牵

图 1.2　世界首条地下铁路

引。19世纪末,世界上又有芝加哥(1892年)、布达佩斯(1896年)、格拉斯哥(1896年)、维也纳(1898年)、巴黎(1900年)5座城市修建了地铁。20世纪上半叶,柏林、纽约、东京、莫斯科等12座城市修建了地铁。第二次世界大战以后,从1950—1974年,欧洲,尤其是亚洲和美洲,有30余座城市修建了地铁。1975—2000年,又有30余座城市相继修建了地铁,其中亚洲最多,从而构成了世界轨道交通的基本发展历史。

作为城市轨道交通的另一种形式——现代轻轨交通,则是在有轨电车的基础上发展起来的。1879年柏林工业展览会上展出了第一辆以输电线供电的电动车。1886年美国阿尔拉巴州的蒙哥马利市开始出现有轨电车系统,而世界上第一个真正投入运行的有轨电车系统是弗克尼的里兹门德有轨电车系统。此后有轨电车系统发展很快,20世纪20年代,美国的有轨电车线路总长达到25 000 km。20世纪30年代,欧洲各国、日本、印度和中国的有轨电车有了大幅发展。旧式有轨电车一般在城市的道路中间行驶,行车速度慢、噪声大、舒适度差(图1.3)。

图 1.3　行驶在城市道路中间的有轨电车实景图

随着汽车的迅速发展，尤其是私家车的大量涌现，城市道路交通堵塞的状况日益严重，于是各国城市纷纷拆除有轨电车为日益增加的汽车让道。截至1970年，世界上仅有8个城市还保留着有轨电车。而20世纪后半叶，世界各国的城市区域不断扩大和城市经济的发展，人口极速增长。随着流动人口及汽车的猛增，城市道路的相对有限性与汽车发展的相对无限性之间产生了尖锐的矛盾。在城市里，汽车的大量上路带给人们的是交通堵塞、事故频繁、能源过度消耗、尾气与噪声污染加剧等一系列问题。行车难、乘车难，不仅成为市民工作和生活中一个突出的问题，而且制约着城市经济的发展。于是，世界各国纷纷探索和思考如何走出这一困境。

20世纪60年代初，西方一些人口密集的大城市在考虑修建地下铁道的同时，又重新把注意力转移到有轨交通上。欧洲一些发达国家为满足城市公共交通客运量日益增长的需求，着手在旧式有轨电车的基础上，利用现代化技术改造和发展有轨电车系统，开发出新一代噪声低、速度高、走行部件转弯灵活、乘客上下方便，甚至可以照顾到老人和残疾人的低地板新型有轨电车（图1.4）。新型有轨电车在线路结构上采用了降噪、减震技术等措施；并采用专用车道，在与繁忙道路交叉处进入半地下或高架交叉，与地面交通互不影响，使其在运行速度、技术水平和服务质量上都有很大提高。1978年3月，国际公共交通联合会（UITP）在比利时首都布鲁塞尔召开会议，确定了新型有轨电车交通的统一名称，即轻型轨道交通（light rail transit，LRT），简称轻轨交通。

图1.4 轻轨列车

20世纪80年代，国际上一些大城市已相继建成现代化轻轨交通系统。例如，美国的萨克拉门托市于1987年3月建成一条穿越市中心的轻轨线路，全长29.4 km，共设立27座车站，行车间隔1.5 min，自建成到1987年9月，运送乘客达百万人次。20世纪八九十年代，由于环境保护和能源结构问题的凸显，在经济可持续发展战略方针的指导下，全世界掀起了新一轮轻轨交通系统的建设高潮。1994年4月，人们在新加坡召开的国际市长会议上提出，要把城市轨道交通作为现代化城市的重要交通工具之一。

二、我国城市轨道交通的发展

我国城市轨道交通的发展是从大城市开始的，第一个建设城市铁路的是上海，第一个建设城市地铁的是首都北京（图 1.5）。因此，上海和北京是我国城市轨道交通发展的先驱。

图 1.5　1969 年通车的北京地铁

从 1876 年中国第一条营业铁路——上海吴淞铁路诞生开始，至 1949 年中华人民共和国成立，我国先后有北京、天津、沈阳、哈尔滨、长春、鞍山、香港等城市修建了有轨电车等轨道交通设施，但是线路数量少、布局不合理，而且技术标准低、设备杂、质量差。

从中华人民共和国成立到 1978 年改革开放前，我国城市轨道交通处于时断时续的缓慢发展阶段，轨道交通结构和质量则处于常规水平。1978 年以前，虽初步建立起国家工业化和国防现代化的基础，但在"备战备荒"的思想指导下，城市经济和社会发展缓慢，对于城市基础设施的投入严重不足，设施、设备简陋，完全不能适应建设现代化城市的需要。这期间原有的城市地上有轨电车轨道交通也大部分被拆除，仅发展公路交通。与此同时，地铁轨道交通则基本处于起步阶段，且形式单一。由于贯彻"备战兼顾交通"的指导思想，国家仅在少数大城市修建了以人防设施为主的地铁，如北京地铁、天津地铁和哈尔滨人防隧道等。

改革开放以来，我国国民经济进入持续快速增长阶段，城镇化建设也得到长足发展，对城市和城际运输能力的需求日益增加。进入 20 世纪 90 年代后，随着经济体制改革的逐步深入，我国国民经济持续、快速增长，城市居民收入水平不断提高，居民出行次数也逐年增加。与此同时，我国城市化进程加快，城市交通需求剧增，道路交通供给能力严重不足，交通供需矛盾日益突出，已成为城市社会经济发展的一个重要制约因素。为适应城市发展的需要，缓解城市交通的紧张状况，从 20 世纪 90 年代开始，我国政府开始加大对城市交通基础设施的投入，并认识到轨道交通对解决城市交通问题和引导城市发展的重要作用，开始提出发展大容量轨道交通方式的理念，城市轨道交通开始进入能力扩张与质量提高并举的发展阶段。大力发展运能大、污染小、占地少的大容量城市轨道交通，加快建设以轨道交通为骨干的公共交通系统，已开始成为城市交通发展的重点，并逐步成为共识。20 世纪 90 年代末，我国城市轨道交通的发展速度明显加快，我国现已成为世界最大的城市轨道交通建设市场（图 1.6）。

2023年3月城市轨道交通运营数据速报

序号	城市	运营线路条数	运营里程（公里）	客运量（万人次）	进站量（万人次）	客运强度（万人次每公里日）
1	上海	20	825.0	32893.7	18193.8	1.29
2	北京	27	807.0	30243.0	16639.6	1.21
3	广州	18	609.6	27028.8	14560.5	1.43
4	深圳	17	558.6	23706.4	13857.1	1.37
5	成都	13	557.8	18455.1	10451.4	1.07
6	杭州	12	516.0	11768.5	7191.7	0.74
7	武汉	14	504.3	12191.9	7743.4	0.78
8	重庆	10	455.9	11446.9	7231.3	0.81
9	南京	14	448.8	9246.1	5527.8	0.66
10	青岛	8	323.8	3689.6	2600.9	0.37
11	天津	8	286.0	5003.2	3133.4	0.56
12	西安	8	272.4	10809.4	7037.9	1.28
13	苏州	7	254.2	4050.0	2489.0	0.51
14	大连	6	237.1	1951.5	1484.3	0.28
15	郑州	8	233.0	5109.1	3196.8	0.71
16	沈阳	10	216.7	4021.3	2730.8	0.60
17	长沙	7	209.1	7917.4	4222.9	1.22
18	宁波	6	186.0	3186.6	1819.7	0.55
19	合肥	5	168.8	3539.6	2356.2	0.68
20	昆明	6	165.9	2550.1	1839.9	0.50
21	南昌	4	128.5	3170.8	1917.6	0.80
22	南宁	5	128.2	3021.5	1822.0	0.76
23	佛山	6	127.3	1247.2	964.4	0.32
24	无锡	4	110.8	1667.0	1126.0	0.49
25	福州	4	110.7	1653.0	1261.0	0.48
26	长春	5	106.7	1849.4	1307.7	0.56
27	厦门	3	98.4	2121.6	1632.5	0.70
28	济南	3	84.1	827.7	597.7	0.32
29	哈尔滨	3	78.1	2250.5	1486.9	0.93
30	贵阳	2	74.4	1067.1	839.4	0.46
31	石家庄	3	74.3	1367.2	950.7	0.59
32	徐州	3	64.1	805.8	567.7	0.41
33	常州	2	54.0	567.9	466.0	0.34
34	温州	1	52.5	101.2	101.2	0.06
35	呼和浩特	2	49.0	569.6	460.3	0.37
36	绍兴	2	47.1	336.9	192.7	0.23
37	芜湖	2	46.2	281.4	241.7	0.20
38	洛阳	2	43.5	398.6	298.5	0.30
39	南通	1	38.5	170.9	170.9	0.14
40	东莞	1	37.8	367.7	367.7	0.31
41	乌鲁木齐	1	26.8	310.2	310.2	0.37
42	黄石	1	26.8	33.7	33.7	0.04
43	兰州	1	25.5	673.8	673.8	0.85
44	太原	1	23.3	381.7	381.7	0.53
45	淮安	1	20.1	58.9	58.9	0.09
46	句容	1	17.3	60.7	33.7	0.11
47	嘉兴	1	13.8	19.7	19.7	0.05
48	文山	1	13.4	3.8	3.7	0.01
49	红河	1	13.4	3.1	3.1	0.01
50	天水	1	12.9	7.5	7.5	0.02
51	三亚	1	8.4	14.2	14.2	0.05
52	昆山	1	6.0	153.3	77.7	0.82

注1：本表按城市运营里程由大到小排序。运营线路条数中上海地铁11号线（昆山段）、广佛线和广州地铁7号线（佛山段）、宁句线（句容段）不重复计算。

注2：本表含北京、广州、成都、武汉、深圳、南京、青岛、苏州、沈阳、佛山、黄石、淮安、嘉兴、文山、红河、天水、三亚等城市有轨电车线路，不含大连201和202路、长春54和55路等与社会车辆完全混行的传统电车。

注3：珠海有轨电车1号线自2021年1月22日起暂停运营，未列入本表。

注4：海宁杭海线未列入本表，相关情况正在核实。

数据来源：交通运输部

图1.6 2023年3月城市轨道交通运营数据速报

【任务实施】

背景描述	自1876年中国第一条营业铁路修建至2023年6月，31个省（自治区、直辖市）和新疆生产建设兵团共有54个城市开通运营城市轨道交通线路，共计295条，运营里程9 728.3 km
讨论主题	介绍一下中国地铁发展史
成果展示	小组采用PPT汇报展示成果，简要列出汇报大纲
任务反思	1. 你在这个任务中学到的知识点有哪些？ 2. 你对自己在本次任务中的表现是否满意？写出课后反思

【任务评价】

序号	评价项目	评价指标	分值	自评（30%）	互评（30%）	师评（40%）	合计
1	职业素养 30分	采取多种手段收集信息、解决问题的能力	5				
		团队合作、交流沟通、分享能力	5				
		责任意识、服从意识	5				
		当前和长远意识	5				
		历史思维	5				
		完成任务的积极主动性	5				
2	专业能力 60分	能够清晰描述世界城市轨道交通的发展情况	20				
		能够牢固掌握我国城市轨道交通的现状和发展	20				
		能够充分理解现代轨道交通的产生和发展	20				

续表

序号	评价项目	评价指标	分值	自评（30%）	互评（30%）	师评（40%）	合计
3	创新意识10分	创新性思维和行动力	10				
		合计	100				
		综合得分					

拓展知识

快速发展的"城市交通主动脉"

轨道交通被称为"城市交通主动脉"。在新一轮扩大内需的投资中，轨道交通建设是一个突出的投资亮点，无论是建设规模，还是建设速度，我国的轨道交通发展目前都正在经历一个高速发展期。我国已经成为世界上最大的城市轨道交通市场。从国务院已经批准和即将批准的城市轨道交通规划来看，2020年之前，轨道交通投资规模将超过1万亿元，共涉及23个城市。发展城市轨道交通具有相当可观的综合效应。从短期看，其能够拉动固定资产投资，有利于克服国际金融危机对我国实体经济的影响，促进经济平稳较快发展。从长期看，其可以解决制约城市发展的交通拥堵和空气污染问题，有利于城市的可持续发展。

交通运输发展到当代，不论哪种交通运输方式，无非是解决人和货的运输问题。解决人的运输问题主要有两方面：一个是大交通，承担着长距离的旅客运输任务；另一个是近距离的，在人流集聚比较多的城市内部和城市群内部，承担着人们的日常出行、通勤和通商等出行的运输任务。大交通解决城市与城市之间的交流量问题，一旦大的骨架形成之后，所有衔接的部分都是工业布局和人口最集中的城市。它既是客源交流中心，又是货源消耗地；既是能源消耗大户，又是产生污染的源头。因此，交通运输最终的矛盾和诸多的交通问题都集中在城市交通上。同时，城市也是能源消耗大户和产生污染的源头，城市交通的主要精力，除了要解决由诸多交通工具引起的交通问题外，还要考虑到人们生存环境的治理。从目前情况来看，处理好城市交通问题基本包含三方面：一是处理好大交通进城之后与原有的城市交通系统之间的关系；二是在城市交通系统内部，处理好公共交通和非公共交通之间的关系；三是处理好公共交通自身的结构问题，而其中的关键是处理好地面公交和轨道交通之间的关系。

我国城市轨道交通在历史的长河中不断崛起和超越，成为世界之最，这也是因为事物的不断变化和发展，就如同学习，现状稍微落后并不能代表未来没有突破，只要不断学习，努力追赶，就有超越的机会。

【作业习题】

一、填空题

1. ＿＿＿＿年，英国人约翰·乌特兰发明的有轨马车是世界上最早的城市轨道交通工具。
2. 1832 年，约翰·斯蒂芬森在＿＿＿＿第四大街建立了第一条市区有轨马车的线路。
3. 1863 年 1 月 10 日，世界上第一条长 6.5 km、采用蒸汽机车牵引的地铁线路在＿＿＿＿建成通车。
4. ＿＿＿＿和＿＿＿＿是我国城市轨道交通发展的先驱。
5. 截至 2023 年，我国城市轨道交通运营里程为＿＿＿＿km。

二、简答题

1. LRT 的中文名称是什么？
2. 我国最早的城市有轨公共交通是在哪个城市建设的？运营里程有多长？

任务二　了解城市轨道交通规划方法

【任务描述】

城市轨道交通建设周期长、投资大，一旦建成就很难改变。其线网规划优劣，不仅在很大程度上决定了线路工程建设的投资大小和难易程度及系统的运营效率与服务水平，而且直接影响城市的整体布局，进而影响城市社会经济发展和人们的生活方式。你所在的城市有地铁吗？你了解自己所在城市的路网规划吗？请试着借助网络搜集以上信息。

【学习目标】

1. 了解路网规划的设计原则；
2. 掌握路网规划设计的基本方法；
3. 学习路网规划的基本方法，养成严谨、认真的工作习惯。

【涉及主要规范和标准】

序号	名称	下载二维码	序号	名称	下载二维码
1	城市道路交通规划设计规范（GB 50220—95）		3	地铁设计规范（GB 50157—2013）	
2	城市轨道交通线网规划标准（GB/T 50546—2018）				

【相关知识】

一、路网规划设计原则

路网规划包括规模、走向、类型等方面，是城市轨道交通规划的重要组成部分和具体体现。

1. 基本原则

其包括全局性、客流预测、线路走向、车站布置、交通组织。

1）全局性原则

路网规划必须符合城市总体规划。交通通引导城市发展，轨道交通发展改变了大城市发展模式，城市沿轨道交通走廊轴向伸展，城市快速干道及高速公路的发展使城市扩大规模，从而出现了副中心。

2）客流预测原则

路网规划要与城市客流预测相适应。定量确定路线单向高峰小时客流量，以此确定线路规模和容量。

3）线路走向原则

规划路线应当尽量沿城市主干道布置，线路要贯穿客流集散数量大的场所，如交通中心、商业中心、文化娱乐中心、生活区等。

4）车站布置原则

线路布置要均匀，线路密度要适量。在市区，两平行线路间的距离一般以 1 400 m 左右为宜，最好不少于 800 m，且不大于 1 600 m。

5）交通组织原则

其是指以快速轨道交通为骨干，常规的公共交通为主体，辅之以其他交通方式，构成多方位多层次交通体系。

2. 其他要求

1）客运负荷均匀

路网中各条规划线路上的客运负荷量要尽量均匀，要避免出现个别线路负荷过大或过小的现象。

2）地层和环境选线合理

在考虑线路走向时，应当考虑地面建筑情况，要注意保护重点历史文物古迹，也要保护环境。另外，还要避开不良地质段和地下管线等构筑物。

3）利用既有线路

尽可能利用城市原有的铁路设施。

4）设置车辆停放和检修基地

要同时规划好车辆段（场）的位置和用地范围。

5）设置环行线

一个城市轨道环线的布设，要在客流预测基础上，经过分析和比较，优化组合，确定做到因地制宜。

6）优化路网修建程序

在确定线路规划中的各条线路修建程序时，要与城市建设规划和旧城改造计划相结合。

二、路网基本结构

1. 定义

路网基本结构指根据城市规划现状与规划情况编制的路网中各条线路所组成的几何图形。

2. 要求

（1）一般与城市道路网的结构形式相适应。

（2）在确定时应首先考虑客流主方向。

（3）需要考虑结构形式的合理性。

3. 路网结构的基本类型

从几何形状区分，城市轨道交通路网结构的基本类型归纳如图 1.7 所示。

放射形（星形）	放射形网状	放射形环状
棋盘式（格栅网状）	棋盘加环线	对角线形
I形	L形	O形	十字形
T形	X形（鱼形）	"++"形（井形）	条带形（树状）

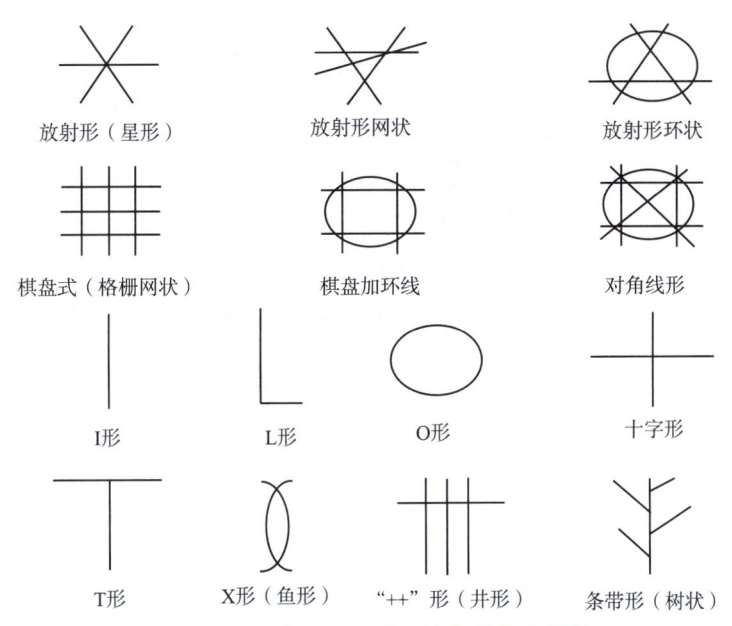

图 1.7　城市轨道交通路网结构的基本类型

1）放射形（星形）结构

（1）定义。

其是指路网所有线路只有一个交点的结构，唯一换乘站通常位于市中心的客流集散中心，如目前的布拉格地铁网络图和俄罗斯圣彼得堡地铁网络图（图1.8）。

（2）优点。

①所有线路均可直接换乘；

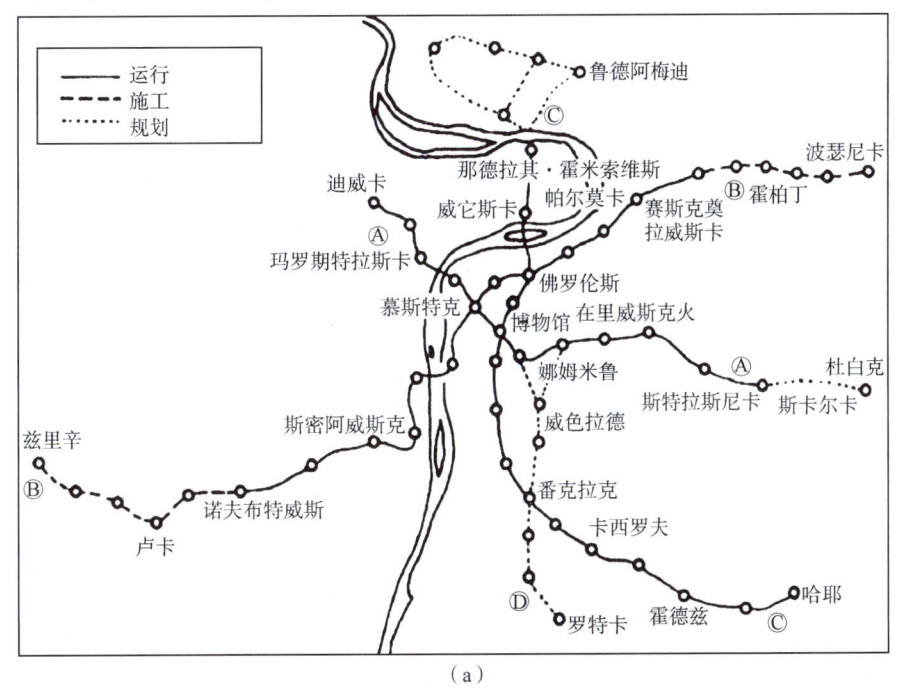

(a)

图 1.8　布拉格地铁网络图和俄罗斯圣彼得堡地铁网络图

(a) 布拉格地铁网络图

（b）

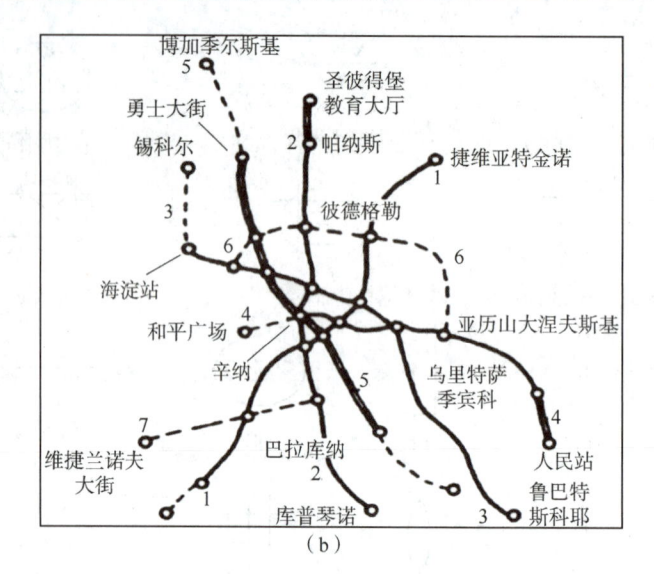

图1.8 布拉格地铁网络图和俄罗斯圣彼得堡地铁网络图（续）
（b）俄罗斯圣彼得堡地铁网络图

②郊区与市中心联系方便；
③经过一次换乘便可到达目的地。
（3）缺点。
①换乘站客流量大，客流干扰严重；
②换乘站设计施工难度大，建设费用高；
③各副都市中心之间联系不便，需到市中心换乘。
2）放射形网状结构
（1）定义。
指线路（至少3条）多为径向线且线路交叉所成的网络多为三角形的路网结构。
（2）优点。
①市中心区路线和换乘站密集而均匀，网络连通性好，乘客换乘方便。
②郊区到市中心的出行方便，市中心区对市郊经济辐射区的距离较远。
（3）缺点。
若要使市郊区之间发生联系，必须到中心区换乘站换乘，导致乘客走了很多弯路。
3）放射形环状结构
（1）定义。
是在放射形网状的基础上增加环行线而成的路网结构，其环线一般与所有的径线交叉，如图1.9所示。
（2）优点。
①整个路网连通性好；
②有效缩短了市郊间乘客利用轨道交通出行的里程和时间；
③起到疏散市中心客流的作用。
4）棋盘式（格栅网状）结构
（1）定义。
其是指若干条线路（至少四条）大多呈平行四边形交叉，所构成的网络多为四边形路网结构，如图1.10所示。

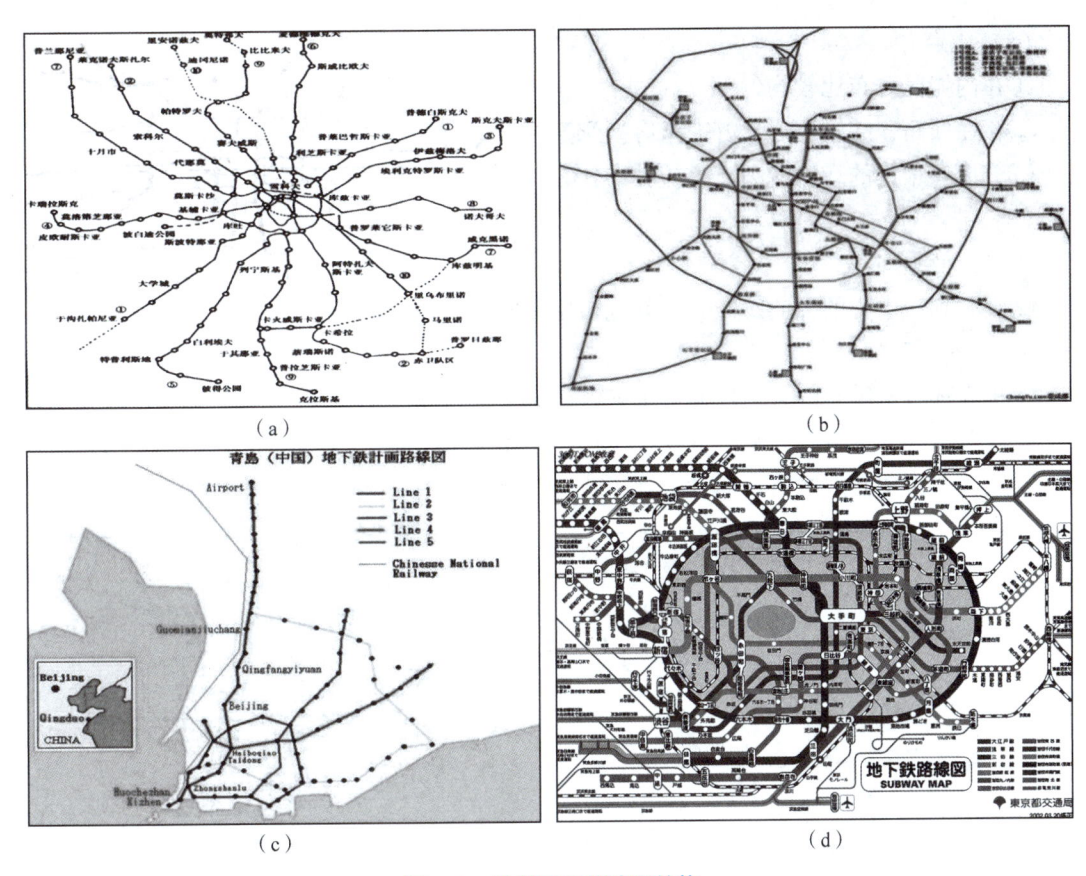

图 1.9　放射形环状路网结构
(a) 莫斯科地铁网；(b) 成都地铁网；(c) 青岛地铁网；(d) 东京地铁网

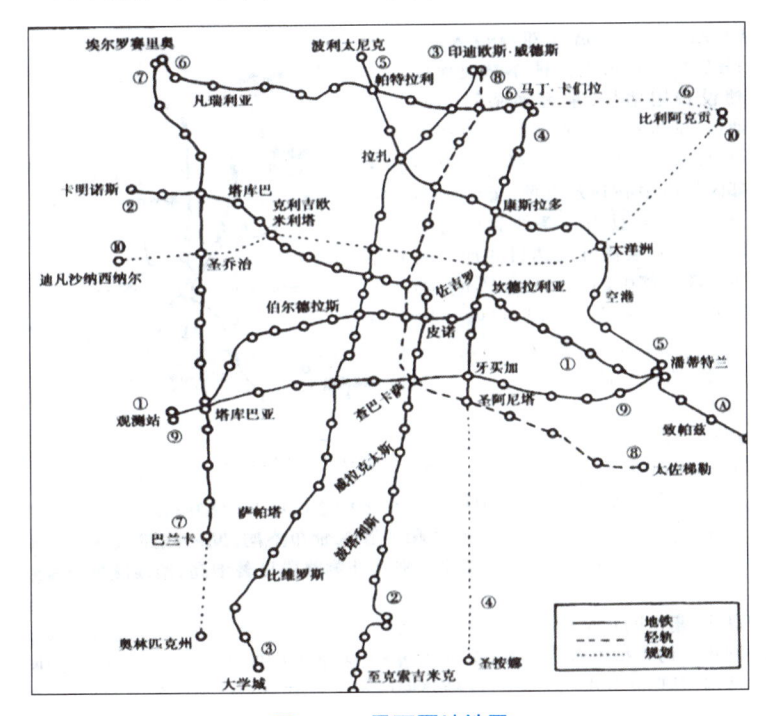

图 1.10　墨西哥地铁网

（2）优点。
①在内城区分布比较均匀；
②存在回路，结构连通性好，乘客换乘选择多；
③能提供很大的运输能力，客流分布比较均匀。
（3）缺点。
①二次换乘多；
②没有到市中心的径向路线，市郊到市中心出行不便。
5）棋盘加环线结构（图1.11）
①提高环线上乘客的直达性并减少换乘次数；
②改善了环外平行线间乘客的换乘条件，缩短了出行时间；
③减轻了市中心的线路负荷，起到了疏散客流的作用。

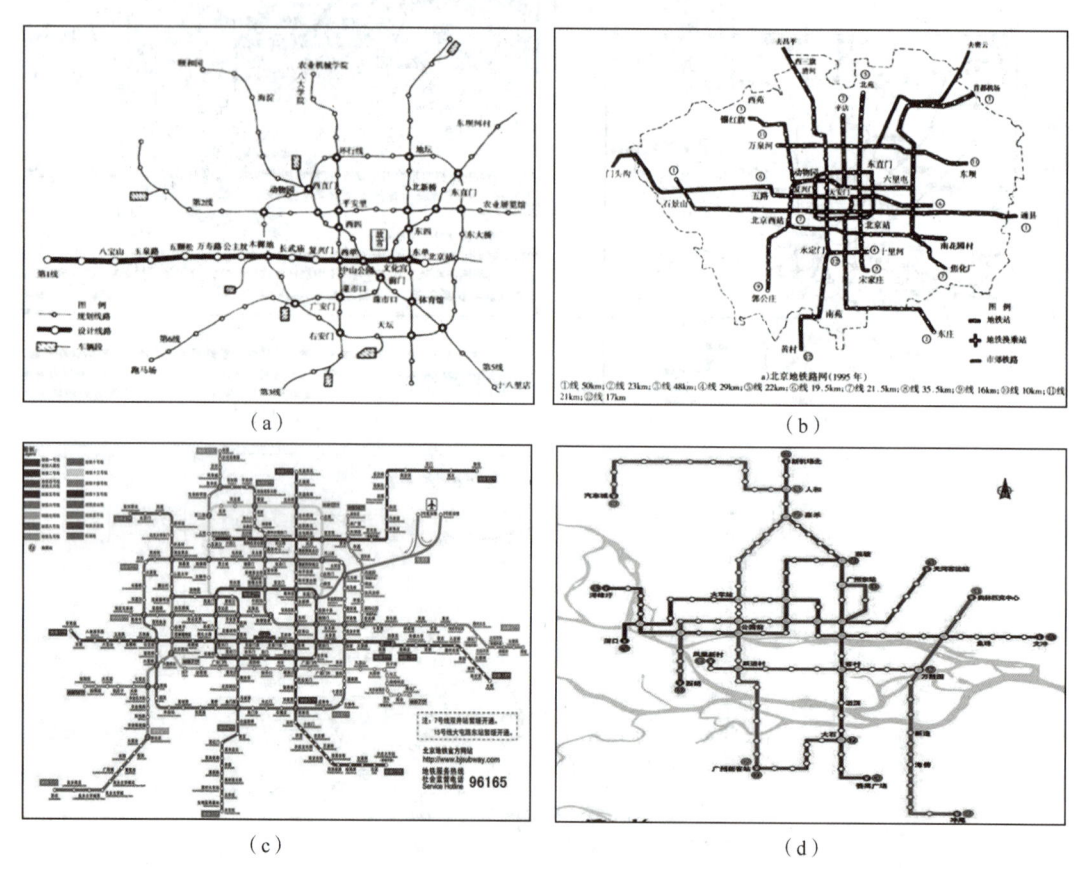

图1.11 棋盘加环线形式路网结构
（a）北京地铁20世纪50年代规划网络图；（b）北京地铁1995规划网络图；
（c）北京地铁2015年轨道网络图；（d）广州地铁规划网络图

6）对角线形结构
（1）定义。
其是指在棋盘加环线的基础上，增加呈对角线走向的线路。

(2）优点。

这种形式可弥补棋盘形线路非直线系数高的缺点。

(3）适用。

只有当对角线方向的客流确实较大，并且有布置线路的适宜条件时，才能采用这种形式的路网。

7）条带形（树状）结构

(1）定义。

指几条线路有 $n-1$ 个交点（换乘站），且在网络中没有网格结构，形如树枝状。

(2）适用。

沿江或沿山谷条带状发展的城市地域。

(3）缺点。

①结构连通性差，换乘不方便；

②客流分布不均，给行车组织带来困难。

8）其他形状

国内外许多规模不大或地理位置特殊的城市，客流流向较为集中、单一，常采用某种形状的地铁网络，如工形、L形、O形等。

9）混合型

结合城市的具体情况，将上述几何图形的两种或多种有机地结合在一起，就成为完整的路网结构形式。

三、路网方案设计的基本方法

1. 轨道交通路网设计的基本参数

①客运量；

②客流；

③居民流动度；

④运程；

⑤客流密度；

⑥车辆容量；

⑦列车编组；

⑧列车容量；

⑨列车行车间隔；

⑩通过能力；

⑪输送能力；

⑫分离式路网；

⑬联合式路网；

⑭线路交叉次数；

⑮换乘站。

1）线网规划的年限

其可以分为近期规划与远景规划。

（1）近期规划：主要研究线网重点部分的修建顺序以及对城市发展的影响，因此年限应与城市总体规划的年限一致。

（2）远景规划：是研究城市理想发展状态下轨道交通系统合理的规划，因此没有具体的年限。

2）网络规划的基础

网络规划虽是一项专业规划，但最终将回归于城市总体规划，必须依托城市内诸多因素的支持。因此，研究基础应建立在以下4个方面：

①城市总体规划；

②城市社会经济发展目标和战略；

③城市综合交通规划；

④城市轨道交通建设现状。

2. 路网规划的基本思路和主要研究内容

• **基本思路**

以交通分析为主导，还要考虑定性和定量分析相结合、近期规划与远景规划相结合，且技术分析与经济分析并重。

• **路网规划的主要内容**

1）城市背景研究

主要是对城市的人文背景和自然背景进行研究，从中总结指导轨道交通线网规划的技术政策和规划原则。主要研究依据是城市总体规划和综合交通规划等。其具体研究内容包括城市现状与发展规划、城市交通现状和规划、城市工程地质分析、既有铁路利用分析和建设必要性论证等。

（1）城市现状与发展规划。

城市性质、城市地理环境、地形地质概况、城市区域与人口、城市布局、国民经济和社会发展规划。

（2）城市交通现状与规划。

城市道路交通现状分析、道路网结构和布局、城市客运交通的发展和现状、城市交通发展总体战略、城市轨道交通现状。

2）线网架构研究

线网架构研究是线网规划的核心，其可通过多规模控制—方案构思—评价—优化的研究过程规划出较合理的方案。这部分研究的内容主要包括：合理规模研究、线网方案的构思、线网方案客流测试、线网方案的综合评价。

3）实施规划研究

实施规划是轨道交通规划可操作性的关键，集中体现了轨道交通的专业性，主要研究内容是工程条件、建设顺序、附属设施规划。其具体包括车辆段及其他基地的选址与规模研究、线路敷设方式及主要换乘节点方案研究、修建顺序规划研究、轨道交通线网的运营规划、联络线分布研究、轨道交通线网与城市的协调发展及其对环境的要求、轨道交通和地面交通的衔接等。

案例：天津市城市轨道交通线网规划研究框架（图1.12）。

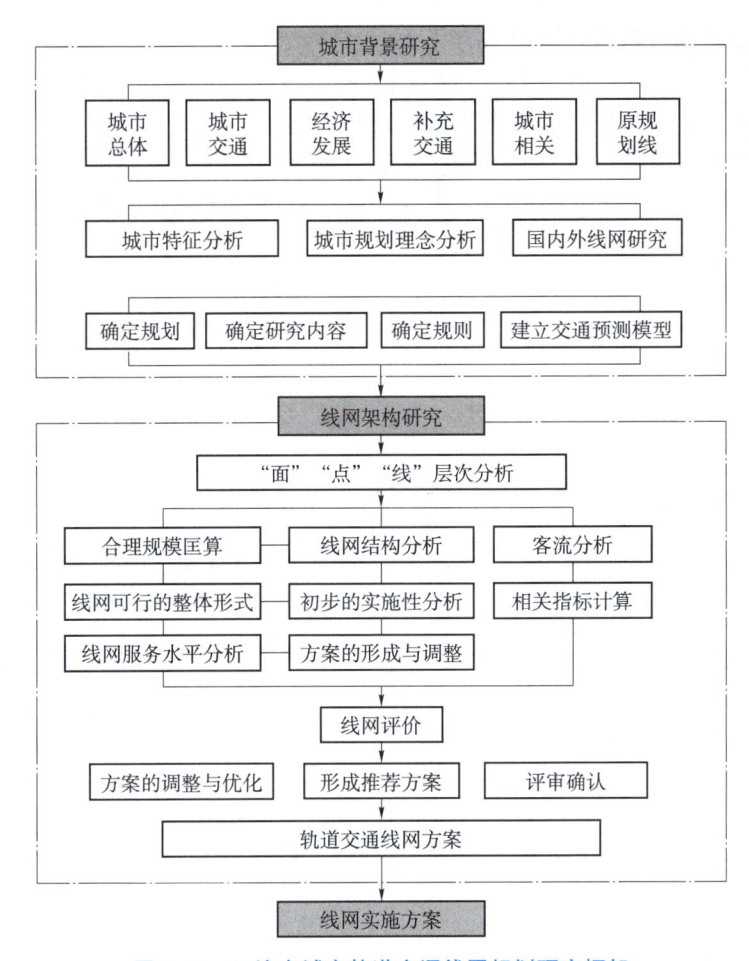

图 1.12　天津市城市轨道交通线网规划研究框架

3. 城市轨道交通路网规划的基本方法

1）基本方法简介

其主要有几种常用基本方法，具体如下：

①点、线、面要素层次分析法。

②功能层次分析法。

③逐线规划扩充法。

④主客流方向线网规划法。

⑤效率最大优化法。

⑥客流最短路分配法。

2）点线面要素法

①规划层次。

②节点的选择与分级。

③路网规模与密度。

④使用连通需求度法确定交通走廊的规划。

⑤生成初步网络。

⑥路网的检验与优化。

4. 不同网络结构对城市结构的影响

（1）星形结构引导城市向单中心结构发展。

（2）树状结构引导城市呈条带状中心区结构发展。

（3）格栅网状结构引导城市较均匀地向外扩展。

（4）放射形网状结构促使城市形成手掌状向外延伸的平面图，形成轴向式发展，如哥本哈根等（图1.13）。

（5）放射形环状结构能引导城市如手掌状向外延伸。

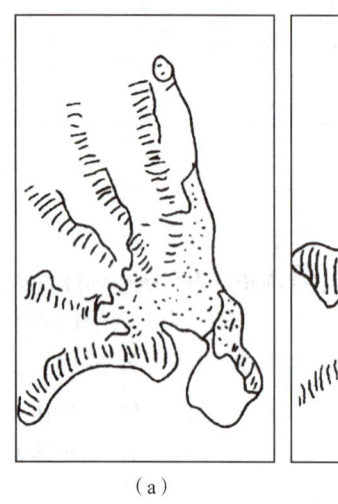

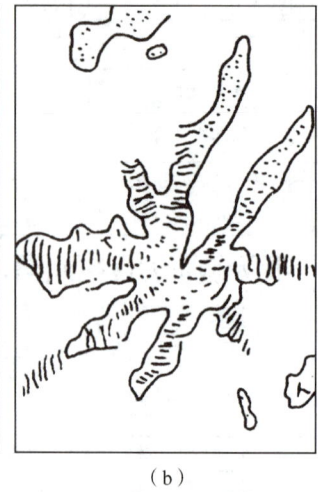

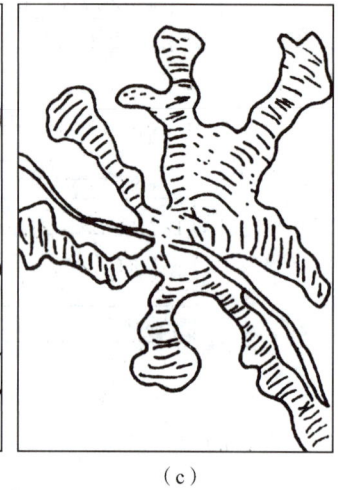

（a） （b） （c）

图1.13 轴向式发展的城市形态示意

（a）哥本哈根；（b）日内瓦；（c）汉堡

5. 我国大城市轨道交通网络

我国绝大多数城市都是单中心结构。

（1）单一中心结构的缺点。

①加剧市中心的交通拥挤。

②增加人们平均出行距离。

③造成市中心的地价高，反过来抑制市中心的发展。

④造成市中心人口过分密集，环境污染，生活质量下降。

（2）我国城市要走持续发展之路，就需要利用快速轨道交通引导城市改变结构布局和调整发展方向。

①对于300万以上人口的城市，应设置放射形环状网络轨道交通，引导城市市区形成多个中心，向市郊沿轴向发展。

②优先规划市郊轨道交通，促进卫星城的发展。

③人口在100万以上的城市，随着经济的发展，交通需求日益增大，因此要规划轨道交通线路。

④人口在100万以下，有一定经济、文化、旅游特点的小型城市，要结合地理、人口环境规划轨道交通线路。

实例：上海地铁规划

上海市轨道交通路网由中心城线网和郊区线网两部分组成，其地铁规划示意如图1.14

所示，换乘节点如图 1.15 所示。中心城线网又分骨架线和加密线两个层次。根据预测客流，线路可分为高运量、大运量、中运量三种。上海市城市轨道交通系统规划和考虑了整个市域范围和居民出行需求，对城市公共交通作出的等级划分具体如下：

上海的远期轨道交通线网总长度将达到约 805 km，中心城区长度约 480 km；包含 430 座车站（其中换乘站 186 座）。该网络建成后，将承担上海市公交客运量的 52%。远期轨道线网中心城区内的网密度为 0.729 km/km^2（其中内环线内的网密度为 1.394 km/km^2）。远期轨道线网中心城区内的站密度为 0.574 个/km^2。

枢纽：强调枢纽作为"锚固"整个网络的重要节点，通过多线换乘枢纽达到减少换乘、稳定网络的目的。

图 1.14 上海地铁规划示意

图 1.15 上海地铁换乘节点

【任务实施】

背景描述	城市轨道交通建设周期长，投资金额大，一旦建成很难改变。其线网规划的优劣，不仅在很大程度上决定了线路工程建设的投资大小和难易程度及系统的运营效率与服务水平，而且直接影响城市的整体布局
讨论主题	分析北京、西安、广州3个城市轨道交通的规划形式及优缺点
成果展示	小组采用PPT汇报展示成果，简要列出汇报大纲
任务反思	1. 你在这个任务中学到的知识点有哪些？ 2. 你对自己在本次任务中的表现是否满意？写出课后反思

【任务评价】

序号	评价项目	评价指标	分值	自评（30%）	互评（30%）	师评（40%）	合计
1	职业素养 30分	采取多种手段收集信息、解决问题的能力	5				
		团队合作、交流沟通、分享能力	5				
		责任意识、服从意识	5				
		全局观和局部意识	5				
		系统思维	5				
		完成任务的积极主动性	5				

续表

序号	评价项目	评价指标	分值	自评(30%)	互评(30%)	师评(40%)	合计
2	专业能力 60分	能够清晰描述所在城市或地区城市轨道交通路网规划	20				
		能够牢固掌握路网规划的设计原则	20				
		能够充分掌握路网规划设计的基本方法	20				
3	创新意识 10分	创新性思维和行动力	10				
	合计		100				
	综合得分						

拓展知识

地铁为什么不能像公交线，哪里需要就开到哪里？

地铁虽然也是一种公共交通工具，但它和传统的公交车有显著的区别，地铁主要服务于中长距离客流，如厦门（图1.16）地铁1号线客流的平均出行距离在10 km以上，将近横穿了整个厦门。地铁比公交车的运量大，如厦门地铁2号线的列车满载时可同时容纳2 062人，相当于23辆公交车装载的乘客数量。地铁准点率接近100%，运行时间可控，方便快捷，不受地面交通情况影响，几乎不会"堵车"。此外，地铁建设工程量大，投资额高，一条线路动辄投资上百亿元；同时，地铁又是一种庞大而复杂的系统工程，涉及供电、通信、消防等40多种技术专业，从规划到建设，需要好几年时间才能建成一条地铁线路。正是基于这些特点，地铁线网规划比公交线路的规划更加复杂，也更为严肃，必须经过科学论证、综合比选、征求意见，慎之又慎，线路一旦确定或已经建成，基本上就不会再改变了。人们常说，地铁是百年工程，这不光是说它的质量要求和使用年限，也指它的线网规划设计不易更改。

图1.16 厦门

> 　　地铁建设难度大，不是今天想建，明天就能建成的。一座城市要建设地铁，其人口规模、经济规模、财政实力等必须符合国家的硬性规定。此外，地铁建设规划还要得到国家发改委甚至国务院的审核批准，而且经审批后的规划不能轻易调整。因此可以说，地铁是审批级别最高（国务院）、审批层次最复杂（市、省、部委、国务院）和审批部门最多（发改委、住建委、环保部门等）的项目之一。

【作业习题】

一、填空题

1. 在市区，两平行线路间的距离一般以＿＿＿＿左右为宜，最好不少于＿＿＿＿，且不大于＿＿＿＿。
2. 路网规划的年限可分为＿＿＿＿和＿＿＿＿。
3. 路网规划的主要内容是＿＿＿＿、＿＿＿＿和＿＿＿＿。

二、简答题

1. 路网规划的设计原则是什么？
2. 从几何形状区分，城市轨道交通路网的结构形式主要有哪些？
3. 城市轨道交通路网规划的基本方法有哪些？

任务三　认知城市轨道交通系统

【任务描述】

城市轨道交通系统由一系列相关设施组成，涉及专业线路、车站、车辆、供配电、信号与通信、驾驶、运营组织、安全等方面。它们协同工作，为乘客提供满意的服务保证。你了解所在城市或地区轨道交通的系统组成吗？学习本任务后，要求大家能够以小组为单位，通过视频的方式介绍你身边的城市轨道交通中各系统是怎样协同工作的。

【学习目标】

1. 了解城市轨道交通系统主要组成；
2. 掌握城市轨道交通系统中各系统的功能；
3. 掌握城市轨道交通系统中各系统的协作机制；
4. 学习城市轨道交通系统组成，明白团结协作的重要性。

【涉及主要规范和标准】

序号	名称	下载二维码	序号	名称	下载二维码
1	地铁设计规范 （GB 50157—2013）		3	城市轨道交通工程 基本术语标准 （GB/T 50833—2012）	
2	城市轨道交通 工程项目规范 （GB 55033—2022）		4	城市轨道交通技术规范 （GB 50490—2009）	

【相关知识】

城市轨道交通系统主要组成

城市轨道交通是一个庞杂的系统工程，犹如一台精密的"大联动机"，各种设备相互联系、相互制约，只有当各种设备和相互关系都处于正常状态时，这个"大联动机"才能正常运转。

城市轨道交通必须具有线路设备，作为车辆和列车运行的基础；在线路中间设置各种类型的车站，作为乘客乘降列车的场所；在车站内安装各种机电设备，以保障乘客的乘车环境和乘车秩序；拥有大量和质量优良的列车作为运送乘客的工具；具有完善的供配电系统，作为列车的动力来源和为维持运营提供必要的动力和照明用电。同时，为了确保行车安全和提高运输效率，城市轨道交通又必须设置一套完备的、现代化的信号与通信系统，并以此作为运输调度集中和统一指挥的工具；为了确保乘客有序乘车和安全乘车，城市轨道交通还必须设置运营安全管理系统，以及需要设置各种设备检修的必要场所，以确保各种设备的正常和安全。城市轨道交通系统的主要组成如图1.17所示。

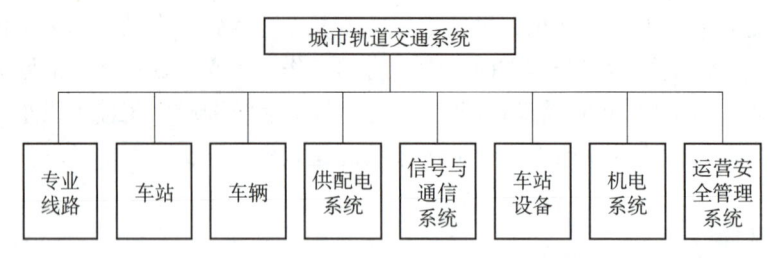

图 1.17 城市轨道交通系统的主要组成

城市轨道交通的运输组织、功能实现、安全保证均应遵循轨道交通的客观规律。在运输组织上，要实行集中调度、统一指挥，按运行图组织行车；在功能实现方面，各有关专业线路、车站、隧道、车辆、供配电、通信与信号、机电设备环控系统和运营安全管理系统均应保证状态良好，运行正常；在安全保证方面，主要依靠行车组织和设备正常运行，从而保证必要的行车间隔和正确的行车线路。

城市轨道交通是一个需要多专业、多工种配合，围绕安全行车这一中心而组成的有序联动、时效性极强的系统。现代城市轨道交通系统采用以计算机处理技术为核心的各种自动化设备，它们代替人工操作的机械电气式行车组织、运行控制和安全保障设备，大幅提高了城市轨道交通的安全性和快速性。

【任务实施】

背景描述	城市轨道交通是一个庞杂的系统工程，犹如一台精密的"大联动机"，各种设备相互联系、相互制约，只有各种设备和相互关系都处于正常状态，这个"大联动机"才能正常运转
讨论主题	制作小视频介绍城市轨道交通系统
成果展示	小组采用拍视频的方式介绍、展示成果，简要列出视频大纲

续表

任务反思	1. 你学到的知识点有哪些？ 2. 你对自己在本次任务中的表现是否满意？写出课后反思

【任务评价】

序号	评价项目	评价指标	分值	自评（30%）	互评（30%）	师评（40%）	合计
1	职业素养 30分	采取多种手段收集信息、解决问题的能力	5				
		团队合作、交流沟通、分享能力	5				
		责任意识、服从意识	5				
		全局观和局部意识	5				
		系统思维	5				
		完成任务的积极主动性	5				
2	专业能力 60分	能够清晰描述城市轨道交通系统的主要组成	15				
		能够充分理解城市轨道交通系统	15				
		能够牢固掌握城市轨道交通系统中各系统的功能	15				
		能够牢固掌握城市轨道交通系统中各系统协作机制	15				
3	创新意识 10分	创新性思维和行动力	10				
		合计	100				
		综合得分					

> **拓展知识**

智慧地铁怎么建？智慧地铁智慧在哪里？

　　智慧城市建设是"十四五"规划中的重要部分。交通运输在促进城市发展中起着很大的作用，而城市的迅猛发展又使城市轨道交通的规模不断扩大。地铁作为安全、准时、便捷的城市交通工具之一，随着客流量的增加，在维持交通秩序上也倍感压力，传统的人员巡检安保方式已经难以满足地铁安保工作的需求。地铁是城市发展的动脉，很多城市为地铁配置了智能分析系统，这给地铁安全加了一份保障，走在了智慧城市建设的前列。地铁智能客服中心如图1.18所示。

图1.18　地铁智能客服中心

1. 什么是智慧地铁？

　　智慧地铁，就是应用5G、云计算、大数据、物联网、人工智能等新型信息技术，全面感知、深度互联和智能融合的新一代中国式智慧城市轨道。其采取以需求为导向、自主创新、安全可控、数字赋能、智能升级、经济适用的原则，打造目标为"城轨交通、智慧先行"的，以智能运控为基础，集智能调度、智能运维、智能车站、智能场段于一体的智慧出行体验。

2. 如何建设智慧地铁？

　　地铁安全可靠、快速便捷，逐步成为市民出行的首选。但地铁车站的客流巨量、设备复杂、空间大，安全隐患较多，一旦发生拥挤踩踏等异常事件，后果将十分严重，这给地铁运营和安全管理带来了不小的挑战。为此，鲲云科技提出了智慧地铁解决方案，把信息化技术和城轨交通相融合，在人员管控、安全保护、物品行李管理上，用传统的摄像头搭配智能视频分析系统，对地铁安全管理措施进行数字化赋能，利用AI视频分析技术实时进行识别和分析，发现异常行为或状态便立即发出警报，使管理人员在第一时间应对各种情况，解决地铁拥挤、安全难控的问题。

3. 智慧地铁的智慧表现在哪里？

当前地铁现场以人工巡检和传统安防系统配合为主，且视野空间有限，大多是轮巡画面，难以及时发现安全隐患。为此，鲲云科技推出智慧地铁 AI 视频分析方案，对乘客摔倒、婴儿车上扶梯、人员密度、大件行李上扶梯等风险进行智能识别预警，增强地铁系统的人防、物防、技防和应急处置能力，为乘客提供更安全、更便捷、更高效、更舒适的出行服务。

【作业习题】

填空题

1. 城市轨道交通系统设施包括_____、_____、_____、_____、_____、_____、_____、_____。

2. 车辆和列车运行的基础是_____设备。

3. _____系统为维持地铁运营提供必要的动力和照明用电。

4. 为了确保行车安全和提高运输效率，城市轨道交通必须设置一套完备的_____与_____。

5. 为了确保乘客有序乘车和安全乘车，城市轨道交通还必须设置_____系统。

模块二

城市轨道交通土建设施

土建设施作为轨道交通线路最为主要的结构框架，具体包含车站、地铁区间隧道、轻轨高架结构、车辆段结构等在内的土建设施，在整条线路中发挥着串联上下交通、承受各类荷载等决定性作用，它的结构形式和施工技术也是随着线路设计及周边环境有不同的分类和各自特点。我国幅员辽阔，地形构造复杂多变，城市轨道交通土建施工技术均在各自适用领域得到长足发展，技术日臻成熟，特别是随着装备制造业和地下工程技术的持续进步，以及盾构法和预制装配施工等新技术的不断革新，城市轨道交通工程建设不断创造新的建筑奇迹。大家对于这些技术的了解有多少呢？常见的土建设施结构分哪几种？又分别采用什么样的施工方法完成呢？让我们一起来学习吧。

思维导图

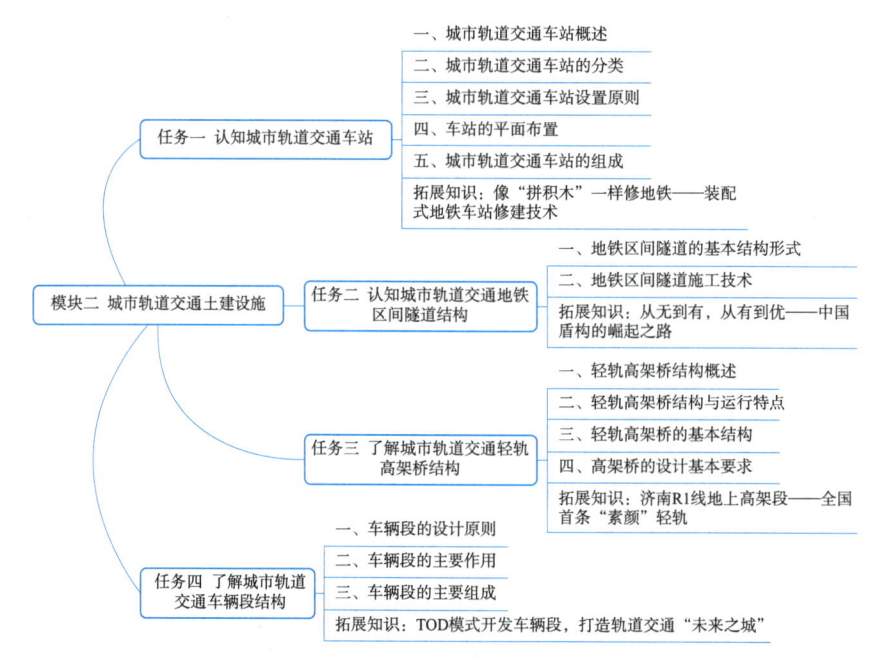

模块二 城市轨道交通土建设施

- **任务一 认知城市轨道交通车站**
  - 一、城市轨道交通车站概述
  - 二、城市轨道交通车站的分类
  - 三、城市轨道交通车站设置原则
  - 四、车站的平面布置
  - 五、城市轨道交通车站的组成
  - 拓展知识：像"拼积木"一样修地铁——装配式地铁车站修建技术

- **任务二 认知城市轨道交通地铁区间隧道结构**
  - 一、地铁区间隧道的基本结构形式
  - 二、地铁区间隧道施工技术
  - 拓展知识：从无到有，从有到优——中国盾构的崛起之路

- **任务三 了解城市轨道交通轻轨高架桥结构**
  - 一、轻轨高架桥结构概述
  - 二、轻轨高架桥结构与运行特点
  - 三、轻轨高架桥的基本结构
  - 四、高架桥的设计基本要求
  - 拓展知识：济南R1线地上高架段——全国首条"素颜"轻轨

- **任务四 了解城市轨道交通车辆段结构**
  - 一、车辆段的设计原则
  - 二、车辆段的主要作用
  - 三、车辆段的主要组成
  - 拓展知识：TOD模式开发车辆段，打造轨道交通"未来之城"

任务一　认知城市轨道交通车站

【任务描述】

城市轨道交通车站既是城市轨道交通系统不可或缺的重要组成部分，也是乘客上下车、换乘的场所，还是列车到发、通过、折返、临时停车、检修的地点。想必大家在生活中也乘坐过地铁等城市轨道交通工具，那么，你在乘坐地铁时都见到过哪些样式的车站呢？大家可以在课前通过网络搜集相关资料了解相关知识。

【学习目标】

1. 掌握城市轨道交通车站的作用和分类；
2. 掌握地铁（轻轨交通）车站组成及作用；
3. 了解城市轨道交通车站设置原则和平面布置；
4. 培养善于分析和总结的能力；
5. 了解我国地铁等城市轨道交通车站修建前沿技术，增强民族自豪感。

【涉及主要规范和标准】

序号	名称	下载二维码	序号	名称	下载二维码
1	地铁设计规范 （GB 50157—2013）		3	城市轨道交通技术规范 （GB 50490—2009）	
2	地铁限界标准 （CJJ/T 96—2018）		4	地下铁道工程施工 质量验收标准 （GB/T 50299—2018）	

【相关知识】

一、城市轨道交通车站概述

城市轨道交通车站是供使用轨道交通的乘客上下车、候车和换乘的场所，应具备乘降功能、换乘及候车的功能，一些车站还应具备折返、停车检查、临时待避等功能。此外，某些车站还具备购物及作为城市景观等功能。

二、城市轨道交通车站的分类

城市轨道交通车站可根据其埋深、与地面的相对位置、运营性质、结构横断面类型、站台形式及设备容量分类。

1. 按车站埋深分类

按埋深不同，车站可分为以下三种：

（1）浅埋车站。钢轨顶面至地表距离小于 15 m 的车站为浅埋车站。浅埋车站通常采用明挖法或盖挖法施工。

（2）中埋车站。钢轨顶面至地表距离为 15~25 m 的车站称中埋车站。

（3）深埋车站。钢轨顶面至地表距离大于 25 m 的车站为深埋车站。深埋车站一般采用暗挖法施工。

2. 按与地面相对位置分类

按与地面相对位置，车站可分为地下车站、地面车站和高架车站，如图 2.1 所示。

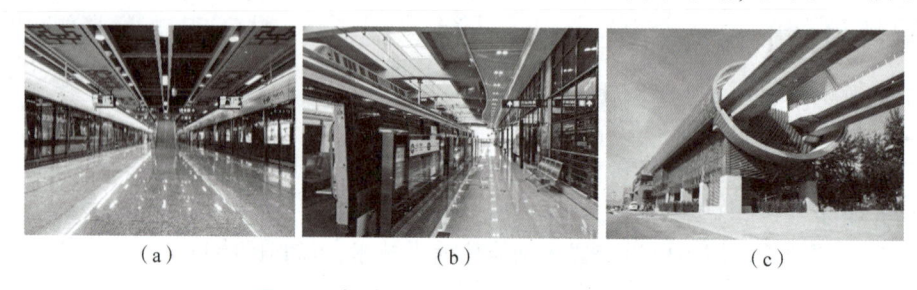

图 2.1 与地面相对位置划分的车站类型
（a）地下车站；（b）地面车站；（c）高架车站

3. 按运营性质分类

按运营性质，车站可分为中间站、区域站、换乘站、枢纽站、联运站及终点站，如图 2.2 所示。

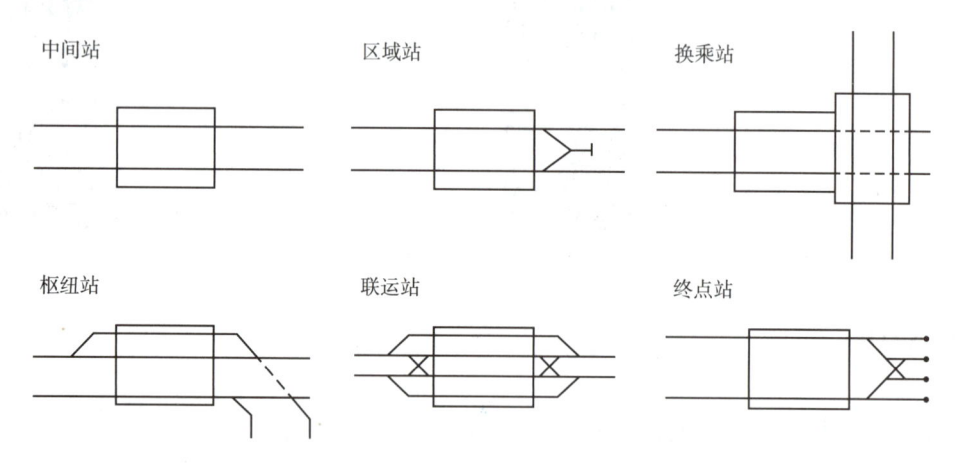

图 2.2 根据运营性质划分的车站类型示意

4. 按结构横断面类型分类

地下车站的结构横断面类型主要有矩形断面、拱形断面和圆形及其他形式（如马路形、椭圆形等）断面，如图 2.3 所示。地下车站横断面结构形式主要根据车站埋深、工程地质与水文地质条件、施工方法、建筑艺术效果等因素确定，在结构横断面形式选定时，应考虑结构的合理性、经济性和施工技术的可行性。

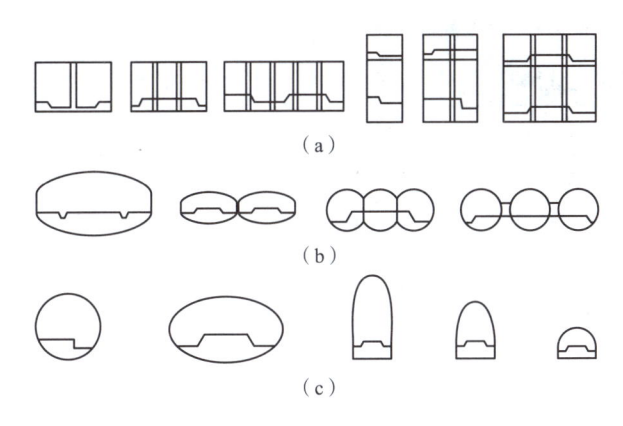

图 2.3　车站结构横断面示意

(a) 矩形断面；(b) 拱形断面；(c) 圆形、椭圆形、马蹄形断面

5. 按站台形式分类

按站台形式，车站可分为侧式车站，岛式车站和岛、侧混合式车站，如图 2.4 所示。

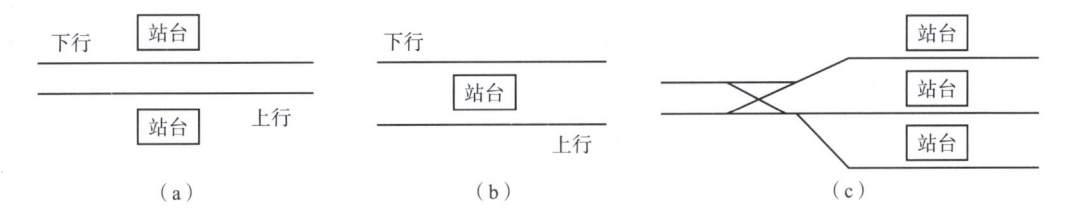

图 2.4　根据站台形式划分的车站类型

(a) 侧式车站；(b) 岛式车站；(c) 岛、侧混合式车站

6. 按设备容量的大小分类

车站等级是车站设置相应机构和配备定员的基本依据之一。根据设备容量的大小，车站可分为特等、一等、二等车站。

①特等车站：高峰小时内进出站总数大于 3 万人次的车站；
②一等车站：高峰小时内进出站总数为 2 万~3 万人次的车站；
③二等车站：高峰小时内进出站总数小于 2 万人次的车站。

三、城市轨道交通车站设置原则

车站总体布置的原则是合理紧凑、便于管理、节约投资。

1. 满足吸引客流的需求

车站站点的设置首先满足最大限度地吸引客流的需求。原则上，车站应设置在靠近大型住宅区、商业区、办公区或者学校、工厂等人口密集区域。

根据国家相关规范的要求，轨道交通车站站间距，在城市中心区和居民稠密地区，宜为 1 km 左右，在城市外围区，应根据具体情况适当加大车站间的距离，一般宜为 2 km 左右。这样可以吸引周边 500 m 步行范围的客流，也可以通过设置接驳常规公交的方式吸引更大范围的客流。我国部分城市已建设轨道交通线路的平均站间距如表 2.1 所示。

表 2.1 我国部分城市已建轨道交通线路的平均站间距

城市名	轨道交通线路	运营长度/km	车站数/个	平均站间距/m
北京市	1号线	52.7	37	1 534
	2号线	23.1	18	1 354
上海市	1号线	36.89	28	1 441
	2号线	64	30	1 596
	3号线	40.3	29	1 387
广州市	1号线	18.48	16	1 232
苏州市	1号线	25.74	24	1 119
	2号线	42	35	1 257

2. 满足城市规划的需求

车站的总体布局应符合城市规划、城市交通规划、环境保护和城市景观的要求，妥善处理好与地面建筑、地下管线、地下构筑物等之间的关系。地铁等城市轨道交通的线路必须为全封闭形式，以便实现组织高密度、高速度的列车运行。地下线处于自然封闭隧道中，无需特别隔离；地面线和高架线则需要在沿线设置防护墙或防护网，以便与外界保持隔离状态。因此，原则上，在城市中心区采用地下站设计形式，而在郊区或城市边缘区域，则采用地面或高架形式。

3. 满足行车组织的需求

车站除了满足客流集散要求外，还要满足行车组织的需求。车站需要提供列车折返、故障列车存放、检修等条件，与车辆段（车厂）相连的车站，还要提供进出车辆段（车厂）的路径条件。线路的终点站或区段折返站应设置专用折返线或折返渡线。当两个具备临时停车条件的车站相距过远时，根据运营需要，宜在沿线每隔 3~5 个车站加设停车线或渡线。

此外，车站在线路上的分布应综合考虑以下因素：工程造价、运营费用、乘客出行时间。

四、车站的平面布置

车站的平面布置应按乘客进出车站的活动顺序（图 2.5）进行合理设计。

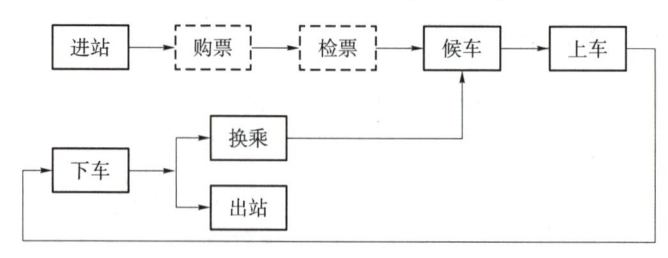

图 2.5 乘客进出车站活动顺序

车站的平面布置应根据线路特征、运营要求、地上和地下周边环境和施工方法等条件确定。换乘车站应根据轨道交通线网规划、线路设方式、地上及地下周边环境和换乘量大小，采用不同的换乘站形式，但应实现在付费区内换乘。车站出入口与风亭的位置，应根据周边环境和城市规划要求合理布置，在出入口位置有利于吸引和疏散客流、风亭位置满足功能要求的前提下，应符合规划、环保和城市景观的要求。对于采用集中式空调系统的地下车站设在地面的冷却塔，其位置（包括造型、色彩）应尽量符合城市规划、景观和环保要求。

五、城市轨道交通车站的组成

城市轨道交通车站一般由出入口及通道、车站主体（站台、站厅、设备用房、生活用房）和附属建筑物（通风道、风亭、冷却塔等）三大部分组成，如图 2.6 所示。

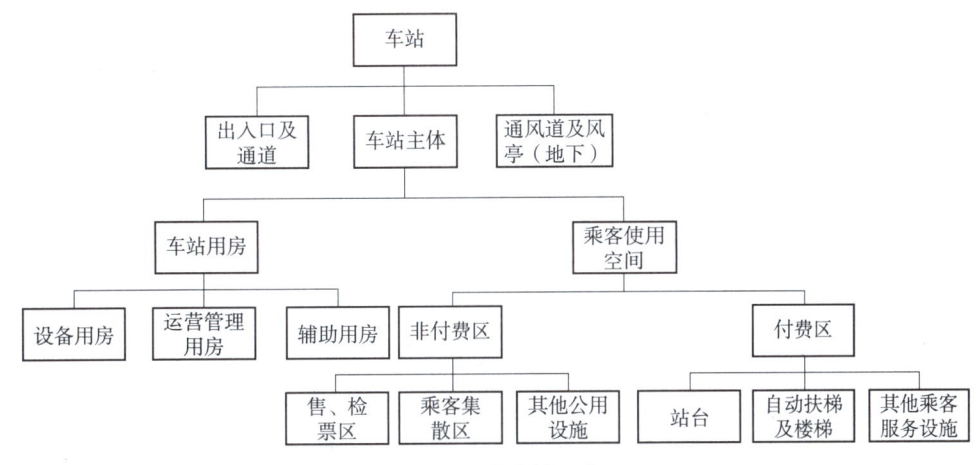

图 2.6 车站的组成

1. 出入口及通道

出入口及通道是供乘客进、出车站的建筑设施，具有吸引和疏散客流的功能。出入口应有明显的城市轨道交通标志。

1）出入口

车站出入口数量应根据吸引与疏散的要求设置，但不得少于 2 个。车站中每个出入口的宽度应按远期分向设计客流量乘以不均匀系数（1.1~1.25）计算确定。地面出入口建筑形成如图 2.7 所示。

图 2.7 地面出入口建筑形式
（a）合建式；（b）独立式

2）通道

地下出入口通道力求短，通道的弯折不宜超过3处，弯折角度不宜大于90°，地下出入通道长度不宜超过100 m，当超过时，应采取能满足消防疏散要求的措施。有条件时宜设置自动人行道，通道最小宽度见表2.2。

表 2.2　车站站台、通道或天桥、楼梯的最小宽度

名称	最小宽度/m
岛式站台	8.0
岛式站台的侧站台	2.5
侧式站台（长向范围内设梯）的侧站台	2.5
侧式站台（垂直于侧站台开通道口）的侧站台	3.5
通道或天桥	2.4
单向公共区人行楼梯	1.8
双向公共区人行楼梯	2.4
与自动扶梯并列设置的人形楼梯（困难情况下）	1.2
消防专用楼梯	0.9
站台至轨道区的工作梯（兼疏散梯）	1.1

2. 车站主体

车站主体是列车在线路上的停车点，供乘客上下车、集散、候车和放置运营设备和办理运营业务。车站主体根据功能的不同，可以分为两大部分，即乘客使用空间和车站用房，主要由站台、站厅、人行楼梯和自动扶梯以及电梯、屏蔽门、车站用房等组成。

1）站台

站台是供乘客上、下车及候车的场所。站台层由站台、楼梯（自动扶梯）、设备与管理用房、行车道等组成，采用一层式车站时，其还包括出入口通道。

2）站厅

站厅是乘客进出车站的场所。由于乘客一般需要在站厅内办理上、下车手续，站厅内需要设置售票、检票问询等为乘客服务的各种设施。同时，站厅层内还设有轨道交通运营设备、升降设备以及管理用房等，以利于组织和分配客流。站厅的规模应与集散客流量匹配，选择位置时应考虑乘客进出站方便。站厅的布置与车站类型、站台形式密切相关，一般站厅有4种形式，即布置在车站一端、车站两侧、车站两侧的上层或下层和车站上层，如图2.8所示。

3）人行楼梯、自动扶梯及电梯

（1）人行楼梯。乘客使用的人行楼梯一般采用26°34′的倾角较为合适。单向通行时其宽度不小于1.8 m，双向通行时不小于2.4 m。当人行楼梯宽度大于3.6 m时，应设置中间扶手。人行楼梯宽度应尽量采用550 mm、600 mm的建筑模数，每个梯段的阶梯数不超过18个，休息平台长度一般为1.2~1.8 m。

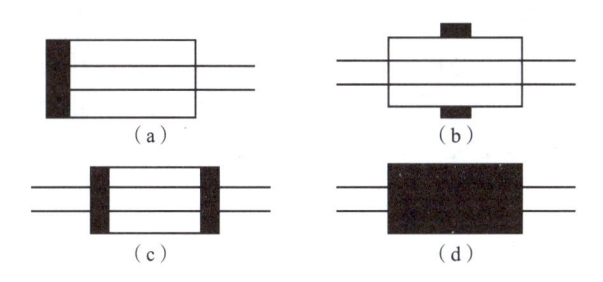

图 2.8　车站站厅布置示意

(a) 车站一端；(b) 车站两侧；(c) 车站两端上层或下层；(d) 车站上层

（2）自动扶梯。车站出入口的提升高度大于 6 m 时，应设置上行自动扶梯，超过 12 m 时，上、下行均应考虑设置自动扶梯。站厅与站台间应设上行自动扶梯，高差超过 6 m 时，上、下行均应设置自动扶梯。对于分期建设的自动扶梯，应预先留设好相应的位置。

（3）电梯。车站主要管理区内的站厅和站台层之间应设置人行楼梯，也可设置电梯。通常用于车站内的电梯可采用无机房曳引电梯和有机房液压电梯。由于有机房液压电梯的机房需占用车站一定的面积，应优先考虑采用无机房曳引电梯。

4）屏蔽门

屏蔽门系统是用于轨道交通站台的防护系统，通常分为封闭式和半高式，如图 2.9 所示。

图 2.9　屏蔽门

(a) 封闭式屏蔽门；(b) 半高式屏蔽门

通过屏蔽门的控制系统和驱动机构可以实现列车车门与屏蔽门中的活动门同步操作，从而使列车到站后乘客能通过与列车车门同步开关的活动门直接进出车厢，为乘客提供了具有安全保障的上下车通道。

5）车站用房

车站用房包括运营管理用房、设备用房和辅助用房。运营管理用房是为保证车站具有正常运营条件和营业秩序所设置的办公用房，主要包括站长室、行车值班室、广播室、会议室、警务室等。设备用房是为保证列车正常运行以及车站内具有良好环境条件和在突发事故情况下保证乘客安全所需要的设备用房，主要包括变电所、通风与空调用房控制室、防灾中心、通信机械室、信号机械室、自动售检票室等。辅助用房是为保证车站内部工作人员正常工作生活而设置的用房，主要包括卫生间、更衣室、休息室及茶水间等。

3. 通风道、风亭（地下车站）

通风道及风亭（图2-10）是保证地下车站具有舒适环境的设施。地下车站应按通风、空调工艺要求设置活塞风亭、进风亭和排风亭。在满足功能的情况下，根据地面建筑的现状或规划要求，风井可集中布置，也可分散布置。

图 2.10 地面风亭

【任务实施】

背景描述	城市轨道交通车站是乘客上下车、换乘的场所，是城市轨道交通系统不可或缺的重要组成部分。其具有交通复杂且客流频繁、周边土地开发强度大、地下公共空间广阔和建设时序性强等诸多特点
讨论主题	乘坐地铁时，你见到过哪些形式的地铁车站站台
成果展示	小组采用PPT汇报展示成果，简要列出汇报大纲
任务反思	1. 你在本任务中学到的知识点有哪些？ 2. 你对自己在本任务中的表现是否满意？写出课后反思

【任务评价】

序号	评价项目	评价指标	分值	自评（30%）	互评（30%）	师评（40%）	合计
1	职业素养 30分	分析问题的能力	5				
		采取多种手段收集信息、解决问题的能力	5				
		团队合作、交流沟通、分享能力	5				
		责任意识、服从意识	5				
		完成任务的积极主动性	10				
2	专业能力 60分	能够牢固掌握地铁车站站台的形式	20				
		能够清晰描述自己所见到过的地铁车站站台形式	20				
		能够充分理解各地铁车站站台形式的特点	20				
3	创新意识 10分	创新性思维和行动力	10				
	合计		100				
	综合得分						

拓展知识

像"拼积木"一样修地铁——装配式地铁车站修建技术

拼积木是很多人童年的美好回忆，我们小时候喜欢用积木拼成各类楼房建筑，圆自己的工程师梦。但是有谁能想到多年后的今天，我们真的可以像拼积木一样修建地铁车站？2022年4月27日，随着最后一颗螺栓紧固完成，全国首座全方位装配式地铁车站——青岛地铁6号线的可洛石站主体结构拼装顺利完成。该车站为地下两层标准车站，装配构件共计512块，30多名工作人员用了6个月的时间，最终完成了拼装总重达2.3万吨的全国首座全方位装配式地铁车站。地铁车站施工技术就此迎来了新的变革。

装配式地铁车站（图2.11）是一种新型的装配式建筑，即将车站构件在预制厂内集中生产，然后在施工现场像"搭积木"一样将预制构件一块一块地按顺序拼装成型。装配式车站建造技术是一种全新的技术，在提高工程质量、提升建造效率、降低施工风险、减少用工等方面具有突出的优势。与传统工艺相比，第一，全方位装配式地铁车站的各类构件均在专门的预制厂内生产加工，不受施工现场的场地、气候和材料等条件的限制，可在基坑开挖阶段同步进行预制生产；第二，预制构件和现场拼装的工序协同大大缩短了施工工期，与传统现浇施工方法相比，施工人员减少 80%，施工效率提高了两倍以上。这种建造方法，最重要的特点是施工速度快、现场作业人数少、工程质量高；而装配施工期间现场不再有钢筋绑扎和混凝土湿作业，大幅降低了施工噪声和粉尘对城市环境的污染；装配好的结构空间开阔、漂亮，且具备良好的抗震性能。整套体系更是实现了绿色环保、智慧建造的理念，有望成为未来轨道交通建造技术的重要组成部分。

装配式车站具有绿色技术集成、BIM 技术集成、智能化集成、标准化集成、工业化生产、装配化施工、信息化管理、一体化精装等特点，实现了精准的设计、生产、拼装，有利于节约能源、减少施工污染、提升劳动生产效率和质量安全水平，践行了国家提出的"双碳"战略。随着诸如装配式地铁车站等"四新"技术的不断发展，必将激励工程建设者持续遵循绿色环保和可持续发展理念，勇于技术革新，不断追求与自然的和谐统一，拥有共创美好明天的信心和动力。

图 2.11　装配式地铁车站

【作业习题】

一、填空题

1. 城市轨道交通车站按照运营性质分类，分为_____、_____、_____、_____、_____。
2. 车站主体根据功能可分为两大部分，即_____和_____。
3. 如果按照设备容量分类，高峰小时内进出站总人数在 2 万～3 万人次的车站为_____。
4. 站台结构柱、楼梯栏杆等至站台边缘的距离不应小于_____。
5. 城市轨道交通车站一般由_____、_____和_____三部分组成。
6. 车站平面形式应根据线路特征、运营要求、地上和地下周边环境，以及_____等条件确定。
7. 地面进风亭应设在_____，进、排风亭口部与建筑物之间的直线距离应大于_____。

8. 高架车站可以根据具体结构形式分为_____车站和_____车站。
9. 在两个方向客流量较均匀或高架线路上多采用_____车站。

二、简答题
1. 城市轨道通车站在进行平面布置时应考虑哪些因素？
2. 城市轨道交通车站是如何进行分类的？
3. 城市轨道交通车站根据功能分为哪几部分？各自的作用是什么？

任务二　认知城市轨道交通地铁区间隧道结构

【任务描述】

城市轨道交通地铁区间隧道简称"区间隧道",是指在同一地铁线路的相邻地铁车站间设置的隧道,主要用于地铁列车通行,是地铁线路重要的组成部分,也具备通风、防冻、防渗等功能。据你所知,常见的地铁区间隧道有哪几种结构形式?它们都是采用怎样的施工方法?请借助网络中的资源或进行实地走访,观察并收集相关信息,组成介绍材料。

【学习目标】

1. 掌握地铁区间结构的主要形式分类;
2. 掌握常见地铁区间线路施工方法;
3. 能够列举常见地铁区间结构及其适用范围;
4. 能够清晰描述各类地铁区间结构施工工艺和特点;
5. 了解我国新奥法技术从诞生到发展成熟的历程,树立报国志向;
6. 了解我国盾构技术的发展历程,树立追赶、超越的信念。

【涉及主要规范和标准】

序号	名称	下载二维码	序号	名称	下载二维码
1	地铁设计规范 (GB 50157—2013)		4	城市轨道交通 工程项目规范 (GB 55033—2022)	
2	盾构法隧道施工 及验收规范 (GB 50446—2017)		5	城市轨道交通工程 土建施工质量标准 化管理技术指南	
3	沉管法隧道施工 与质量验收规范 (GB 51201—2016)		6	城市轨道交通隧道 结构养护技术标准 (CJJ/T 289—2018)	

【相关知识】

一、地铁区间隧道的基本结构形式

地铁区间结构按照断面结构形式，可分为矩形、圆形和马蹄形等常见形式。其中，矩形断面结构形式较为简单，优点是易于拼装，空间利用率高、挖方量少、节省造价，如图 2.12（a）所示；圆形断面结构表现出整体性好、受力均匀的特点，如图 2.12（b）所示；马蹄形断面结合矩形及圆形断面特点，表现出开挖量较小且结构受力合理的特点，如图 2.12（c）所示。

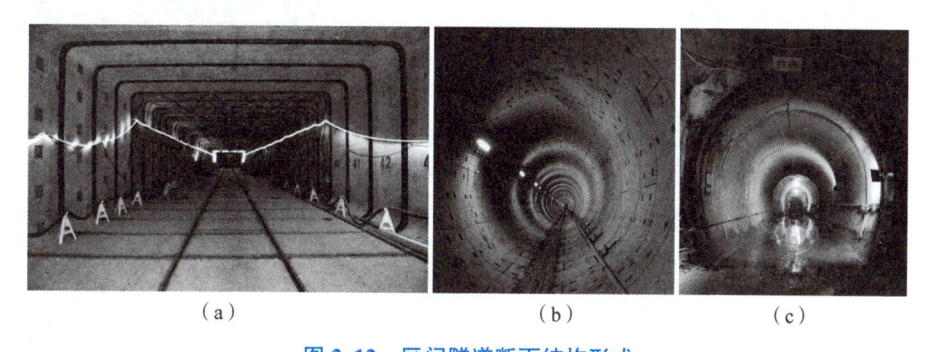

图 2.12 区间隧道断面结构形式
（a）矩形断面；（b）圆形断面；（c）马蹄形断面

地铁区间结构按照衬砌结构形式，可分为整体式衬砌、装配式衬砌、复合式衬砌，如图 2.13 所示。

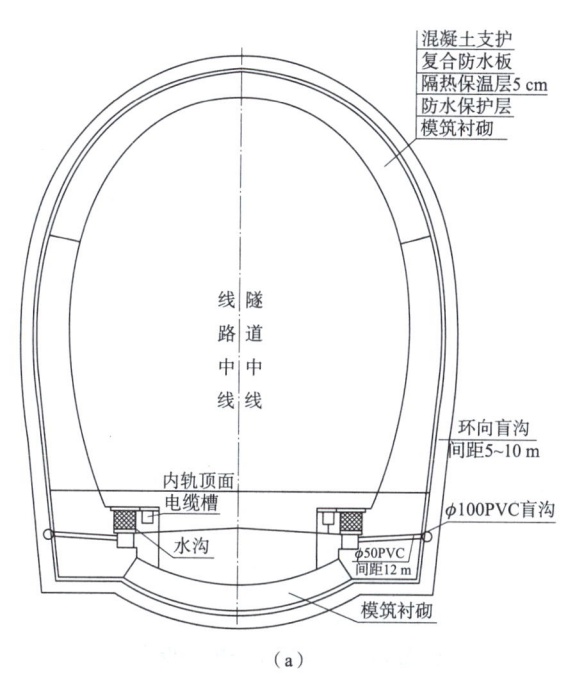

图 2.13 区间隧道衬砌结构形式
（a）整体式衬砌

(b)

(c)

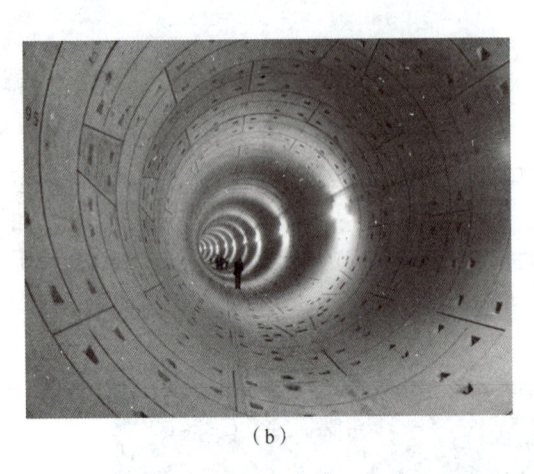

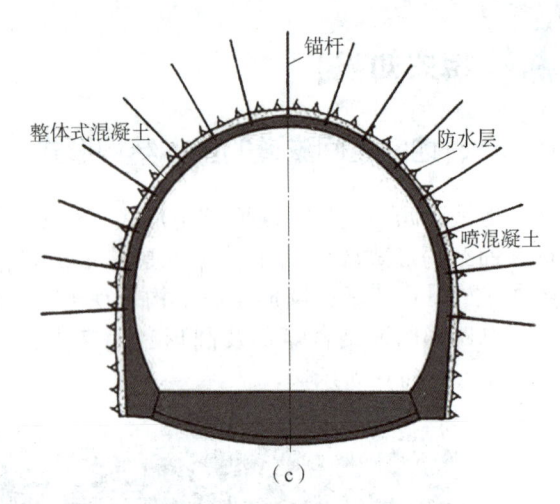

图 2.13 区间隧道衬砌结构形式

(b) 装配式衬砌；(c) 复合式衬砌

其中，整体式衬砌采用现浇模注混凝土衬砌，整体性好、易于成形，但是需要花费时间养护，整体施工进度慢；装配式衬砌采用管片式和砌块式预制构件，能立即承载，易于机械化生产，但整体性及防水性能相对较差；复合式衬砌采用锚杆与混凝土共同作用，分内外两层，可设防水层，若支护及时，能有效抑制围岩变形，从而发挥围岩的自承能力。

二、地铁区间隧道施工技术

1. 明挖法施工

1) 明挖法的概念

明挖法是指修建地铁时，从地表向下开挖，形成露天的基坑，然后在基坑中修筑地铁结构，最后回填土石并使路面恢复原样的一种施工方法。明挖顺作法施工步骤见图 2.14。

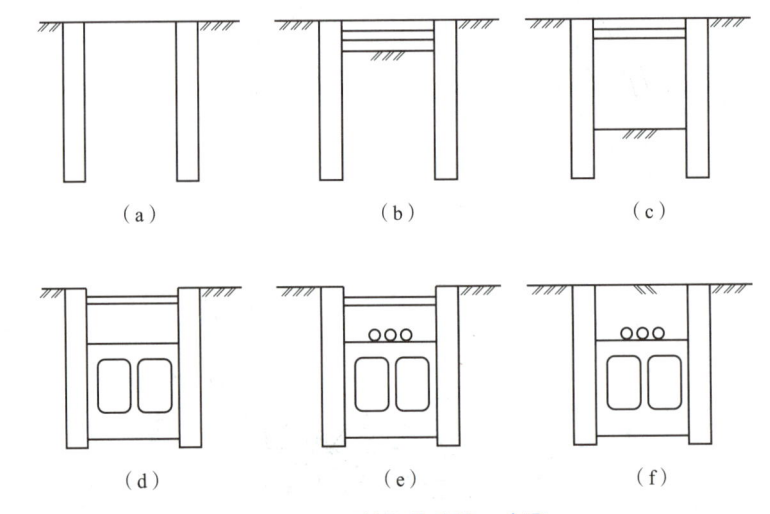

图 2.14 明挖顺作法施工步骤

(a) 基坑围护；(b) 开挖及第一道撑；(c) 开挖；(d) 结构施工；(e) 埋设物设置；(f) 回填与路面恢复

明挖法施工具有技术简单、作业面多、施工速度快、工程造价相对较低、安全等特点。而且，由于技术成熟，明挖法施工可以很好地保证工程质量。但是，明挖法亦存在占用地表、影响交通与扰民、对环境影响大的缺点，因此，明挖法适用于场地开阔、拆迁量小、地层稳定且不含水或允许降水量在一定范围内的环境条件，尤其适用于跨度大、结构复杂的地铁车站施工。

2）明挖法的分类

明挖法基坑可以分为敞口放坡基坑和有围护结构的垂直基坑两大类。在确定基坑类型时，应根据所处地质、埋深及水文条件，因地制宜综合确定。若基坑所处地面空旷，周围无建筑物或建筑物的间距很大，地面有足够空地可以满足施工需要，又不影响周围环境时，宜采用敞口放坡基坑施工（图2.15）。如果基坑较深，地质条件差，地下水位高，特别是处于城市繁华地区，无足够空地满足施工需要时，则可采用有围护结构的垂直基坑（图2.16）。

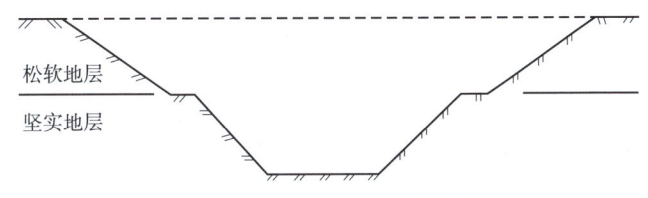

图 2.15 敞口放坡开挖基坑示意

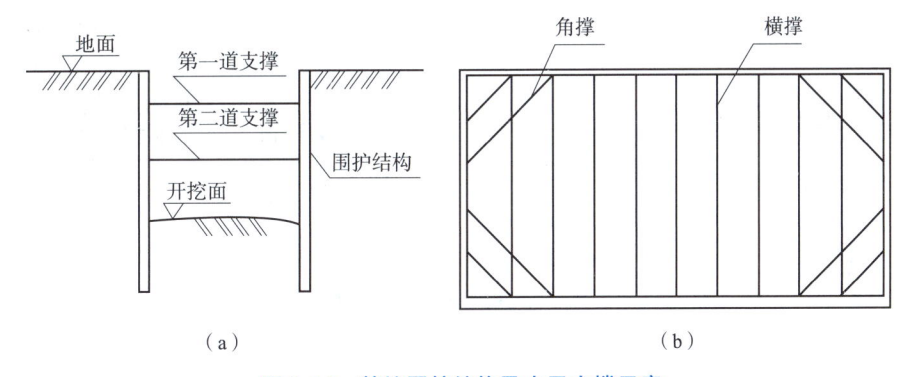

图 2.16 基坑围护结构及水平支撑示意
（a）基坑立面；（b）基坑平面

2. 盖挖法施工基本知识

盖挖法指先盖后挖，即先以临时路面或结构顶板维持地面畅通后再向下施工。在城市交通繁忙地带修建地铁车站时，往往需要占用道路，而地面交通不能中断，且需确保一定交通流量时，可选用盖挖法施工。

按照主体结构的施工顺序，盖挖法可分为盖挖顺作法（图2.17）、盖挖逆作法（图2.18）和盖挖半逆作法（图2.19）。其优点是在完成围护结构施工之后，构筑一个覆盖结构承担行车、人流交通荷载，并在其保护下完成基坑土方开挖和主体结构的施工。盖挖法的优点是对地面交通干扰期短、地表沉降小；缺点是施工工序复杂、速度慢、造价高。

3. 浅埋暗挖法施工

浅埋暗挖法（图2.20）是以超前加固、处理软弱地层为前提，采用足够刚性的复合衬

图 2.17 盖挖顺作法施工顺序

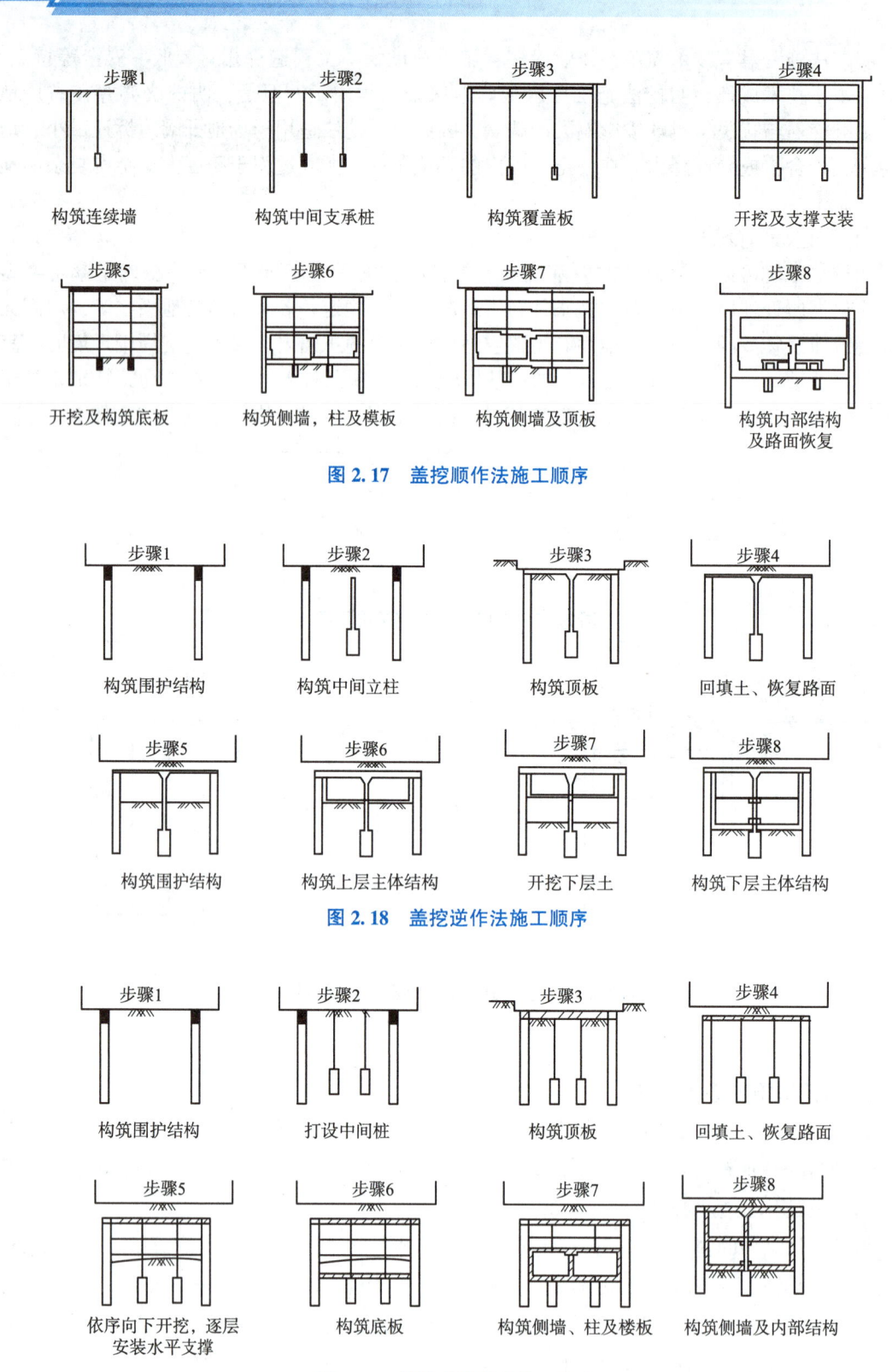

图 2.18 盖挖逆作法施工顺序

图 2.19 盖挖半逆作法施工顺序

砌（由初期支护和二次衬砌及中间防水层所组成）为基本支护结构的一种用于软土地层近地表隧道的暗挖施工方法。它以施工监测为手段，并以此来指导设计和施工，保证施工安全进行，控制地表沉降程度。

浅埋暗挖法修建隧道及地下工程主要施工方法

施工方法	示意图	适用条件	沉降	工期	防水	初期支护拆除量	造价
全断面法	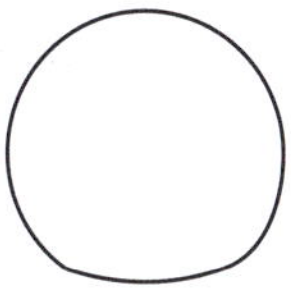	地层好，跨度≤8 m	一般	最短	好	无	低
正台阶法	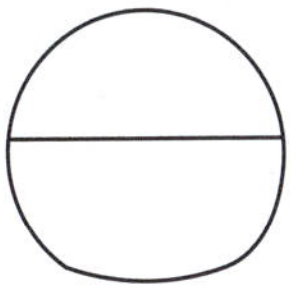	地层较差，跨度≤12 m	一般	短	好	无	低
正台阶环形开挖法	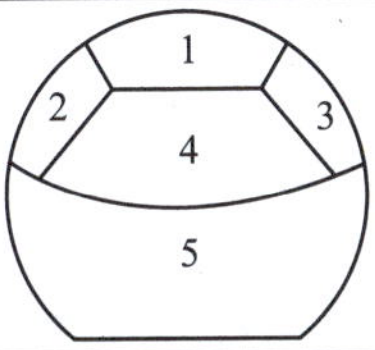	地层差，跨度≤12 m	一般	短	好	无	低
单侧壁导坑法	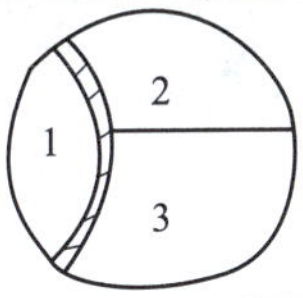	地层较差，跨度≤14 m	较好	较短	好	小	低
双侧壁导坑法	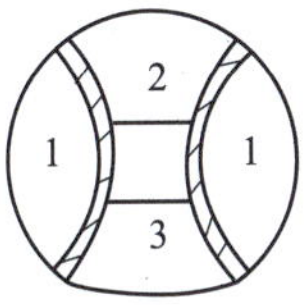	跨度小，连续使用可扩大跨度	大	长	效果差	大	高
中隔壁法（CD工法）	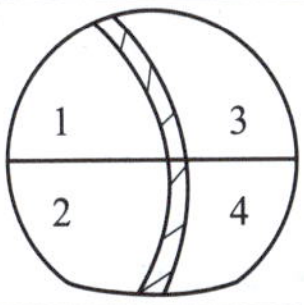	地层差，跨度≤18 m	较大	较短	好	小	偏高
交叉中隔壁法（CRD工法）	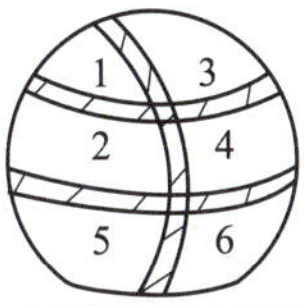	地层差，跨度≤20 m	较小	长	好	大	高
中洞法	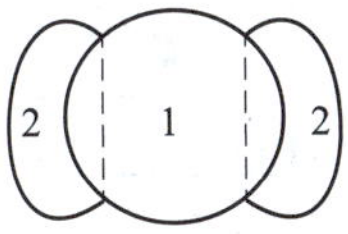	跨度小，连续使用可扩成大跨度	小	长	效果差	大	较高

图 2.20　浅埋暗挖法主要施工方法

4. 盾构法施工

盾构掘进机（简称盾构），是一种隧道掘进的专用工程机械。现代盾构掘进机是实现掘进、渣土装运、洞壁支护等一次开挖成洞的高科技施工设备，它集光、机、电、液、传感、信息技术于一体，具有开挖切削土体、输送土渣、拼装隧道衬砌管片、测量导向纠偏等功能。盾构机的基本工作原理就是利用全断面刀盘切削土体使隧道沿设计的轮廓与轴线向前推进。在盾构前端，采取压缩空气、泥浆、土压及机械等支护方式对开挖面予以支护，以确保开挖面的稳定；在盾构周围，利用封闭的筒状金属外壳承受来自地层的压力，并防止水土入侵；在后端，通过预制或现浇的衬砌构筑物来支撑地层，确保洞室的稳定。盾构机构造如图 2.21 所示。

5. 沉管法施工

沉管法，亦称预制管节沉埋法，即先在隧址以外的预制场（多为临时干坞或船坞）制作隧道管节（每节长 60~140 m，多数为 100 m 左右，最长可达 268 m），管节两端用临时封墙密封，制成后，浮运到指定位置上，注水下沉至预先挖好的基槽内，通过水力压接进行水下连接，再覆土回填，完成隧道的修建。用沉管法修建的隧道，称为沉管隧道（图 2.22）。沉管法是用来修筑穿越江河、港湾、海峡等水底隧道的一种全新的施工方法。沉管隧道的修建流程如图 2.23 所示。

图 2.21 盾构机构造示意

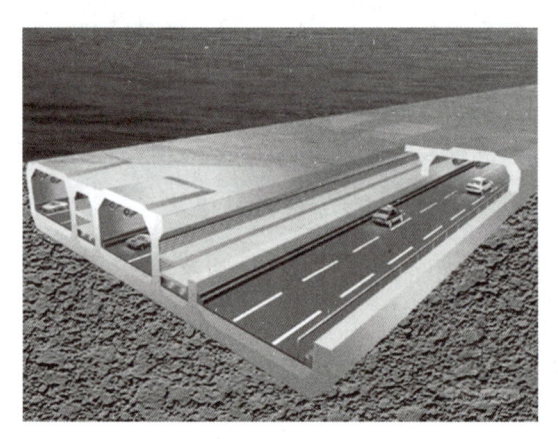

图 2.22 沉管隧道

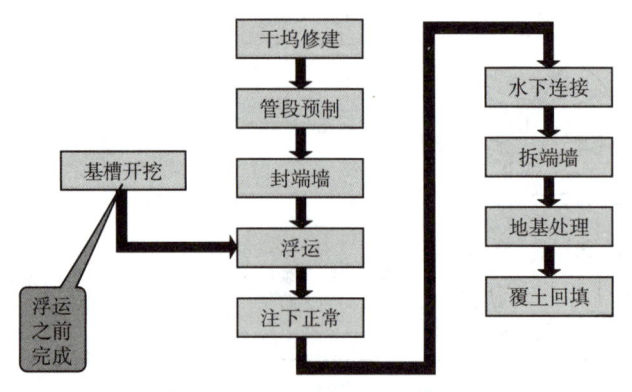

图 2.23 沉管隧道的修建流程

【任务实施】

背景描述	地铁区间隧道作为城市轨道交通工程的主体结构，贯穿城市地下空间各交通站点
讨论主题	在乘坐地铁的过程中，你是否注意过站台两端的隧道呢？说说它们的形状
成果展示	小组采用视频讲解或PPT汇报展示成果，简要列出汇报大纲
任务反思	1. 你在本任务中学到的知识点有哪些？ 2. 你对自己在本任务中的表现是否满意？写出课后反思

【任务评价】

序号	评价项目	评价指标	分值	自评（30%）	互评（30%）	师评（40%）	合计
1	职业素养 30分	使用多种手段收集信息、解决问题的能力	5				
		团队合作、交流沟通、分享能力	5				
		责任意识、服从意识	5				
		当前和长远意识	5				
		历史思维	5				
		完成任务的积极主动性	5				

续表

序号	评价项目	评价指标	分值	自评（30%）	互评（30%）	师评（40%）	合计
2	专业能力 60分	能够清晰列举城市轨道交通区间隧道结构的基本类型及适用特点	20				
		能够流利描述各类区间隧道结构施工工艺流程及质量要点	20				
		能够正确分析和理解未来城市轨道交通工程"智慧建造"新发展方向	20				
3	创新意识 10分	创新性思维和行动力	10				
	合计		100				
	综合得分						

拓展知识

从无到有，从有到优——中国盾构的崛起之路

在社会飞速发展的今天，得益于畅通八达的轨道交通系统，人们的日常出行非常便利。这一切的成果离不开中国工程技术的不断发展和工程人的不懈努力，其中作为大国重器的盾构机发挥了十分重要的作用。但是中国盾构的发展并不是一帆风顺的，其经历了一条不平凡的发展之路。

盾构机自1806年诞生于英国，在其200余年的发展历程中，始终是国外设备占据世界舞台中央。1997年，西康铁路秦岭隧道的工程建设首次引进国外大型隧道掘进机。当年，一台进口盾构机的售价高达3亿元，截至2007年，中国的盾构机依然严重依赖进口，价格昂贵，连操作人员都是"国外进口"。彼时，正是中国基建大开发的年代，对盾构机的需求占到了全球60%以上，而采用进口盾构施工有泄露国家地理信息的可能，用于国防工程建设更是危险。"一定要造中国人自己的盾构！"这不仅是个人的梦想，更是国家的使命。

2008年，我国第一台拥有自主知识产权的复合式土压平衡盾构机——"中铁一号"成功下线，打破了"洋盾构"一统天下的格局。自此以来，中国盾构人聚焦盾构关键核心部件"卡脖子"问题，主动承担了大型掘进机主驱动轴承关键技术示范应用等多项国家重点研发计划项目，突破了国产盾构主驱动等多项"卡脖子"关键核心技术，打破地下工程装备关键技术及战略部件受制于人的局面，极大提振了民族基础工业的信心。

后期，随着全球首台马蹄型盾构机"高加索号"和"京华号"超大直径盾构机（图2.24）的诞生，我们实现了"从跟跑到领跑"的突破，使中国的盾构机制造水平跻身国际前列。现在，国产盾构机产销量已经连续5年世界第一。我们用10年的时间，走完了国外品牌40~50年的发展历程。

从0到1，是从无到有的突破；从1到1 000，是增量提质的飞跃。盾构人的不懈奋斗，使中国盾构实现了从"追赶者"到"伴随者"再到"引领者"的蜕变。迈出第一步总会伴随着很多的困难，但是受制于人的教训也总会警示我们唯有心中有理想，眼中有目标，树立追赶、超越的信念，并能不停付诸实践，才能克服困难，实现新的突破，迎来新的辉煌。

图2.24　"京华号"盾构机

【作业习题】

一、填空题

1. 地铁区间结构按照断面结构形式，可分为_____、_____和_____等常见形式。
2. 地铁区间结构按照衬砌结构形式，可分为_____、_____、_____。
3. 地铁区间隧道施工常用的方法包括_____、_____、_____、和_____。
4. 明挖法基坑可以分为_____、_____两大类。
5. 盾构机通过_____、_____、_____等实现区间隧道的一次开挖成洞。
6. 沉管管段通常在_____制作。
7. 盖挖法通常可分为_____、_____和_____。
8. 盾构机利用_____切削土体使隧道向前推进。
9. 在盾构前端采取_____、_____、_____及机械等支护方式对开挖面予以支护。

二、简答题

1. 浅埋暗挖法的作业机理是什么？
2. 盖挖顺作、盖挖半逆作法与逆作法的区别是什么？
3. 使用盾构法给隧道施工有什么好处？

任务三　了解城市轨道交通轻轨高架桥结构

【任务描述】

高架桥是一种跨线桥梁,主要用于高速公路、铁路以及轻轨、地铁等交通形式,具有避免与其他线路平面交叉、节省用地、减少路基沉陷等诸多优点。那么,它作为轻轨这种城市轨道交通形式的重要组成部分,结构是什么样的?具有哪些特点?结合所见所闻,谈谈你对轻轨高架桥结构的认识。

【学习目标】

1. 掌握轻轨高架桥梁的结构与运行特点;
2. 掌握轻轨高架桥梁的基本结构;
3. 了解轻轨高架桥梁设计的基本要求;
4. 提高语言组织与表达能力;
5. 树立绿色建造理念。

【涉及主要规范和标准】

序号	名称	下载二维码	序号	名称	下载二维码
1	轻轨交通设计标准（GB/T 51263—2017）		4	城市轨道交通高架结构设计荷载标准（CJJ/T 301—2020）	
2	城市轨道交通技术规范（GB 50490—2009）		5	城市轨道交通桥梁工程施工及验收标准（CJJ/T 290—2019）	
3	城市轨道交通上盖结构设计标准（TCECS 1035—2022）				

【相关知识】

一、轻轨高架桥结构概述

轻轨交通通常与地铁交通组合使用形成轨道交通轨道体系。轻轨交通一般位于城区或郊区,与地铁的交通工程相比,具有施工速度快、投资相对少等优点;但对线路景观的要求较高,而对于施工工期及环保的要求也各不相同。

二、轻轨高架桥结构与运行特点

（1）轻轨列车的运行速度快，运行频率高，维修时间短。

（2）桥上多铺设无缝线路、无砟轨道结构，因而会对结构形式的选择及上、下部结构的设计造成特别的影响。

（3）高架桥应考虑管线设置或通过要求，并设有紧急进出通道、防止列车倾覆的安全措施及在必要地段设置防噪屏障，还应设有防水和排水措施。

（4）高架桥大都采用预应力或部分预应力混凝土结构，构造简单、结构标准、安全经济、耐久适用，力求既满足城镇景观要求，又与周围环境相协调。

（5）高架桥的墩位布置应符合城镇规划要求，跨越铁路、公路、城市道路和河流时桥下净空间应满足有关规范的限界要求；上部结构优先采用预应力混凝土结构，其次才是钢结构，应有足够的竖向和横向刚度。

（6）高架桥上应设有降低震动和噪声（设置屏障）、消除楼房遮光和防止电磁波干扰等系统。

三、轻轨高架桥的基本结构

1. 墩台和基础

高架桥墩台的基础应根据当地地质资料确定。当地质情况良好时，应尽可能采用扩大基础。软土地基条件下，为保证基础的承载能力，防止沉陷，宜采用桩基础。

高架桥墩除应有足够的强度和稳定性外，还应结合上部结构的选型使上下部结构协调一致，轻巧美观，并与城市景观和谐，均称，尽量少占地，透空好，保证车辆在桥下行驶时有较好的视线，给行人带来愉快感，如图 2.25 所示。

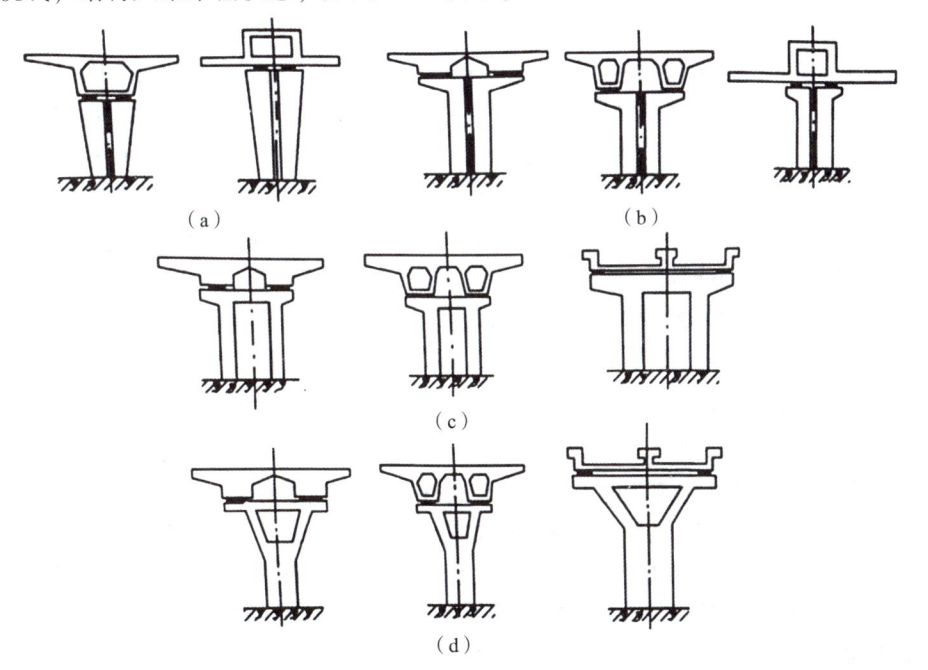

图 2.25　桥墩基本形式示意
(a) 倒梯形桥墩；(b) T形桥墩；(c) 双柱式桥墩；(d) Y形桥墩

2. 上部结构

站间高架桥可以分为位于一般地段的桥梁和位于主要工程节点的桥梁。跨越主要道路、河流及其他市内交通设施的主要工程节点，可以采用任何一种适用于城市桥梁的大跨度桥梁结构体系通常有连续梁、连续钢构和系杆拱。

位于一般地段的高架桥虽然结构形式简单，然而就工程数量和土建工程造价而言，却可能占据全线高架桥的大部分份额，对于城市景观和道路交通功能的影响不可轻视。因此，其结构形式的选择必须慎重，要进行多方比对。从城市景观和道路交通功能考虑，宜选用较大的桥梁跨径从而给人以通透的舒适感，按桥梁经济跨径的要求，当桥跨结构的造价和下部结构（墩台、基础）造价接近相等时最为经济；着眼加快施工进度，应大量采用预制预应力混凝土梁。桥梁形式的选定往往是因地制宜综合考虑的结果。

在建筑高度不受限制，或刻意压低建筑高度得不偿失的场合，一般适用于城市桥或公路桥的正常高度桥跨结构均可用于城市轨道交通的高架桥中。

四、高架桥的设计基本要求

（1）高架桥应满足列车行车安全和乘客乘坐舒适的要求。结构除应满足规定的强度外，应有足够的竖向刚度、横向刚度，并应保证结构的整体性和稳定性。

（2）高架桥应按 100 年设计使用年限设计。

（3）高架桥的建筑结构形式应满足城市景观和减震、降噪的要求。除对于大跨度需求外，不宜采用钢结构。

（4）区间一般地段宜采用等跨简支梁式桥跨结构，并宜采用预制架设、预制节段拼装等工厂化施工方法。

（5）区间桥宜采用钢筋混凝土桥墩（桥墩类型宜分段统一）。

（6）区间梁墩位布置应符合城市规划要求。跨越铁路、道路时桥下净空应满足铁路、道路限界要求，并应预留结构可能产生的沉降量、铁路抬道量或公路路面翻修高度；跨越排洪河流时，应按 1/100 洪水频率标准进行设计，技术复杂、修复困难的大桥、特大桥应按 1/300 洪水频率标准进行检算；跨越通航河流时，其桥下净空应根据航道等级，满足《内河通航标准》（GB 50139—2014）中的有关规定。

（7）对于铺设无砟轨道结构的桥梁，应设立沉降观察基准点。其测点布置、观测频次、观测周期，应按无砟轨道铺设要求确定。

（8）道岔全长范围宜设在连续的桥跨结构上，当不能满足时，梁缝位置应避开道岔转辙器和辙叉范围。

（9）预应力混凝土简支梁的徐变上拱度应严格控制，待轨道铺设后，无砟桥面梁的后期徐变上拱值不宜大于 10 mm。无砟桥面预应力混凝土连续梁轨道铺设后的后期徐变量，应根据轨道专业的要求控制。

（10）跨度小于等于 40 m 的简支梁和跨度小于等于 40 m 的连续梁相邻桥墩，其完工后的沉降量之差应符合下列规定：有砟桥面不应超过 20 mm，无砟桥面不应超过 10 mm；对于外静不定结构，其相邻墩台不均匀沉降量之差的容许值还应根据沉降对结构产生的附加影响来确定。

【任务实施】

背景描述	高架桥梁作为城市轨道交通形式的重要组成部分,造型往往轻巧、美观,尤其是桥墩
讨论主题	说说乘坐轻轨时你见到过的桥墩形式
成果展示	小组采用实地拍视频的方式介绍展示成果
任务反思	1. 你在本任务中学到的知识点有哪些? 2. 你对自己在本任务中的表现是否满意?写出课后反思

【任务评价】

序号	评价项目	评价指标	分值	自评(30%)	互评(30%)	师评(40%)	合计
1	职业素养 30 分	分析问题的能力	5				
		采取多种手段收集信息、解决问题的能力	5				
		团队合作、交流沟通、分享能力	5				
		责任意识、服从意识	5				
		完成任务的积极主动性	10				
2	专业能力 60 分	能够牢固掌握轻轨高架桥梁结构与运行上的特点	20				
		能够牢固掌握轻轨高架桥梁的基本结构	20				
		能够充分理解高架桥梁的设计基本要求	20				
3	创新意识 10 分	创新性思维和行动力	10				
	合计		100				
	综合得分						

> **拓展知识**
>
> ## 济南 R1 线地上高架段——全国首条"素颜"轻轨
>
> 　　由中建八局二公司承建的轨道交通 R1 线地上高架段在 2017 年 12 月 19 日全线贯通，全国首条"素颜"轨道交通揭开面纱，济南人的地铁梦又近了一步。从打下第一个桩基到全线贯通，绿色建造理念一直贯穿其中。全线清水混凝土浇筑，不需二次装修，省时、省力、节材、环保。从施工管控智能化，到尘不离地，土不出场，再到极小半径 U 形梁吊装和跨高速施工，一个个难关被攻破，一项项成果被创造。
>
> 　　从项目开始到全线贯通，整整 29 个月，即 2 年零 5 个月。桩基 3548 根、承台 762 个、墩柱 910 根、盖梁 574 架、现浇连续梁 22 联、U 形梁 966 片。说起项目最大的亮点要数全线清水混凝土浇筑。清水混凝土一次浇筑最大的特点就是天然去雕饰，还原自然美，还有诸多优点：第一，节材省钱。浇筑完成后即可直接使用，不需要二次装修，这就节约了很多装饰材料，节省下了一部分费用。第二，省时省力。不需要装修就意味着减少了施工时间，减少了工人的劳动量。第三，绿色环保。这种技术在施工时会大幅减少建筑垃圾的产生，在施工过程中对环境也不会造成任何影响。
>
> 　　在施工过程中，项目部一直贯彻绿色施工、绿色建造理念，通过盖梁双抱箍法施工、组合式移动操作架应用、清水混凝土施工、预制 U 形梁安装、铝木模板工艺、盘销式钢管脚手架、围挡自动清洗等 36 项新技术应用，实现了轨道交通工程"四节一环保"。项目已获评"山东省绿色施工科技示范工程"，申报的"住房与城乡建设部绿色施工科技示范工程"也已通过验收。同时，该项目还加大创新创效力度，加强新技术支撑。项目"BIM+应用点"覆盖率达 100%，劳务管理二维码信息系统、门禁系统运行率达 100%。
>
> 　　项目开工至全线贯通，已获国家级 QC 奖 1 项，省级 QC 奖奖 2 项；获省土木工程科技进步奖 1 项；获 2016 年度全国建设工程项目管理二等成果 2 项；在国家级刊物发表论文 12 篇；专利 10 项；参编地方标准 3 项。

【作业习题】

一、填空题

1. 轻轨交通一般位于城区或郊区，与地铁交通相比，其具有_____、_____等优点，但对线路景观要求高，施工工期及环保要求也有所不同。

2. 软土地基条件下，为保证基础的承载能力，防止沉陷，宜采用_____。

3. 轻轨高架桥上多铺设_____、_____，因此会对结构形式的选择及上、下部结构的设计造成特别的影响。

4. 高架桥大都采用预应力或部分_____，构造简单、结构标准、安全经济、耐久适用，力求既满足城镇景观要求，又与周围的环境相协调。

5. 高架桥墩位布置应符合城镇规划要求，跨越铁路、公路、城市道路和河流时桥下净空间应满足有关规范的限界要求；上部结构优先采用_____，其次才是_____，应有足够的竖向和横向_____。

6. T形桥墩占地面积小，是城镇轻轨高架桥最常用的桥墩形式。这种桥墩特别适用于_____。

7. 双柱式墩在横向形成钢筋混凝土钢架，受力情况清晰，稳定性好，其盖梁的工作条件较T形桥墩的盖梁有利，无须施加预应力，其使用高度一般在_____以内。

8. 站间高架桥可以分为一般地段的桥梁和主要工程节点的桥梁。可以采用任何一种适用于城市桥梁的大跨度桥梁结构体系。采用最多的是_____、_____和_____。

9. 高架桥梁应按_____年设计使用年限。

10. 预应力混凝土简支梁的徐变上拱度应严格控制，轨道铺设后，无砟桥面梁的后期徐变上拱值不宜大于_____。

二、简答题

1. 轻轨交通高架桥结构具有哪些特点？
2. 轻轨交通高架桥的基本结构有哪些？
3. 轻轨交通高架桥上部结构在选型时应考虑哪些因素？

任务四　了解城市轨道交通车辆段结构

【任务描述】

我们都知道，城市轨道车辆每天奔驰不停，但大家有没有想过，停运后的车辆都去了哪里？其实它们回了城市轨道交通车辆的"家"——车辆段。车辆段是城市轨道交通行车系统的重要单位之一，主要进行列车车辆的运营、整备、检修等工作。另外，车辆段也是城市轨道交通系统（地铁、城市轻轨等）中对车辆进行运营管理、停放及维修、保养的场所。那么车辆段都包含哪些组织部分呢？它又能发挥怎样的作用？请借助网络资源及实地走访等形式收集并整理有关轨道交通车辆维护保养的场地环境和基本工作内容素材，组成介绍材料。

【学习目标】

1. 了解车辆段的主要作用；
2. 了解车辆段的基本组成；
3. 了解车辆段内主要设施及功能；
4. 能够清晰列举车辆段的基本结构组成；
5. 能够详细描述车辆段内各类设施的功能；
6. 培养统筹兼顾、逻辑严谨的工作观念。

【涉及主要规范和标准】

序号	名称	下载二维码	序号	名称	下载二维码
1	地铁设计规范（GB 50157—2013）		3	城市轨道交通车辆基地工程技术标准（CJJ/T 306—2020）	
2	地铁车辆运营技术规范（试行）				

【相关知识】

一、车辆段的设计原则

车辆段（图 2.26）是对车辆进行运营管理、停放及维修保养的场所，一般情况下，每条线路设一个车辆段。其主要包含三大部分：停车库、检修库和办公生活设施。车辆段主要分为检修区和运营区，所有检修工作均集中在检修区运行，运营区主要处理车辆段属车辆的停放、列检和乘务工作。

图 2.26 车辆段全貌

车辆段的线路布置（图2.27）要根据车辆段作业要求，结合用地特点进行，一般地，车辆段的设计原则包括以下3方面：

1. 收发车顺畅

车辆段是列车运营的起始与终止场所，其设计要根据线路特点保证列车出入的流畅，满足能力要求。

2. 停车检修分区合理

在部分线路较长的场所，车辆段与停车场的确定需要考虑其位置分布，以保证运营组织与管理的方便性。

3. 用地布置紧凑

城市轨道交通系统一般在市区，土地资源稀缺，且价格昂贵，车辆段与停车场的设计要紧凑，以降低建设费用。

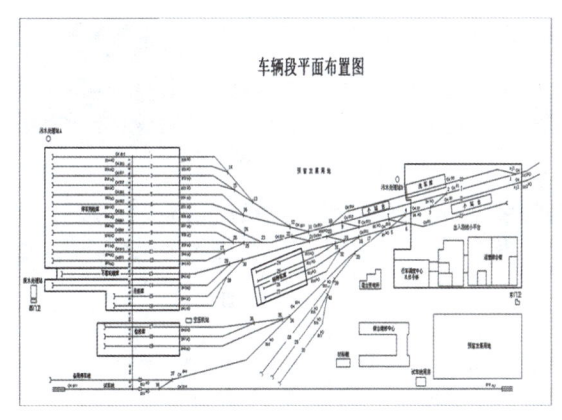

图 2.27 车辆段的线路布置

二、车辆段的主要作用

1. 车辆段的主要功能

（1）提供运营列车投入服务，确保所属线路列车运行图的实现。

（2）进行客车的停放、调车编组、日常检查、一般故障处理和清扫洗刷工作。

（3）承担客车的维修、临修、镟轮、定修、架修和长修工作。

（4）工程机车车辆的停放、检修等。
（5）车辆段内通用设施及车辆维修设备的维护管理。
（6）乘务人员的组织管理、出乘计划编制及备乘换班的业务工作。
（7）所属线路列车运行出现故障时的技术检查、处理和救援工作，如图2.28所示。

图2.28　列车的技术检查工作

2. 车辆段综合检修基地功能

车辆段一般还兼有综合检修基地功能，综合检修基地是保障线路各系统正常运行的基地和管理部门。在停车场一般设置各系统的维修工区，属综合检修基地管辖。综合检修基地的功能和任务如下：

（1）承担所辖线路沿线隧道、线路和桥梁等设施的检查、保养和维修工作；
（2）承担所辖线路车站建筑和地面建筑的保养和维修工作；
（3）承担所辖线路变电所、接触网、供电线路和设备的运行管理、检查、保养和维修工作；
（4）承担所辖线路各机电系统及设备的运行管理、检查、保养和维修工作；
（5）承担所辖线路通信、信号系统的运行管理、检查、保养和维修工作；
（6）承担所辖线路自动售检票系统和设备的运行管理、检查、保养和维修工作；
（7）承担所辖线路防灾报警系统、设备监控系统的检查、保养和维修工作；
（8）承担所辖线路运营、检修所需的各类材料、设备、备品配件的采购、储备、保管和发放工作。

三、车辆段的主要组成

车辆段总体上分为咽喉部分、线路部分（图2.29）、车库3部分。

1. 咽喉部分

车辆段咽喉部分是指连接车库与正线的部分，由出入段线与道岔组成。

2. 线路部分

车辆段线路部分包括出入段线、停车线、列检线、镟轮线、检修线、洗车线、牵出线、试车线、静态调试线、临修线等。

除此之外，检修基地内还要按需设置临时存车线、检修前对列车清洗的吹扫线、材料装卸专用线和特种车辆（如轨道车、接触网架线试验车、隧道冲洗车等）停车线、联络线和与铁路连通的地铁专用线等。这些线路通过道岔互相连接，道岔和信号设备联锁，由设置在站场的中央调度室对电气集中控制设备进行操作、排列和开通列车的进路，进行调车和取送车作业。

图 2.29 车辆段咽喉部分和线路部分
(a) 咽喉部分；(b) 线路部分

3. 车库部分

车辆段车库主要包括停车库（图 2.30）、定修库和架修库（图 2.31）、洗车库等，为车辆停放、检修与清洁提供了必要的场地空间。

图 2.30 停车库

图 2.31 定修库和架修库

4. 办公生活设施

办公生活设施（图 2.32~图 2.36）是指为保证车辆的正常运营和满足维修需要的附属设施，主要包括：检修工班、易燃品库、混合变电所、降压变电所、信号楼、综合办公楼等办公场所和设备、司乘公寓、锅炉房、污水处理站、食堂和浴室等生活设施与场所。

图 2.32 架修、大修库

图 2.33 地面式架车机

图 2.34 不落轮镟床车间

图 2.35 不落轮镟床

图 2.36　列车自动清洗机

【任务实施】

背景描述	城市轨道交通车辆段被誉为"地铁列车之家",是确保每天城市轨道交通列车正常收发和日常维护保养的重要场所
讨论主题	对于城市轨道交通车辆段你了解多少呢
成果展示	小组通过视频、图片形式拍摄并剪辑车辆段介绍微视频,小组采用 PPT 汇报展示成果,简要列出汇报大纲
任务反思	1. 你在本任务中学到的知识点有哪些? 2. 你对自己在本任务中的表现是否满意?写出课后反思

【任务评价】

序号	评价项目	评价指标	分值	自评(30%)	互评(30%)	师评(40%)	合计
1	职业素养 30分	采取多种手段收集信息、解决问题的能力	5				
		团队合作、交流沟通、分享能力	5				
		责任意识、服从意识	5				
		全局观和局部意识	5				
		系统思维	5				
		完成任务的积极主动性	5				
2	专业能力 60分	能够清晰列举车辆段的基本组成	30				
		能够正确描绘车辆段内各类设施的基本功能及性能特点	30				
3	创新意识 10分	创新性思维和行动力	10				
		合计	100				
		综合得分					

拓展知识

TOD模式开发车辆段（图2.37），打造轨道交通"未来之城"

伴随城市用地的规划、开发和管理模式的探究和创新，以及TOD（Transit-Oriented Development，交通导向型发展）理念在国内的推广与实践，城市轨道交通车辆基地由单纯的车辆停修功能，逐步发展为综合开发、集约利用、一体化设计的城市节点，从而实现由消极向积极、封闭向开放的转变。

所谓TOD，即以公共交通为导向的开发模式。它由新美国人彼得·卡尔索尔普于20世纪90年代提出，即以地铁、轻轨、巴士等公共交通为中枢，以5~10分钟步行路程为半径，建立集工作、商业、文化、教育、居住等为一体的城区，营造"轨道建设—人流增加—商业开发—吸引人口"的良性循环模式。发展至今，TOD模式从最初的车辆段单一功能到在车站上部开始开发建筑，再到周边开发居民住宅、商业圈及城市公园，又到当前"站城人一体化"，实现了缝合城市效应，优化城市公共交通体系，提升了商业开发价值，高效利用了城市空间。

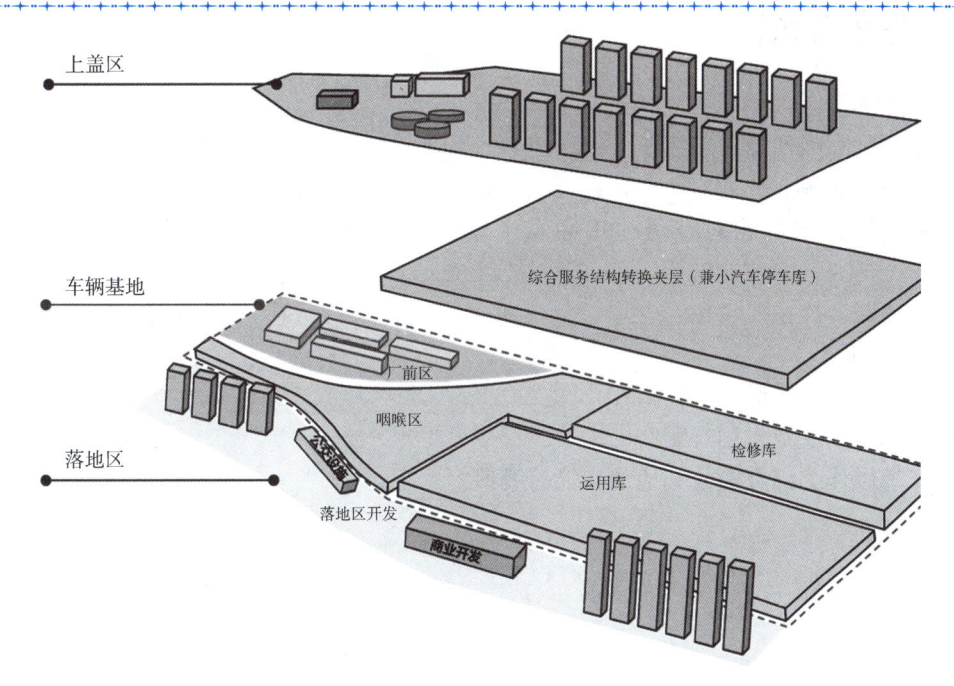

图 2.37　TOD 模式下车辆段综合空间示意

例如，西安地铁 6 号线侧坡车辆段，该项目位于西安市高新区，为西安市首座 TOD 模式上盖开发车辆段。项目主要包括综合楼，检修组合厂房及周边车道运用库、周边车道咽喉区、周边车道等 15 个单体房屋，是目前西北区域最大，首个实行全上盖的车辆段（图 2.38），是线网中投资最大，建筑面积最大，盖板面积最大，开发强度最大，人防面积最大的车辆段。以地铁周边 400~800 m 为半径建立商业中心广场或城市中心，其特点在于集工作、商业、文化、教育、居住等为一身的"混合用途"，未来建成后可实现周边商住出行在"一刻钟生活圈"内。

该项目以缝合城市穿越时间为概念，面对历史文化和城市伤疤的双重考验，以高线公园串联博物馆、文化公园、艺术中心、体验街区等，联动周边城市职能，为西安打造了一座跨时空的巨轮。

图 2.38　侧坡车辆段上盖层底板结构

【作业习题】

一、填空题

1. 车辆段咽喉部分是连接_____与_____的部分。
2. 车辆段总体上分为_____、_____、_____三大部分。
3. 列车转向架的轮对在运行中会发生踏面的擦伤、剥离和轮缘磨耗,需要及时进行_____。
4. 车辆段车库主要包括_____、_____、_____和_____等。

二、简答题

1. 车辆段的设计原则是什么?
2. 车辆段的主要作用有哪些?
3. 车辆段作为综合检修基地的功能有哪些?

模块三

城市轨道交通车站机电设备

城市轨道交通是现代城市交通的重要组成部分，而轨道机电设备是保障城市轨道交通安全和运行的重要设备之一。城市轨道机电设备包括车辆、信号及通信设备、供电系统、站场设备等。这些设备的维护和运行不仅直接影响乘客的出行体验，更关系到城市交通运输的安全和顺畅。

城市轨道交通车站机电设备纷繁复杂，你认识它们吗？哪些设备是在车站就可以看到的？哪些设备在"背后"默默发挥作用？

思维导图

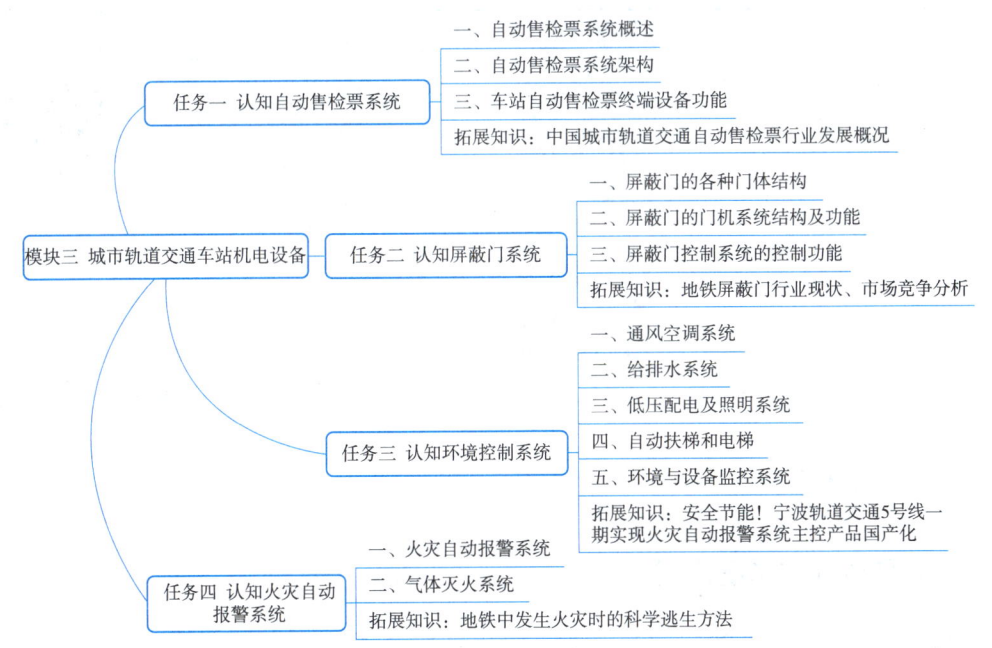

模块三 城市轨道交通车站机电设备

- 任务一 认知自动售检票系统
  - 一、自动售检票系统概述
  - 二、自动售检票系统架构
  - 三、车站自动售检票终端设备功能
  - 拓展知识：中国城市轨道交通自动售检票行业发展概况

- 任务二 认知屏蔽门系统
  - 一、屏蔽门的各种门体结构
  - 二、屏蔽门的门机系统结构及功能
  - 三、屏蔽门控制系统的控制功能
  - 拓展知识：地铁屏蔽门行业现状、市场竞争分析

- 任务三 认知环境控制系统
  - 一、通风空调系统
  - 二、给排水系统
  - 三、低压配电及照明系统
  - 四、自动扶梯和电梯
  - 五、环境与设备监控系统
  - 拓展知识：安全节能！宁波轨道交通5号线一期实现火灾自动报警系统主控产品国产化

- 任务四 认知火灾自动报警系统
  - 一、火灾自动报警系统
  - 二、气体灭火系统
  - 拓展知识：地铁中发生火灾时的科学逃生方法

任务一　认知自动售检票系统

【任务描述】

自动售检票（Automatic Fare Collection，AFC）系统是基于计算机、通信、网络、自动控制等技术，实现轨道交通售票、检票、计费、收费、统计、清分、管理等全过程的自动售检票系统。

国外经济发达城市的轨道交通已普遍采用了这种管理系统，并发展到相当先进的技术水平。我国城市轨道交通车站的自动售检票设备，最初来自外国，近年来，我国已进行了大量的开发研制工作，制造出了多种形式的产品，技术水平也在不断提高。国内轨道交通自动售检票系统的发展经历了从无到有的过程，随着计算机技术和软件的发展，我国城市轨道交通自动售检票的技术已与城市一卡通接轨，让各城市之间实现一卡通用。你会使用自动售检票机办理各种业务吗？请分组采用拍视频的方式进行介绍和展示。

【学习目标】

1. 了解自动售检票系统及其在城市轨道交通中使用的必要性和作用；
2. 了解自动售检票系统的架构；
3. 了解自动售检票系统的主要设备组成；
4. 掌握车站终端设备的功能；
5. 培养开拓进取、不畏艰难的品质。

【涉及主要规范和标准】

序号	名称	下载二维码	序号	名称	下载二维码
1	城市轨道交通运营管理规定（中华人民共和国交通运输部令2018年第8号）		3	城市轨道交通自动售检票系统运营技术规范（试行）交办运〔2022〕27号	
2	城市轨道交通自动售检票系统工程质量验收标准（GB/T 50299—2018）				

【相关知识】

一、自动售检票系统概述

自动售检票系统是综合技术性很强的一个专业系统，涉及机械、电子、微控、传感、计算机、网络、数据库和系统集成等多个方面，整个系统实现具有很大难度。AFC 应用系统软件是其中最具有代表性的，它不仅要集成所有售检票设备信息，还要对车票和现金等实物进行管理，涉及车站管理、收益管理和车票管理等各个环节，数据关系较为复杂，需求难以把握，开发具有一定难度，是实现自动售检票系统集成的关键环节。

二、自动售检票系统架构

1. 自动售检票系统专有名词介绍

自动售检票系统专有名词介绍如表 3.1 所示。

表 3.1　自动售检票系统专有名词介绍

序号	专有名词	解　释	备　注
1	ACC	自动售检票系统清算管理中心	—
2	AFC	自动售检票	—
3	LC	线路中心/线路计算机	—
4	SC	车站计算机	综控室/自动售检票票务室
5	TVM	自动售票机	站厅（非付费区）
6	AG	自动检票机	站厅（划分付费区与非付费区）
7	AVM	自动充值机	站厅（非付费区）
8	BOM	半自动售/补票机	售/补票室
9	PCA/PVU	便携式检票机	自动售检票票务室
10	AQM/TCM	自动查询机	站厅（非付费区）

2. 自动售检票系统总体结构

1）层次划分

城市轨道交通自动售检票系统的结构按层次划分，共分为车票、车站终端设备、车站计算机系统、线路中央计算机系统、清分系统五个层次。

2）层次结构

层次结构是按照全封闭的运行方式，以计程收费模式为基础，采用非接触式 IC 卡为车票介质的组成原则，根据各层次设备和子系统各自的功能、管理职能和所处的位置进行划分的。目前确定的五层结构型式，是根据我国国情和城市发展现状，综合考虑了轨道交通建设的特点（如线路多而复杂、建设周期长、多个业主单位等情况）而设置的，具有一定的可伸缩性。其对各层次必须实现的功能和要求做出了如下规定：

第一层——车票，是乘客所持的车费支付媒介；

第二层——车站终端设备，安装在各车站的站厅，直接为乘客提供售检票服务的设备；

第三层——车站计算机系统，其主要功能是对第二层车站终端设备进行状态监控，以及收集本站产生的交易和审计数据，规定了系统的数据管理、运营管理及系统维护管理；

第四层——线路中央计算机系统，其主要功能是收集本线路自动售检票系统产生的交易和审计数据，并将此数据传送给城市轨道交通清分系统，以及与其进行对账，并负责本线路的车票票务管理、运营管理及系统维护；

第五层——清分系统，其主要功能是统一城市轨道交通自动售检票系统内部的各种运行参数，收集城市轨道交通自动售检票系统产生的交易和审计数据并进行数据清分和对账，同时负责连接城市轨道交通自动售检票系统和城市一卡通清分系统，并负责车票管理、票务管理、运营管理和系统维护管理。

三、车站自动售检票终端设备功能

1. 自动售票机——TVM（图3.1）

1）功能概述

（1）TVM为乘客提供使用纸币、硬币进行自助式购买单程票的服务，乘客可以使用面额为5元、10元、50元（仅机场线）、100元（仅机场线）的纸币，或使用1元面额的硬币购票。

（2）乘客单次购票数量上限为10张（机场线单次购票数量上限为4张），设备单次购票接收现金上限为20元（机场线单次购票金额上限为100元）。

（3）当乘客投入金额大于应付金额时，以1元硬币、1元纸币或5元纸币的形式找零，最大找零范围为8元。

（4）TVM提供一卡通储值卡充值服务，乘客可以投入面额为10元、20元、50元、100元的纸币进行充值。

（5）招援功能：TVM设置招援按钮。乘客按下该按钮后，招援信息将上传SC，SC监视工作站可显示具体的招援TVM位置；可以通过系统参数设置将招援按钮设为启用或禁用，还要为招援按钮提供保护装置，以防止误操作。

（6）待机服务功能：TVM在参数指定的时间内无人购票时，进入待机状态，显示预先设置的界面（也可以是广告），之后黑屏，TVM运行状态显示器显示"正常服务"；TVM设置人体检测感应器，在待机状态下检测到有乘客接近时（小于1 m），界面自动切换为购票界面。

2）数据保存方式、内容及期限

设备能至少保存最近7天的交易数据和设备数据，交易数据存储到硬盘中，包括以下内容：

（1）设备状态数据（包括当日TVM运行累计数据，以及状态、钱箱票箱当前数量等）。

（2）ACC交易数据/一卡通交易数据/ACC审计数据/一卡通审计数据。

①每日运营结算数据（内含有当日统计数据）。

②日志数据（维修登录、退出维修、TVM开机、TVM关机、TVM运营开始、TVM运营结束、硬币清空、更换纸币钱箱、更换硬币补充箱、更换硬币回收箱、更换纸币找零钱箱、更换票箱、参数修改、TVM结算、软件下载更新日志、数据导出、软件更新导入、删除过期数据、部件测试、TVM模式变化、时钟同步、乘客招援）。

③设备异常故障数据（包含维修代码和故障代码）。

④设备维修数据（主要是设备部件的使用时间、使用次数、故障次数）。

（3）TVM 与 SC。

①TVM 与 SC 通过网络进行连接，TVM 将接收 SC 下发的参数、命令以及进行时钟同步。

②TVM 实时上传 ACC 交易数据、一卡通交易数据、部件状态数据、设备异常故障数据、部件更换数据。在运营结束时，除了上传上述应上传而未上传的数据外，其还上传 ACC 审计寄存器数据、一卡通审计寄存器数据、每日结算数据、维修数据。

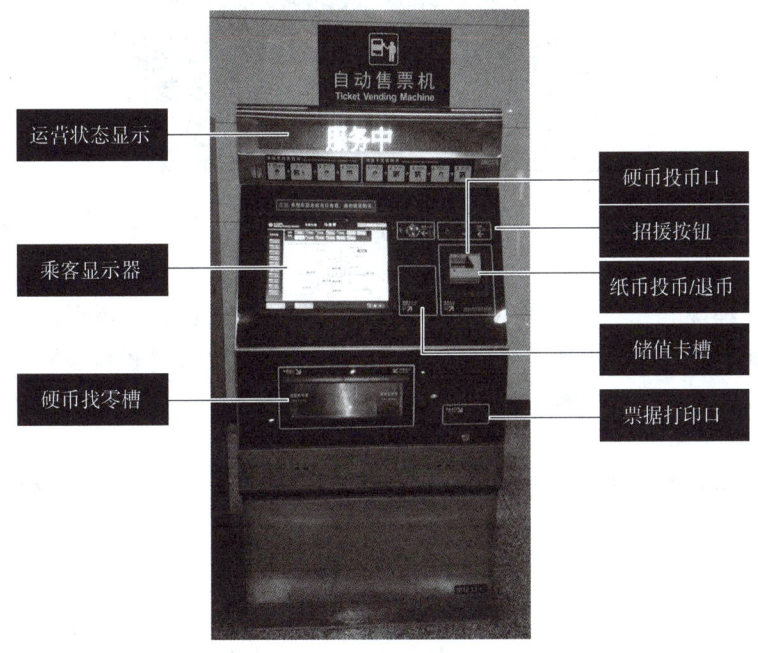

图 3.1 自动售票机

2. 半自动售/补票机——BOM（图 3.2）

1）功能概述

（1）基本业务功能包括：售票、补票、充值、修复、替换、退票、预销售、预销售抵消、记名票处理（按 ACC 规则实现）、车票查询、挂失处理、车票分析、票据和发票打印。

（2）辅助业务功能包括：更换票箱、收益查询、操作员间休、操作员签退、操作员结账、关机处理和密码修改。

（3）系统设置功能包括：BOM 与 SC 时钟同步设置、BOM 工作模式设置和 BOM 本机参数设置。BOM 具有软件和参数下载和更新功能。除了系统在启动时自动进行处理以外，也可以通过手动方式或根据 SC 的要求，在需要的时候进行软件和参数的下载和更新。

2）BOM 工作模式

BOM 的工作模式设定取决于 BOM 的放置位置：

（1）售票模式。

（2）售/补票模式。

图 3.2　半自动售票机

3）管理认证卡的使用

何时使用管理认证卡：在运营开始前，售票类设备与 SC 通信中断无法正常连接时，售票类设备可以通过使用管理认证卡进行一票通认证，从而实现车票的发售功能。

3. 自动检票机——AG（图 3.3）

1）功能概述

自动检票机是对乘客使用的车票（IC 卡）中所记录的信息（期间，区段）进行读取，与判定部记忆内容进行对比判定，对通过的乘客进行光学测知后，根据对车票和乘客的判断来判定可否通行及门的开关、显示等。

2）AG 的分类

（1）按闸门结构不同分为三杆式检票机、拍打门式检票机、剪式门式检票机。

（2）按功能不同分为进站检票机、出站检票机、双向检票机。

（3）按闸门规格不同分为普通通道检票机、宽通道检票机。

（4）按闸门状态不同分为常开式通道、常闭式通道。

图 3.3　自动检票机

4. 自动查询机——AQM（图 3.4）

AQM 为乘客提供自助式查询车票、线路、票价和首末班时刻表的服务。乘客也可以通过一票通、一卡通进行相关信息查询。

图 3.4　自动查询机

5. 便携式检票机——PVU（图 3.5）

PVU 作为一种辅助检验票设备，具有便携、可移动的特点，由车站工作人员手持为乘客提供进站检票、出站检票和在付费区进行验票服务，在出现客流高峰或自动检票系统出现故障时使用。

便携式检票机视图

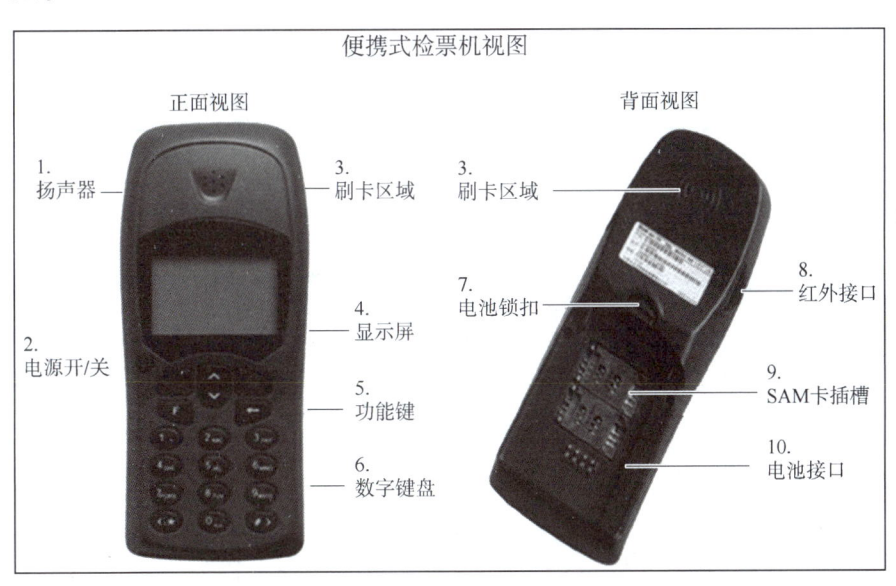

正面视图
1. 扬声器
2. 电源开/关
3. 刷卡区域
4. 显示屏
5. 功能键
6. 数字键盘

背面视图
3. 刷卡区域
7. 电池锁扣
8. 红外接口
9. SAM卡插槽
10. 电池接口

图 3.5　便携式检票机

6. 车站计算机——SC

车站计算机系统属于车站级别，是车站的中央控制部分。各车站均有自己的车站系统。车站计算机系统主要负责车站设备监控、状态控制、配置文件生成和传输、交易数据采集和车站计算机系统管理。

【任务实施】

背景描述	自动售检票系统是国际化大城市轨道交通运行中普遍应用的现代化联网收费系统。随着自动售检票系统的启用，乘客可以通过各入口处的自动售票机购买电子票
讨论主题	通过自主学习，请阐述自动售检票系统日常养护需注意的事项
成果展示	小组采用拍视频的方式介绍展示成果，简要列出视频介绍大纲
任务反思	1. 你在本任务中学到的知识点有哪些？ 2. 你对自己在本次任务中的表现是否满意？写出课后反思

【任务评价】

序号	评价项目	评价指标	分值	自评（30%）	互评（30%）	师评（40%）	合计
1	职业素养 30分	采取多种手段收集信息、解决问题的能力	5				
		团队合作、交流沟通、分享能力	5				
		责任意识、服从意识	5				
		绿色、低碳意识	5				
		奋斗精神	5				
		完成任务的积极主动性	5				

续表

序号	评价项目	评价指标	分值	自评（30%）	互评（30%）	师评（40%）	合计
2	专业能力 60分	能够清晰描述自动售检票系统的概念，了解其在城市轨道交通中的必要性和作用	10				
		能够充分了解自动售检票系统的架构	15				
		能够充分了解自动售检票系统的主要设备组成	15				
		能够牢固掌握车站终端设备的功能	20				
3	创新意识 10分	创新性思维和行动力	10				
		合计	100				
		综合得分					

拓展知识

中国城市轨道交通自动售检票行业发展概况

我国城市轨道交通运营始于1971年1月——北京地铁一期工程线路开始试运营。在其后的近20年时间里，人们在国内乘坐地铁使用的都是纸质车票，没有自动售检票的设备，一切都靠人工进行。直到20世纪80年代末，上海地铁开始自主研制自动售检票系统，并在一号线的徐家汇等车站成功试用，结束了人工售检票服务的时代，我国AFC系统之路才正式启程。

经过20多年的建设和发展，我国轨道交通自动售检票系统从无到有，从生疏到熟悉，从引进到国产化，再到当下的运用互联网+的多元化新型支付方式，自动售检票系统的快速发展极大地丰富了自动售检票运作模式，让乘客使用更加快捷方便，让地铁运营管理更加轻松精准。

从自动售检票系统发展角度来看，我国走过的发展历程可以分为三个阶段，一是引进+合作发展阶段，二是国产化蓬勃发展阶段，三是"互联网+"发展阶段。

一、引进+合作发展阶段（1993—2004年）

20世纪80年代末，城市轨道交通自动售检票系统概念在中国还是一片空白，人们也还看不到该系统在轨道交通大系统中的重要性和必要性。

1988年，上海地铁凭着在国外收集到的资料，艰难地开始了自动售检票系统和设备的试制。1989—1992年，经过三年的努力，上海地铁研制出了6台样机并在上海地铁1号线南段五座车站试用，实现了该项目的扩大试验。但从功能样机到产品还必须经过至少4年的时间，而当时上海地铁1号线已全线开通运营，2号线也开始开工建设，对自动售检票样机设备来说已没有时间再做进一步的研究，于是经过上海市政府的批准，同意由国内自行开发转为引进。当时，上海地铁1号线和2号线花了将近

2 800万美元，购买了美国寇比克公司的自动售检票设备。1996年签订合同，1999年3月实现全线开通运行。同期开工建设的广州地铁1号线也是全套引进的美国寇比克系统，1998年6月开通西朗—黄沙段自动售检票系统，1999年6月广州地铁1号线开通试运营时，全线自动售检票系统开通运行。20世纪90年代，国内开通的自动售检票系统都采用磁卡技术。

随着2000年前后国内第一轮城市轨道交通建设高潮的到来，北京、上海、广州、大连、天津、深圳、武汉、重庆和南京的城市轨道交通项目陆续上马。在这一轮建设大潮中，自动售检票系统不再是"豪华配置"，而是成为"标配"。其建设有两个特点，一是车票的介质从磁卡逐步变成了IC卡，二是在系统建设时要考虑与公交（市政）一卡通的对接。同时，国外的知名AFC厂商纷至沓来，如欧美的寇比克、泰雷兹、英德拉（Indra）、泰尔文特（Telvent）、亿雅捷（ERG）、固力保（Gunnebo）、马格内梯克（Magnetic），日韩的欧姆龙（Omron）、日信、三星SDS、乐金（LG CNS），新加坡的新科电子等，在各种技术交流会、展览会上频繁出现。

国内AFC系统潜在需求市场的不断扩大，吸引了一大批国内的高新科技企业纷纷加入。他们积极与国外厂家合作，引进消化国外先进技术。例如，南京熊猫与法国泰雷兹在南京地铁1号线合作，中软万维与日本信号在北京机场线合作，方正国际与日本欧姆龙在北京5号线合作，广电运通与法国泰雷兹在北京地铁1、2号线和八通线等项目中合作……探索和拓宽了国内企业与外国企业合作的道路，使国内企业在实际项目实施上得到锻炼，加快了对国外自动售检票技术的转化和吸收。

二、国产化蓬勃发展阶段（2004—2015年）

经过几年的自动售检票建设和运营实践后，自动售检票行业的从业者们，不管是业主还是供货商都在总结经验和教训，逐渐形成共识——必须建立统一的自动售检票系统规范和标准，才能避免在轨道交通大建设的高潮中出现新旧线路不兼容或者建新线改旧线的情况出现，这样才能保证自动售检票的健康发展。标准规范的制定，使自动售检票在国家层面上形成了一套涵盖设计、建造、检测和验收全过程的标准体系。此外，北京、上海等城市还发布了有关自动售检票的地方标准，广州、深圳等城市的轨道公司也制定了有关自动售检票的企业标准，规定和统一了自动售检票系统和设备的功能需求、技术标准和数据接口规范，使自动售检票系统设备成为相对标准化的产品。

在这样的环境下，国内的自动售检票企业蓬勃发展，凭借着与外国自动售检票厂商的合作经验以及在金融、公交等领域的技术积累，快速崛起，打破了外国厂商的垄断，并逐步从市场的配角变成主角，即国外企业在竞争中逐步退出国内自动售检票市场。如寇比克在1999年完成上海和广州的项目后，由于成本和系统理念等因素退出；西班牙英德拉和泰尔文特在完成了上海和天津的项目以后相继离场；摩托罗拉由于业务重组，在匆匆把项目转让给韩国三星后结束了自动售检票业务；日信和欧姆龙则把技术转让给国内的合作伙伴，专注做专有模块的供货商，不再充当系统集成商的角色；泰雷兹和亿雅捷则在国内分别设立了合资公司；新科电子也在国内设立了合资公司，在将业务交给合作伙伴以后，也退出了国内市场；而2015年，三星SDS宣布撤出中国城市轨道交通自动售检票市场，这标志着外国企业在轨道交通自动售检票系统集成领域的全面退出。

在自动售检票国产化的过程中，政府与城市轨道交通项目业主单位发挥了主导作用。在国产化工作起步阶段，政府强化产业政策的导向作用，通过制定产业发展规划、提供研发资金、出台优惠的税收政策等一系列措施，大力扶持国内企业。城市轨道交通项目业主单位则积极为国内企业创造条件，提供参与建设的机会，促成其与国外企业的合作，学习国外的成熟技术和先进经验，开展自主研发工作，以尽快提高国产化产品的质量。

　　经过了十余年的发展，国内自动售检票企业已经掌握了自动售检票系统的核心技术，能够自主开发全套应用软件，具备专用设备的整机与模块的设计和生产能力。

三、"互联网+"发展阶段（2015年以后）

　　2008年7月，广州地铁与中国移动合作，在闸机上开通手机支付，乘客使用NFC手机或者装用特制SIM卡的手机直接刷手机便可过闸，但是由于各种原因，这个项目没有向乘客全面推广使用；2015年6月，寇比克在伦敦地铁的闸机上测试刷VISA、万事达、Apple Pay等电子票证方式过闸功能。

　　与此同时，国内业主单位和供货商也将互联网等新技术运用到自动售检票系统上。2014年，就有国内厂商在自动售检票年会上提出二维码和移动支付等技术在自动售检票系统上的应用；2015年年底广州和深圳两个城市先后上线了基于互联网支付技术的云售取票机设备；2016年，广州地铁陆续开通了二维码/银联/NFC过闸功能；上海、北京、深圳、苏州、宁波、长沙、南宁等20多个城市地铁也在2016—2017年陆续开通了App+现场取票，使用移动支付在TVM购票以及刷手机过闸等功能。

　　互联网+与自动售检票的融合，不仅是技术发展的趋势，更是乘客和地铁运营管理者乐于接受的。乘客能免去现金兑换和找零烦恼，减少排队时间，乘车方便快捷了不少；地铁运营管理者则简化了设备，减少了车站的现金管理，同时能整合消费数据，打造增值服务平台，留存乘客实名信息，提高安保效率，大大提升运营企业服务水平。由此，在短短3年间，互联网+自动售检票的应用"风生水起"。

　　互联网+时代下的自动售检票，衍生出云平台、云闸机和云售票机等各式新型设备，同时也出现了新的企业面孔，它们大多是从事互联网支付应用的企业。

——节选自自动售检票专委会相关市场报告

【作业习题】

一、填空题

1. 城市轨道交通自动售检票系统的结构按层次划分，共分为_____、_____、_____、_____、_____五个层次。

2. 自动售检票系统层次结构是按照_____的运行方式，以_____模式为基础，采用_____为车票介质的组成原则，根据各层次设备和子系统各自的功能、管理职能和所处的位置进行划分的。

二、简答题

1. 什么是自动售检票系统？
2. 使用自动售票机购票时乘客可使用的币种、面额有哪些？
3. 乘客在自动售票机上单次购票数量上限是多少？
4. 自动售票机的最大找零范围是多少？
5. 自动售票机为乘客提供充值服务时可接收何种面额的纸币？
6. 半自动/补票机的基本业务包括哪些？
7. 自动售票机的种类有哪些？
8. 介绍车站计算机监视界面常用图标。
9. 自动检票机按功能不同可以有哪些分类？
10. 简述车站计算机基本操作步骤。

任务二　认知屏蔽门系统

【任务描述】

轨道交通屏蔽门是安装于轨道交通车站站台边缘，将轨行区与站台区隔离开来，设有与列车门相对应的可多级控制开启与关闭的滑动门的连续屏障，是一项集建筑、机械、材料、电子和信息等学科于一体的产品。它被设置在地铁站台边缘，将列车与地铁站台候车室（厅）隔离开来，在列车到达和出发时可自动开启和关闭。站台门系统由机械和电气两部分构成，机械部分包括门体和门机，电气部分包括电源和控制系统。

屏蔽门系统主要由全高屏蔽门、就地控制盘、中央接口盘、乘客信息系统等组成。其中，全高屏蔽门采用地铁真实站台门结构，可实现就地级操作；就地控制盘可实现站台级开关站台门以及对站台门的状态监控；中央接口盘可实现对整个车站站台门开关状态的监控与参数调节；乘客信息系统可实现列车到站信息提示、紧急广播信息的发布，等等。以上设备的高效协同工作保证了屏蔽门的正常使用，可是万一发生紧急情况，造成屏蔽门故障时，我们应该如何处理？大家可以借助网络了解一下常见的屏蔽门故障及其对应的处理方法。

【学习目标】

1. 了解屏蔽门系统的构成与功能；
2. 了解屏蔽门控制系统控制功能与操作方法；
3. 掌握屏蔽门故障的处置方法；
4. 建立团结合作、严谨认真的工作品质。

【涉及主要规范和标准】

序号	名称	下载二维码	序号	名称	下载二维码
1	城市轨道交通站台屏蔽门（CJ/T 236—2022）		2	城市轨道交通站台屏蔽门系统技术规范（CJJ 183—2012）	

【相关知识】

一、屏蔽门的各种门体结构

屏蔽门系统的门体结构主要由固定门、滑动门、应急门、半高屏蔽门固定侧盒、司机手推门和端门以及门槛、顶箱、承重结构等部件组成，如图3.6所示。

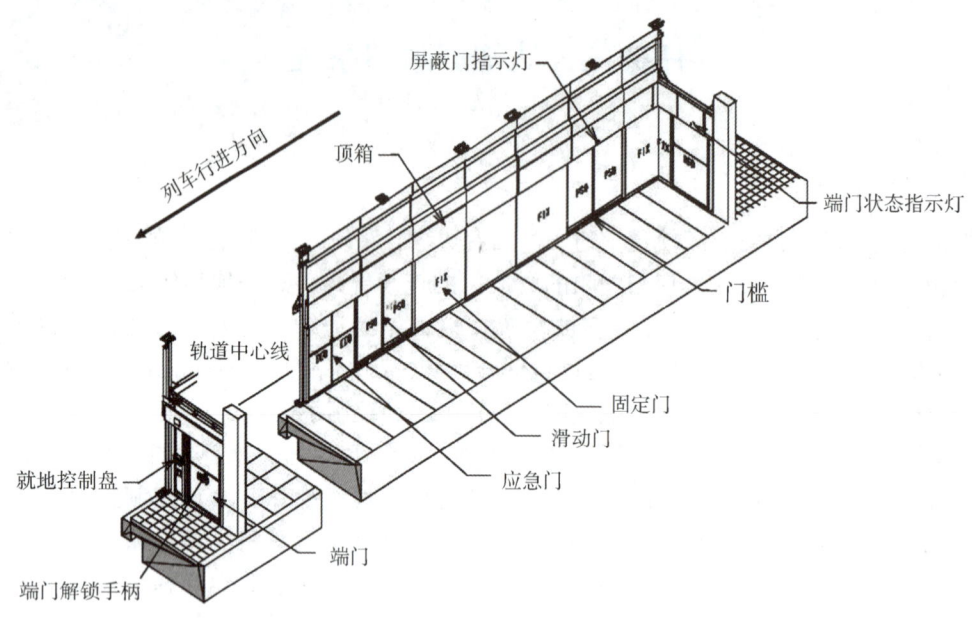

图 3.6　屏蔽门门体系统

1. 固定门结构及性能

（1）固定门设置在滑动门与滑动门之间，在站台公共区与轨道区域之间起隔离作用。

（2）固定门由门框、钢化玻璃组成，固定门是不可活动的。

2. 滑动门结构及性能

（1）滑动门与列车门一一对应，关闭时将站台公共区与隧道区间隔开，打开时，为乘客提供上、下列车的通道以及列车在隧道区域发生火灾或故障时作为乘客的疏散通道。

（2）每侧站台边缘均设有24道（48扇）滑动门，滑动门能满足五种控制方式要求，即系统级控制、就地控制盘控制、紧急模式综合后备盘控制、就地控制盒控制和手动操作，手动操作优先级最高，系统级控制优先级最低。

（3）站台火灾或其他紧急情况时，屏蔽门能执行由车站综合控制室综合后备盘上发出的紧急开门命令，打开滑动门。

（4）滑动门设计有门解锁机构，当滑动门由于电源供应或控制系统故障不能打开时，在站台侧可用专用钥匙开门，在轨道侧乘客可用开门把手开门，旁边设有简单醒目的操作标识。

（5）滑动门设置有安全装置：滑动门每扇门都设有锁紧装置。滑动门关闭后该锁紧装置可防止外力作用将门打开。滑动门自动开启时，锁紧装置能自动释放；同时，该锁与门框内手动解锁机构联动，故障情况时可进行手动解锁。手动解锁装置安装在滑动门竖框上，轨道侧的乘客可以通过开门把手，触发装在固定侧盒内的锁定装置，打开滑动门，松开解锁按钮后，在弹簧力的作用下，把手回复到原位。在站台侧，工作人员可以通过钥匙打开滑动门。滑动门关门、锁紧、解锁、开门均有状态信号反馈到门控单元，门已开、已锁闭状态信号反馈到PSC，并且上传到车站综合控制室。

（6）滑动门障碍物探测装置：探测装置能探测到最小障碍物为5 mm（厚）×40 mm（宽）的钢板。障碍物探测试验时，5 mm厚度放置在门行程直线上，40 mm宽度放置在与行程直线垂直位置。

（7）滑动门、应急门、司机手推门设有钥匙孔，顶盒设有防护挡板，车站有关工作人员使用钥匙可以打开所有的滑动门、应急门、司机手推门、顶盒。

（8）每道滑动门单元设置有就地控制盒，用于控制单个滑动门的控制模式装置，在站台侧工作人员可通过钥匙进行模式转换。

3. 应急门结构及性能

（1）全高屏蔽门应急门对应每节车中间设一道两扇应急门，安装在两滑动门之间。

（2）正常运营时，应急门保持关闭且锁紧，在公共区与隧道区间起隔离作用；当列车进站无法对准滑动门时可作为乘客应急疏散通道。

（3）应急门向站台侧旋转90°平开，打开后处于自由位置。

（4）应急门上设有门锁装置，乘客可从轨道侧推压门锁推杆开门，站台人员可用钥匙从站台侧开门。

（5）在应急门顶部设有行程开关装置，将应急门锁闭信号和解锁状态信号反馈到中央接口盘。由中央接口盘上传到车站综合控制室，并进行显示。应急门进入安全回路。

4. 端门结构及性能

（1）端门是列车在区间隧道火灾或故障时的乘客疏散通道以及工作人员进出站台公共区的通道。正常运营状态，端门保持关闭且锁紧，不会由于风荷载而导致端门解锁打开。

（2）端门单元整体与站台边安全门及车站地绝缘。

（3）端门由门框、透明玻璃、胶条、密封胶、上下转轴座、应急门推杆锁、地弹簧及附件等组成。

（4）端门上设有门锁装置，乘客可从轨道侧推压门锁推杆开门，站台人员可用钥匙从站台侧打开，钥匙与滑动门钥匙通用。

（5）端门向站台侧旋转90°平开，能定位保持在90°，若小于90°，则能自动复位至关闭。开/关门时，不会有门扇部件与站台地面（含盲道）摩擦。

（6）每个端头活动门都配有行程开关，其状态由位置最靠近的门控单元监控，以防端门没有关闭锁定。

（7）端门状态信息送到中央接口盘，再由中央接口盘上传至车站综合控制室，并显示出来。

（8）端门上方设置有端门状态指示灯。

5. 半高屏蔽门固定侧盒结构及性能

（1）固定侧盒面板由支承结构与玻璃面板组成，是屏蔽门的主要承力构件。

（2）固定侧盒内设置了屏蔽门驱动机构、门锁、门控单元、就地控制盘、配电端子箱、门状态指示灯、直线导轨、导向装置等部件。

6. 司机手推门结构及性能

（1）司机手推门作为列车司机进出的通道。当列车处于正常运营状态时，司机手推门保证关闭且锁紧，不会由于风压而导致门解锁打开。

（2）司机手推门上设有门锁装置，这样，司机和乘客可从轨道侧推压门锁推杆开门，司机和站台人员可用钥匙从站台侧开门。

（3）司机手推门结构与应急门结构一致。

（4）司机手推门状态信息被送到中央接口盘后，中央接口盘再将其上传至车站综合控制室并显示出来。开关门时，不会有门扇部件与站台地面（含盲道）摩擦。

(5) 司机手推门不进入安全回路。
(6) 司机手推门上方设置有门状态指示灯。

二、屏蔽门的门机系统结构及功能

门机系统主要由电机、门控单元、传动装置、锁紧装置等组成。每组门机系统主要监控本道滑动门的开启与关闭。屏蔽门滑动门的门控单元监视相邻的应急门的状态。全高屏蔽门的门机系统主要部件均位于顶箱内，半高屏蔽门门机系统主要部件位于滑动门两侧的固定侧盒内。

1. 门控单元的功能

门控单元是整套门机系统的控制核心。其主要功能为接收中央接口盘发来的开、关门命令，控制电机转动以完成门扇打开和关闭。

2. 门控单元的组成

门控单元的硬件由逻辑单元、驱动单元、外壳箱、数据线等组成。

3. 全高屏蔽门门控单元的位置及功能

对于全高屏蔽门，每道滑动门单元配置一套门控单元，全高屏蔽门门控单元位于滑动门上方的顶箱内，控制两扇滑动门。

4. 半高屏蔽门门控单元的位置及功能

半高屏蔽门门控单元位于滑动门旁边的固定侧盒内。

对于半高屏蔽门，一套门控单元分为主、从两套门控单元，分别驱动左、右两扇门扇。门控单元在收到中央接口盘发出的开关门信号后，控制滑动门的开启和关闭。

5. 传动装置

传动装置由皮带、直线导轨、转向轮等组成。

6. 锁紧装置

固定侧盒内的锁定装置，确保滑动门在关闭状态下自锁，并且可防止滑动门在外力作用下打开。

全高屏蔽门顶箱内的锁紧装置，确保滑动门在关闭状态下自锁，并且可防止滑动门在外力作用下打开。

三、屏蔽门控制系统的控制功能

每个车站屏蔽门控制系统均包括两个独立控制子系统，分别监控上下行站台屏蔽门，确保任一侧屏蔽门故障不影响另一侧屏蔽门的正常运行；某一道门故障不影响同侧其他屏蔽门的正常运行。

屏蔽门控制系统主要由中央接口盘、开关门控制盘、门单元、就地控制盒、远程监视设备系统接口等组成。

1. 中央接口盘

中央接口盘是整个屏蔽门控制系统的核心，其位于车站安全门设备室内，主要包括单元控制器、监控主机、显示终端，以及与系统级控制、综合监控系统和综合后备盘的接口。其主要负责集中处理并发送开、关门命令到门机，读取并显示系统内各部件单元的状态数据，与信号、综合监控系统进行通信和数据交换等。

2. 控制系统操作优先级

屏蔽门系统的操作模式分为系统级控制、就地控制盘控制、就地控制盒控制、综合后备盘控制及手动解锁五种。操作模式优先等级由高至低为：手动解锁→就地控制盒控制→综合后备盘控制→就地控制盘控制→系统级控制。

3. 系统级控制

（1）屏蔽门在正常情况下应工作于系统级控制模式，操作优先级最低。在系统级控制方式下，列车进站在准确位置停准后，司机在司机室进行操作，整个信号系统由系统级控制系统控制完成自动开/关门。

（2）当列车到站，信号系统发出开门命令给屏蔽门中央接口盘，再由中央接口盘将开门命令集中发送给每道滑动门的门控单元，完成开门动作。

反之，列车要离站时，信号系统发出关门命令给中央接口盘，再由中央接口盘将关门命令集中发送给每道滑动门的门控单元，完成关门动作。当所有滑动门都关闭后，屏蔽门系统将"所有滑动门/应急门关闭且锁紧"信号反馈给信号系统，允许列车离站。

4. 就地控制盘控制

当系统级控制不能正常实现时，工作人员可操作站台端头的就地控制盘开关门控制对屏蔽门进行控制，实现开关门控制级控制。当通过开关门控制操作信号系统时，来自综合监控系统的开、关门命令都将被忽略。当整侧滑动门发生开、关门故障时，车站工作人员可通过在站台操作开关门控制上的互锁解除开关，保证列车进出站。

【任务实施】

背景描述	随着城市人口的增长和城市化进程的加速，城市轨道交通系统的建设已成为许多城市的必然选择。站台屏蔽门系统作为城市轨道交通安全保障的重要组成部分，其功能特点及应用优势备受关注
讨论主题	分析城市轨道交通站台屏蔽门系统的应用优势有哪些
成果展示	小组采用问卷调查的方式，形成分析报告并简要列出问卷调查的方案
任务反思	1. 你在本任务中学到的知识点有哪些？ 2. 你对自己在本任务中的表现是否满意？写出课后反思

【任务评价】

序号	评价项目	评价指标	分值	自评（30%）	互评（30%）	师评（40%）	合计
1	职业素养 30 分	采取多种手段收集信息、解决问题的能力	5				
		团队合作、交流沟通、分享能力	5				
		责任意识、服从意识	5				
		宏观和微观意识	5				
		系统思维	5				
		完成任务的积极主动性	5				
2	专业能力 60 分	能够清晰描述屏蔽门系统的构成与功能	10				
		能够充分理解屏蔽门控制系统的控制功能与操作	15				
		能够牢固掌握屏蔽门故障处置方法	20				
		能够牢固掌握城市轨道交通中各系统的协作机制	15				
3	创新意识 10 分	创新性思维和行动	10				
		合计	100				
		综合得分					

拓展知识

地铁屏蔽门行业现状、市场竞争分析

地铁屏蔽门作为地铁车站的一种必要设施，对于保障乘客出行安全和地铁系统的运行效率具有重要的作用。下面将从以下几个方面对地铁屏蔽门行业现状进行分析。

一、市场现状

近年来，随着城市化进程的加快，越来越多的城市开始建设地铁，因此，地铁屏蔽门的市场需求也在不断增加。据市场研究机构统计，2021 年，全球地铁屏蔽门市场规模已达 27.5 亿美元，预计到 2026 年将达到 34.5 亿美元，年复合增长率为 5.5%。

在国内市场上，地铁屏蔽门的使用也越来越广泛。目前，全国已有 50 多个城市建设了地铁（城市轨道交通），其中大部分城市的地铁中安装了屏蔽门。根据公开资料统计，截至 2022 年，国内地铁屏蔽门市场规模已经超过 20 亿元。

二、技术创新

随着科技的不断发展，地铁屏蔽门技术也在不断创新升级。目前，市场上已经出现了很多具有高科技含量的屏蔽门产品，如采用 3D 人脸识别技术的智能屏蔽门、有自动开合功能的无感式屏蔽门等。

此外，部分企业还开始探索屏蔽门与其他技术的结合，如将屏蔽门与 5G、物联网等技术相结合，实现智慧地铁的建设。技术的不断创新和升级，也为地铁屏蔽门的市场发展提供了新的动力。

三、市场竞争

随着市场规模的扩大，地铁屏蔽门行业的市场竞争也逐渐加剧。目前，国内市场上的地铁屏蔽门生产企业众多，市场份额分布较为分散。其中，部分企业已经形成了自身的技术优势和品牌优势，如中国南车、神州高铁、中车株洲等，已成为行业内的龙头企业。

另外，部分国际知名企业也在国内市场上占据一定的份额，如日本东芝、法国泰科等。在市场竞争中，企业需要不断加强产品研发和品牌建设，以提高产品的竞争力和市场影响力，这样才能在激烈的竞争中脱颖而出。

四、安全问题

地铁屏蔽门的主要作用是防止乘客在地铁站台跌落轨道，确保地铁运营的安全。但是，在实际使用中，地铁屏蔽门的安全问题也引起了人们的关注。例如，一些屏蔽门的开合速度过快，容易夹伤乘客；还有一些屏蔽门因为老化等原因出现故障，导致安全隐患。因此，加强屏蔽门的安全性能并提高维护管理水平，便成为行业发展的重要课题。

五、人性化设计

地铁屏蔽门的设计需要考虑到人性化因素，如便捷性、舒适度、可操作性等。对于老年人、残疾人等特殊人群，需要考虑到其使用的方便性和安全性。因此，部分企业在屏蔽门设计上加入了一些人性化的元素，如扶手、标识等，以提高乘客的使用体验和满意度。

综上所述，地铁屏蔽门行业在技术创新、市场竞争、安全问题和人性化设计等方面面临着各种挑战和机遇。未来，随着城市化进程的不断加速和地铁运营的不断扩大，地铁屏蔽门市场的需求将持续增长；同时，行业内的竞争也将更加激烈。因此，企业需要加强技术研发和品牌建设，不断提高产品质量和安全性能，以满足市场需求和乘客的安全需求，从而在激烈的市场竞争中获得更好的发展。

【作业习题】

一、填空题

1. 屏蔽门系统的门体结构主要由_____、_____、_____、_____、_____、_____以及门槛、顶箱、承重结构等部件组成。

2. 屏蔽门的门机系统主要由_____、_____、_____、_____等组成。

3. 每个车站屏蔽门控制系统均包括两个独立控制子系统，分别监控上下行站台屏蔽门，确保任一侧屏蔽门故障不影响_____的正常运行；某一道门故障不影响_____屏蔽门的正常运行。

二、简答题

1. 屏蔽门系统控制的五种方式的安全等级顺序是什么？
2. 屏蔽门各种门体故障时如何处置？
3. 使用"互锁解除"操作安全程序是如何规定的？

任务三　认知环境控制系统

【任务描述】

环境控制系统是地铁工程中的一个重要组成部分，其主要作用是对地铁的环境空气进行处理，在正常运行期间为地铁乘客提供一个舒适良好的乘车环境，并为工作人员提供必要的安全、卫生、舒适的环境条件；同时，也对车站各种设备和管理用房按工艺和功能要求提供满足要求的环境条件，为列车及设备的运行提供良好的工作条件，重要性是不言而喻的。

地铁中不论采用何种环境控制系统，为了实现以上主要作用，环境控制系统都必须满足以下基本要求：

（1）当列车正常运行时，环境控制系统保证地铁内部空气环境在规定标准范围内；
（2）当列车阻塞在区间隧道内时，环境控制系统能确保隧道内空气流通；
（3）当列车在区间隧道发生火灾事故时，环境控制系统具备防灾排烟、通风功能；
（4）当车站内发生火灾事故时，环境控制系统具备防灾、排烟、通风功能。

环境控制系统如此重要，请大家借助网络资源收集目前主流的地铁环境控制系统都有哪些。

【学习目标】

1. 了解通风空调系统、给排水系统、低压配电及照明系统、自动扶梯和电梯的功能；
2. 了解环境与设备监控系统的构成；
3. 掌握环境与设备监控系统的功能；
4. 树立以人为本的服务意识。

【涉及主要规范和标准】

序号	名称	下载二维码	序号	名称	下载二维码
1	城市轨道交通综合监控系统工程技术标准（GB/T 50636—2018）		3	城市轨道交通通风空气调节与供暖设计标准（GB/T 51357—2019）	
2	城市轨道交通给水排水系统技术标准（GB/T 51293—2018）				

【相关知识】

一、通风空调系统

1. 通风空调系统构成

地铁中相当多的车站与线路设施埋在地下，形成了相对封闭的空间环境，由于地铁系统列车运行、设备运转频率高，环境质量容易变差，因此，要采用通风空调系统对其进行调节和控制。

通风空调系统包括隧道通风系统、地下车站通风空调系统、地面及高架车站通风空调系统。

（1）隧道通风系统由本车站与相邻车站隧道风机或区间风机、活塞风井、消声器及组合风阀等设备组成。隧道通风系统兼作隧道夜间及事故通风系统。

①没有设置区间风亭的隧道，当正常运行时，利用列车活塞风，通过活塞风井对区间隧道进行通风换气，通过本站与相邻车站隧道风机实现通风系统，风机采用变频及软启控制，开启及关闭相应组合风阀，实现区间通风功能；区间隧道发生火灾和阻塞时，通过本车站与相邻两个车站隧道风机共同运行，实现区间隧道的排烟及通风功能。

②设置区间风亭及区间风机的隧道在正常运行时，通过相邻车站隧道风机控制通风系统，风机采用变频及软启动控制，开启及关闭相应组合风阀，实现区间通风功能；当火灾和阻塞工况出现时，相邻两个车站隧道风机及区间风机共同运行，实现隧道排烟及通风功能。

③马泉营站至香江北路车辆段洞口及马泉营站至高架区间洞口，设置区间射流风机，当存车线及联络线处发生列车火灾和阻塞时，区间射流风机与相邻隧道风机共同运行，实现排烟及通风功能。

（2）车站公共区通风空调系统由车站两端大系统回/排风机、排烟风机、组合式空调机组、消声器、结构风道、风管等设备组成。车站公共区为独立通风空调系统，并兼作排烟系统。在车站发生火灾时根据火灾具体的位置，按照排烟分区实现车站排烟工况运行。

①夏季车站公共区采用空调方式，通过组合式空调机组变频及风机的变频控制和电动风量调节阀，实现小新风运行。

②过渡季节采用全新风通风方式，通过组合式空调机组的风机变频控制实现过渡季节全新风运行。

③冬季采用小新风通风方式，通过组合式空调机组的风机变频控制和电动风量调节阀调节实现小新风运行。

（3）车站设备管理用房通风空调系统由空调机组、回/排风机、管道、风阀、消声器等设备组成。设备管理用房为独立通风空调系统，并兼做排烟系统。在房间发生火灾时，根据火灾具体位置实现车站房间排烟工况运行。在车站的车站控制室、综控设备室、专用通信设备室、信号设备室、信号电源室、民用通信设备室、变电所的控制室内设置备用多联分体空调器。

①夏季设备管理用房通风空调系统采用全空气空调方式，可独立运行，使用空调机组及回/排风机对车站房间进行空气调节。

②在泵房、气体消防室、茶水间、卫生间、清扫间、垃圾间等房间设置独立的排风系统并将气体直接排出地面。

（4）车站冷冻站内集中设置车站公共区及房间空调水系统设备。

①公共区、设备管理用房共用一套空调水系统设备。公共区空调水系统设备、车站大系统回/排风机及组合式空调机组联合运行，实现车站公共区空调系统功能。设备管理用房空调水系统设备、空调机组、回/排风机等设备联合运行。

②车站公共区及房间冷源并联设置，实现冷源及系统备用。

（5）地面及高架车站公共区采用自然通风方式，设备用房采用多联机组空调系统和机械排风系统，管理用房采用热泵式多联机组空调系统和全热交换器通风系统。当地面及高架车站公共区及房间火灾发生时，采用自然排烟方式。

2. 通风空调系统功能

（1）地铁正常运营时，保持车站及隧道一定温湿度、风速和空气洁净度，为乘客提供较为舒适的乘车环境，为地铁工作人员提供良好的工作条件。

（2）当地铁发生阻塞事故时对事故区间进行通风，保证区间隧道内温度满足列车运行要求。当地铁发生火灾时，为乘客和消防人员提供新鲜空气，排除烟气及控制烟气流向，为安全疏散乘客及救援提供有利条件。

二、给排水系统

1. 给排水系统构成

给排水系统由给水系统和排水系统构成。给水系统包括消防给水和生产、生活给水系统；排水系统包括污水系统、废水系统、局部及临时排水系统。给排水系统设备、设施主要包括：水源井、水池、水泵、给排水管道、阀门、消火栓、水泵结合器及电保温等。

1）消防给水系统构成

（1）消防给水水源。车站由市政管网引入消防水水源，对于没有市政管网的车站，由自备水源井、消防水池提供消防水源。

（2）地下车站及地下区间隧道消防给水系统。

地下车站及地下区间隧道消防给水系统采用与生产、生活分开的独立的给水系统。车站由市政管网或由自备水源井、消防水池，引入一根DN150消防水管，进入车站消防泵房，经消防加压泵加压后，供车站、区间消防用水。

在车站、区间设DN150的消防给水干管，在进入地下区间的消防管道前安装电动蝶阀及手动闸阀，平时处于常开状态。地下区间隧道两根DN150的消防给水管在区间联络通道处连通，连通管两侧设四个电动阀门，形成独立的消防给水环状管网。

（3）地面及高架车站消防给水系统。地面车站采用独立的消防给水系统。车站由市政管网引入水源或由自备水源井提供水源。在车站内设消防水池，引一根DN150消防水管进入车站消防泵房，这样，消防泵从消防水池抽水加压后，便可形成独立的消防给水环状管网。

2）生产、生活给水系统构成

每座车站采用独立的生产、生活给水系统。车站生产、生活给水管从市政管网引入DN80或DN100生产、生活水管，或由车站自备水源井进入车站形成给水管网。

3）排水系统的构成
(1) 地下站排水系统主要包括污水系统、废水系统、局部及临时排水系统。
(2) 地上车站排水系统主要包括污水系统、废水系统及雨水系统。
(3) 地下区间排水系统主要包括废水系统和雨水系统。

2. 给排水系统的功能

(1) 给水系统为地铁提供水源，满足地铁生产、生活及消防所用的水量、水质、水压要求。

①当系统正常运营时，为乘客和地铁工作人员提供城市自来水，满足饮水要求，同时提供空调冷冻、冷却系统循环水等生产用水，满足地铁用水要求。

②当系统发生火灾时，为消防救灾提供消防用水，其用水量、水压满足规范要求。

(2) 排水系统将地铁车站区间生活污水、生产废水、消防废水、雨水分类集中，就近排入城市雨水、污水排水系统，满足地铁要求。

三、低压配电及照明系统

1. 低压配电系统构成及功能

低压配电系统由供电应急电源柜、双电源切换箱（柜）、动力配电箱、照明配电箱、电控箱（柜）、低压电缆等组成。低压配电系统范围为自第一配电箱上口至末端机电设备的所有动力、照明配电。

1）通风空调设备供电及控制
(1) 在车站通风空调电控室内设通风空调电控柜，实现通风空调电控设备供电及控制。
(2) 车站通风空调设备供电方式。

车站主通风机由变电所低压柜直接供电至通风空调电控室内风机电源柜，再由风机变频电控柜配电至回/排风机，在回/排风机旁设有就地控制箱；车站空调由变电所低压柜直接供电至冷水机组，在设备旁设有就地控制箱。

(3) 车站通风空调设备控制方式。

通风空调系统的电控设备可实现就地控制、环控柜控制、综控室自动控制，车站及中心可显示设备运行状态及故障信息；车站的隧道风机、大系统的回/排风机和排烟风机及组合空调器，采用软启或变频启动的方式，其他动力设备则直接启动。

2）水泵设备供电及控制
(1) 水泵设备供电方式。

车站消防泵、排水泵、污水泵、出入口处潜水泵均在水泵设备旁设有电控箱；消防泵、主排水泵、洞口雨水泵由变电所两段母线供电，两路电源一用一备，在末端配电箱处切换。

(2) 水泵设备控制方式。

车站污水泵采用超声波液位自动控制，就地控制和综控室监控，并由设备监控系统反馈设备运行状态、故障信号及高、低水位报警信息；车站及区间主排泵采用液位自动控制、就地手动控制和综控室监控，并由设备监控系统反馈设备运行状态、故障信号及高、低水位报警信号。

3）应急电源柜

车站站台层两端分别设置应急电源柜一套，负责本站及相邻两侧半个区间应急照明的供电，在变电所两路进线电源故障时持续供电时间不少于 90min。车站附属房间应急照明设置强启动功能，实现火灾情况下强制点亮。

2. 照明系统构成及功能

照明系统由车站、区间及附属建筑所有照明灯具、照明箱及照明配电线路等组成。满足地铁正常运营和事故时的照明需求。

1）照明系统的分类

照明系统由正常照明、应急照明组成。其中，正常照明包括工作照明、节电照明、设备及附属用房照明、36V 安全照明、标志照明、广告照明等。应急照明包括疏散指示照明和应急照明。

2）照明控制方式

站厅、站台、出入口的公共区照明、标志照明等由车站照明配电室就地控制。在车站综控室由设备监控系统实现分区、分组集中控制。附属用房照明的控制方法为就地控制。地下站公共区的应急照明始终处于开启状态，地上站公共区应急照明可控。当车站发生火灾时，根据发生火灾的区域，由火灾自动报警系统切除非消防照明电源。

四、自动扶梯和电梯

在车站出入口、站厅至站台设置了自动扶梯和电梯，从而方便乘客乘降地铁。

1. 自动扶梯

（1）自动扶梯主要参数。

①产品类型：公共交通重载型；

②梯级宽度：1 000 mm；

③额定速度：0.65 m/s；

④倾斜角度：自动扶梯为 30°；

⑤理论输送能力：11 700 人次/h；

⑥运行方式：上、下可逆转运行自动扶梯。

（2）自动扶梯具有变频自动控制、原地手动启停控制及远程监视功能。

（3）正常运营时，自动扶梯由综合监控系统监视。综合监控系统监视自动扶梯的上、下行运行状态、停止状态、急停状态、一般故障报警、紧急故障报警、维修状态等信息。

（4）发生火灾时，由火灾自动报警系统通过设备监控系统发联动指令给自动扶梯电控箱，非疏散用自动扶梯停止运行，如果消防疏散用自动扶梯运行方向与疏散方向一致，则继续运行；若与疏散方向不一致，则停止运行。疏散方向为站台到站厅方向；并将反馈信号发送给设备监控系统，通过设备监控系统传给火灾自动报警系统。火灾自动报警系统在收到返回停运信号后，切除自动扶梯的电源。

2. 电梯

（1）在车站设置无机房电梯，可同时满足坐轮椅者或盲人使用，方便乘客乘降地铁。

（2）无机房电梯主要参数。

①类型：曳引型无机房电梯；

②额定运行速度：1.0 m/s；

③额定载重量：1 000 kg；

④开门方式：中分双扇；

⑤轿厢规格：1 600 mm×1 400 mm×2 300 mm；
⑥厅门净宽度：1 000 mm。

（3）正常运营时，电梯由综合监控系统监视。综合监控系统监测电梯的上、下行运行状态、停止状态、一般故障报警、紧急故障报警、维修状态等信息。

（4）当发生火灾时，火灾自动报警系统通过设备监控系统发指令给电梯控制箱，电梯控制箱接到指令后，自动停靠在基站，打开电梯门。与此同时，电梯控制箱将反馈信号发送给火灾自动报警系统，并屏蔽其他呼叫操作。火灾自动报警系统在收到反馈信号后，切除电梯电源。

五、环境与设备监控系统

1. 环境与设备监控系统构成

全线车站均设置了环境与设备监控系统（Building Automation System，BAS），而系统与综合监控系统集成，车站级、中心级硬件配置及功能由综合监控系统实现，BAS 负责就地级硬件配置及功能实现。在中心和车站通过综合监控系统工作站，实现对全线通风空调系统，给排水系统，低压配电与动力照明系统，自动扶梯、电梯系统等机电设备的监控与管理。

（1）综合监控系统中心级和车站级设备通过 BAS 实现对全线各车站机电设备的监控与管理。

（2）BAS 仅对车站机电设备的运行状态进行监控，并将相应信息传送给综合监控系统；同时，接收综合监控系统的控制指令，实现对机电现场基础设备的集中控制，包括点动控制、模式控制功能。当火灾发生时，火灾自动报警系统向 BAS 发出火灾模式指令，而 BAS 对共用设备进行火灾模式控制。

（3）BAS 设备构成。

由 BAS 局域网络、BAS 控制器（PLC）、远程 I/O、现场总线、网络设备、维护终端、传感器、接口转换等设备构成。

BAS 在综控室综合后备盘内的 PLC 设置与火灾自动报警系统的接口，火灾模式下，火灾自动报警系统向 BAS 下发火灾模式指令，BAS 控制器将按预定工况转入灾害模式并启动相关设备。

①可编程控制器。

在地下车站两端环控电控室内各设一套冗余的 PLC，一端的 PLC 为主控制器并以通信接口方式与综合监控系统实现互联；另一端的 PLC 为从控制器。分别对车站两端的机电设备（通风空调、电扶梯、低压照明、给排水等正常和火灾情况下共用设备）进行监控管理。

②现场监控模块。

a. 输入模块：用于接收现场基础设备的运行状态参数，并将相关参数传送给 BAS。

b. 输出模块：接收 BAS 的控制指令，集中控制机电系统现场基础设备。

c. 现场探测传感器：对车站环境参数、设备运行参数进行测量，并将测量所得参数通过探测模块传送给 BAS。

③BAS 紧急控制盘（综合后备盘）。

在综合后备盘上设置事故模式启动触摸屏，并配上触摸屏有效/无效钥匙转换开关。其作用是在紧急情况下启动车站及区间阻塞的通风模式。

2. 环境与设备监控系统功能

（1）通过中心和车站综合监控系统对车站及所辖区间隧道通风系统、车站通风空调系统、给排水系统、电梯系统、照明系统等设备进行监视和控制，当系统设备发生故障时，马上报警。

（2）将车站被控设备运行状态、报警信息及测试点数据实时送至综合监控系统，并接收综合监控系统的各种控制指令和运行模式指令。

（3）以手动或自动控制及时间表控制方式对所监控设备实现单独控制、联锁控制和各种模式。

（4）具备对给排水系统的监视功能。监视车站各类水泵的启停情况；监视其运行状态，并对高、低水位及设备故障报警。

（5）具备对车站自动扶梯、电梯等运行状态的监视及故障报警功能。

（6）具备对照明系统进行开关控制和监视地铁车站事故照明电源装置的运行状态功能。

【任务实施】

背景描述	城市轨道交通建筑系统，具有面积大、空间广、区域应用的功能比较复杂、区域间无隔断、人员流动性大等特征。不同的建筑功能区域负荷通常处于较快的相对变化状态中
讨论主题	依据最新调研统计数据，分析我国城市轨道交通环境控制系统的技术特征
成果展示	小组采用问卷调查的方式，形成分析报告并简要列出问卷调查的方案
任务反思	1. 你在本任务中学到的知识点有哪些？ 2. 你对自己在本任务中的表现是否满意？写出课后反思

【任务评价】

序号	评价项目	评价指标	分值	自评（30%）	互评（30%）	师评（40%）	合计
1	职业素养 30分	采取多种手段收集信息、解决问题的能力	5				
		团队合作、交流沟通、分享能力	5				
		责任意识、服从意识	5				
		绿色、低碳意识	5				
		系统思维	5				
		完成任务的积极主动性	5				
2	专业能力 60分	能够清晰描述通风空调系统、给排水系统、低压配电及照明系统、自动扶梯和电梯的功能	15				
		能够充分理解环境与设备监控系统的构成	15				
		能够牢固掌握环境与设备监控系统的功能	15				
		能够牢固掌握城市轨道交通中各系统的协作机制	15				
3	创新意识 10分	创新性思维和行动力	10				
		合计	100				
		综合得分					

拓展知识

安全节能！宁波轨道交通5号线一期实现火灾自动报警系统主控产品国产化

2021年9月，随着宁波轨道交通5号线一期大洋江站火灾自动报警系统顺利组网调试成功，实现了PLC的100%自主可控，标志着国内首条基于内建安全火灾自动报警系统实现主控产品国产化。

1. 主控产品实现国产化

每天进出地铁车站，总有舒适的体感。这背后其实是依靠火灾自动报警系统来实现的。它好比"智能恒温系统"，通过安装在车站各处的传感器收集环境数据，然后"发出指令"调控温湿度，还可以根据未来时段客流量的大小提前动态调整，使车站环境恒久舒适。该系统的主控产品就是PLC。

为打破国外厂商垄断，解决网络安全、产业链断供风险，宁波轨道交通在5号线一期工程全线首次使用国产PLC，实现了从PLC控制内核到实时操作系统，从安全通信总线协议到组态软件等关键软硬件技术的全部国产化。这对建立城市轨道交通示范工程，推动双循环，构建产业强链具有长远的战略意义，而且对于发展具有自主知识产权的大型高性能PLC系统具有重要的产业链提升意义。

2. 节能降耗，方便后期运维

在综合考虑列车、客流、车站设备、通风等影响空调通风系统负荷的各种因素的基础上，国产大型高性能PLC根据地铁热环境变化的规律对空调通风系统的全年运行方式自动进行了调整，这样不仅可以保障地铁车站机电系统设备的安全可靠运行，创造安全、舒适、高效的乘车环境，还能降低空调通风系统的运行能耗，减少地铁的运营成本。

国产PLC在控制器界面和调试软件中全部使用中文显示，从而便于现场调试及后期运维人员使用中文界面观察系统运行状态、故障原因、冗余模式、控制逻辑等信息，不必翻看操作手册费力找寻英文注释含义，大幅提高了调试效率。

来源：宁波轨道交通

【作业习题】

一、填空题

1. 通风空调系统包括_____、_____、_____。
2. 给排水系统由_____系统和_____系统组成。其中，给水系统包括_____系统、_____系统；排水系统包括_____系统、_____系统、_____系统。
3. 低压配电系统由_____、_____、_____、_____、_____、_____等组成。

二、简答题

1. 简述地铁环控系统必须满足的基本要求。
2. 简述BAS的基本构成和原理。

任务四　认知火灾自动报警系统

【任务描述】

火灾自动报警系统（Fire Alarm System，FAS）。其按中央、车站两级调度管理，中央、车站、就地三级监控的方式设置，对地铁全线及其中的建筑进行火灾探测、报警和控制。FAS 负责火灾探测、向车站控制室及线路运营控制中心（Operating Control Center，OCC）发出火灾警报、报告火灾区域、与综合监控系统（Integrated Supervision Control System，ISCS）及环境与设备监控系统互相配合或独立实现对消防设备的联动控制。

地铁火灾危害极大。你知道当地铁发生火灾后，火灾自动报警系统是如何工作的吗？作为乘客，遇到地铁火灾时该如何科学逃生？

【学习目标】

1. 了解火灾自动报警系统基本原理和构成；
2. 熟悉地铁消防基本概念、设备；
3. 掌握各种火灾的确认方式；
4. 掌握火灾自动报警系统的基本功能、火警处理的职责；
5. 掌握气体灭火系统基本原理、构成、灭火确认及其操作方式；
6. 树立"安全第一"的工作意识。

【涉及主要规范和标准】

序号	名称	下载二维码	序号	名称	下载二维码
1	火灾自动报警系统施工及验收标准（GB 50166—2019）		3	地铁设计防火标准（GB 51298—2018）	
2	火灾自动报警系统设计规范（GB 50116—2013）				

【相关知识】

一、火灾自动报警系统

1. 火灾自动报警系统概述

地铁运营线路火灾自动报警系统（图 3.7）采用中心级和车站级二级监控方式，实现对地铁运营线路火灾探测器报警设备和消防系统设备的监控与管理。当地铁发生火灾事故时，火灾自动报警系统发出模式指令，使消防系统设备和各相关系统设备的运行转入火灾模式，进行消防联动，从而实现了防救灾作用。

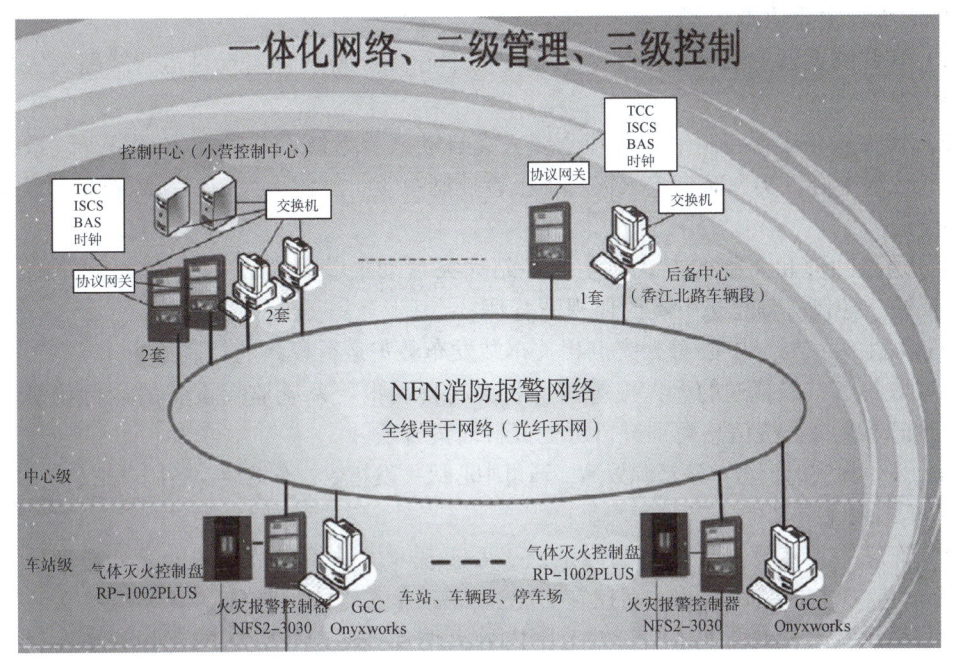

图 3.7 火灾自动报警系统网络控制图

2. 火灾自动报警系统构成

火灾自动报警系统包括中心级火灾自动报警系统和车站级自动报警系统。它们均由中央监控管理单元、车站监控管理单元、现场控制设备和相关通信网络和通信接口等组成。

（1）中心级火灾自动报警系统。中心级设备主要包括中心级火灾报警控制器、图形工作站、打印机、系统软件、全线系统网络接口设备、主备电源、火警电话等设备，通过通信协议，将全线信息传输到主干网，以备 OCC 内的其他系统使用。

（2）车站级火灾自动报警系统。车站级设备主要包括火灾报警控制器、图形工作站、探测器、气体灭火控制器、手动报警按钮、消火栓启泵按钮、消防电话系统、防救灾设备、各种现场监控模块等设备。火灾自动报警通过报警控制器与全线通信骨干网相连，在车站级与综合监控系统、环境与设备监控系统相连。

火灾自动报警控制器如图 3.8 所示。

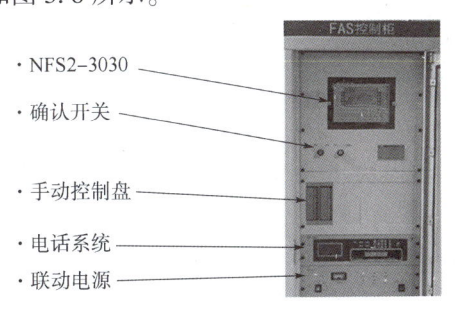

图 3.8 火灾自动报警控制器

火灾自动报警系统现场设备主要包括：消防泵、防排烟设备、防火卷帘、气体灭火系统、电梯、自动扶梯等。

3. 火灾自动报警系统功能

1）中心级主要功能

（1）在线路运营控制中心控制室内设立"中心级"系统，实现对运营线路火灾自动报警系统集中监视。

（2）作为线路运营控制中心管理全线火灾自动报警系统网络控制器，是全线系统设备的管理和控制中心，实现对全线火灾自动报警控制系统、气体灭火控制系统和联动设备等的监控和管理。

（3）通过图形和文字的方式对全线各站火灾自动报警系统设备的报警、故障、屏蔽、复位、反馈、控制等信息进行实时监视和管理。

（4）发生火灾时，中心对火灾点相关车站发布救灾运行模式的控制指令。

（5）收集车站级报送的火灾报警信息和火灾自动报警系统监控设备的运行状态及故障信息，并记录存档，按信息类别进行历史资料档案管理。

（6）发生火灾时，若本站水源故障，通过中心级下发指令，车站启动备用车站消防水系统。

2）车站级主要功能

（1）车站综控室设置"车站级"系统，可实现对本站管辖范围内的火灾自动报警系统设备的自动监视与控制功能及手动控制功能。

（2）系统实时自动监视车站管辖范围内的火情和消防救灾设备的工作状态，采集火警信号，并将火警信息和消防救灾设备的故障信号报送火灾自动报警系统控制中心。控制车站管辖范围内防救灾设备启/停，显示运行状态。

（3）可接收火灾自动报警系统中心级指令，但同时具有独立组织、管理、指挥本站管辖区内防灾救灾工作的能力。

（4）火灾自动报警系统通过网关与环境与设备监控系统的控制器通信，可以由火灾自动报警系统的火灾报警控制器直接发送确认后的火灾报警信号给环境与设备监控系统控制器，并由 BAS 联动相关共用设备。

3）联动设备控制功能

（1）消防泵联动控制。

当火灾报警控制器、消防泵处于自动方式下，火灾自动报警系统接收到消火栓按钮消防泵启泵请求后，火灾报警控制器报警，消防泵启泵并反馈状态信息；当火灾报警控制器处于手动方式、消防泵处于自动方式下，火灾自动报警系统接收到消火栓按钮消防泵启泵请求信号后，需人为确认后（灭火需用消防水的情况下）人工启动消防泵。

（2）防烟/排烟联动控制。

发生火灾时，火灾自动报警系统向综合监控系统发控制优先指令，使综合监控系统停止对共用设备的控制，环境与设备监控系统启动相应火灾模式，火灾自动报警系统按预先编制的联动控制逻辑通过输入/输出模块开启相应区域内的排烟防火阀、防烟防火阀、排烟风机、送风机进行排烟与通风。

（3）防火卷帘门联动控制。

发生火灾时，火灾自动报警系统接到报警信息后，根据监控程序，向卷帘门控制器发出下降指令，使卷帘门自动下降。

(4) 非消防电源切除。

发生火灾时，按照防火分区，火灾自动报警系统自动切除空调、非疏散用扶梯、电梯系统等非消防电源。

(5) 气体灭火系统联动控制。

当气体灭火保护区发生火灾时，探头将火警信息传输给火灾报警控制器，火灾报警控制器向气体灭火控制器发控制指令，对火灾区域进行灭火控制。

(6) 开启应急照明系统（含应急疏散指示，此条指地面车站）。

(7) 电梯联动控制。

发生火灾事故时，由火灾自动报警系统通过环境与设备监控系统发指令给电梯电控箱，电梯电控箱接到指令后，自动停靠在基站，打开电梯门，并由电控箱反馈信号给火灾自动报警系统，并同时屏蔽其他呼叫操作，火灾自动报警系统收到反馈信号后切除电梯电源。

(8) 自动扶梯联动控制。

发生火灾时，由火灾自动报警系统通过环境与设备监控系统发联动指令给自动扶梯电控箱，非疏散用自动扶梯停止运行，消防疏散用自动扶梯如果运行方向与疏散方向一致的则继续运行，与疏散方向不一致的则停止运行，疏散方向为站台到站厅方向；并由电控箱反馈信号给环境与设备监控系统，通过环境与设备监控系统传给火灾自动报警系统，火灾自动报警系统收到返回停运信号后切除自动扶梯电源。

二、气体灭火系统

1. 气体灭火系统概述

地铁既有线路地下车站重要设备机房均设有气体灭火系统，该系统对于确保地铁的安全运营和乘客的人身安全具有重要作用，是地铁各个系统中重要的组成部分。

所谓气体灭火，就是对一个相对封闭的着火空间或不能封闭的保护区的某个保护对象喷放出符合环保要求的气体，并使气体充满整个空间，在其浓度达到一定值时，与火焰发生物理或化学作用，从而达到灭火的目的。

2. 气体灭火系统构成

(1) 地下车站综合监控设备室、不间断电源供电系统室、蓄电池室、通信设备室、信号设备室、变电所控制室、开关柜室、整流变压器室、再生制动设备室防护区域设置气体灭火系统。

(2) 防护区由气体灭火控制系统完成自动报警及灭火操作的控制过程。气体灭火控制系统正常时监视防护区运行状态，火灾时自动报警，按预先设定的控制程序启动灭火装置，释放灭火剂，迅速扑灭防护区内的火灾，以保护防护区内设备正常运行，并实现与车站火灾自动报警系统通信功能。

(3) 灭火系统由气体灭火设备及气体灭火电控设备两部分组成。

①气体灭火设备包括气瓶及组件、机械启动装置、自动启动装置、高压软管、集流管、安全阀、逆止阀、减压装置、选择阀、压力开关、输送管道和喷头等部分。

②气体灭火电控设备包括烟感探测器、温感探测器、紧急启动按钮、紧急止喷按钮、手动或自动转换开关、气体灭火控制器、警铃、蜂鸣器及闪灯、气体释放指示灯等部分。

3. 气体灭火系统功能

通过气体灭火控制器对气体灭火保护区火情进行监测和灭火控制，当气体灭火保护区发生火灾时，区域探测器报警，通过自动或手动方式启动气体灭火系统设备来灭火，并将相关信息上传至火灾自动报警系统主机。

①当保护区域发生火灾时，烟感探测器和温感探测器分别报警，并将报警信息反馈至车站火灾自动报警系统主机。

②发生火灾时，通过控制回路上的选择阀、止回阀，开启相应火灾区域选择阀，将气体引入防护区域，实现不同区域的灭火功能。

③发生火灾时，气体灭火控制器为气体灭火系统电气控制设备，按照气体灭火程序设置，从而实现气体灭火控制功能。其由警铃、声光报警器、气体释放指示灯组成。

　　a. 警铃：安装在保护区域内，当系统报警时，提示保护区域内的人员撤离此区域。警铃在收到第一报警信号时提供声音报警信号。

　　b. 声光报警器：安装在保护区域的内外，安装位置在保护区房间门上方。提示保护区域内/外的人员，系统已经进入第二报警阶段或气体已经喷放。

　　c. 气体释放指示灯：安装位置在保护区房间门上方，当气体释放后，气体释放指示灯点亮，警告人员不得进入保护区域。

④在气体灭火保护区域外设置气体灭火控制盘，实现气体灭火系统的自动和手动应急启动，具有以下功能。

　　a. 电气式手动启动功能：在保护区原地控制盘上，手动操作原地控制盘，应急启动气体灭火系统。

　　b. 电气式紧急停止功能：在保护区原地控制盘上，手动操作原地控制盘，停止气体灭火系统喷放气体。此控制开关在控制器第二报警信号 30 s 延时阶段内有效。

　　c. 紧急机械操作功能：当自动控制和手动操作方式均不能启动气体灭火系统时，在钢瓶间进行应急操作，释放灭火气体。

　　d. 手动或自动转换功能：当需对保护区域进行检查、隔离时，将此开关置于手动状态，从而使系统无法通过自动的方式启动。

【任务实施】

背景描述	城市轨道交通具有空间有限、用电设备多、供电要求高、人员特别集中等特点，这给火灾报警与消防联动提出了很高的要求
讨论主题	依据调研统计数据，分析城市轨道交通火灾自动报警系统的应用场景
成果展示	小组采用问卷调查的方式，形成分析报告。简要列出问卷调查的方案
任务反思	1. 你在本任务中学到的知识点有哪些？ 2. 你对自己在本任务中的表现是否满意？写出课后反思

【任务评价】

序号	评价项目	评价指标	分值	自评（30%）	互评（30%）	师评（40%）	合计
1	职业素养 30分	采取多种手段收集信息、解决问题的能力	5				
		团队合作、交流沟通、分享能力	5				
		责任意识、服从意识	5				
		问题意识、安全意识	5				
		系统思维、辩证思维	5				
		完成任务的积极主动性	5				
2	专业能力 60分	能够清晰描述火灾自动报警系统的基本原理和构成	10				
		能够充分理解地铁消防的基本概念、设备	10				
		能够充分理解地铁各种火灾的确认方式	10				
		能够牢固掌握火灾自动报警系统基本功能、火警处理的职责	15				
		能够牢固掌握气灭系统基本原理、构成、灭火确认及操作方式	15				
3	创新意识 10分	创新性思维和行动	10				
	合计		100				
	综合得分						

拓展知识

地铁中发生火灾时的科学逃生方法

随着城市科技的不断发展，为缓解城市地上交通压力，降低污染物的排放量，地铁已发展成为重要的公共交通设施。但由于地铁自身处于地下且密闭性强，因此地铁火灾救援十分困难。近年来，地铁火灾事故屡有发生。

例如，香港地铁火灾事故：2017年2月10日，香港尖沙咀站发生火灾事故，香港一列由金钟开往荃湾方向的地铁，在尖沙咀站起火，导致18人受伤，事故原因认定为人为纵火。

再如，纽约曼哈顿地铁火灾事故：2020年3月，美国纽约曼哈顿北部在途经中央公园附近车站时发生火灾，冒出浓烟和火光，造成一名列车驾驶员死亡、16名乘客受伤。

1. 地铁火灾发生原因

（1）人为因素。首先，部分乘客缺乏安全意识，且安检程序不够严格谨慎，乘客私自携带的易燃易爆物品会引发火灾。其次，由于地铁站作业人员操作失误也会引发火灾，如在施工期间，由于焊接等明火作业导致的火灾。最后，部分恐怖分子和反社会人员出于报复心理在地铁站人为纵火，这也是造成地铁火灾的一大原因。

(2) 设备故障。地铁长期运行，若检修和维护保养不及时，极有可能造成各项设备（尤其是电气元件）老化、过载短路等，如供电设备中的牵引供电系统、电缆系统等设备发生故障从而引发火灾。除电气设备以外，列车行车部件缺乏检修，老化后剧烈摩擦也会造成火灾。

2. 地铁火灾特点

(1) 乘客难以疏散。地铁自身结构材料复杂，一旦发生火灾，会由于燃烧产生大量有毒有害气体，如一氧化碳、硫化物等，且火灾产生的烟雾也会大幅影响可见度，影响人员逃生。地铁交通一般位于比地下 15 m 更深之处，甚至有些多层地铁甚至位于地下 70 m 以上，而逃生路径一般较为复杂且途径较少，很难在短时间内保证所有乘客安全疏散。

(2) 灭火救援难度大。地铁自身结构封闭，所以大型常用的灭火救援装备很难进入，比如消防车等。另外，狭小复杂的结构也会严重影响消防救援人员的救援工作效率。由于地铁材料包含大量金属，热传导性能极好，因此一旦发生火灾，会导致车厢温度急剧上升，有很大的概率发生结构破损坍塌，从而增加地铁救援的难度。

3. 地铁火灾防护措施

(1) 加强定期检查维护。要严格执行对地铁各设备元件状态的定期检测和维护，以及保证消防灭火救援设施的质量及数量符合相关规范的要求，保证火灾自动报警系统等自动报警灭火装置处于正常、良好的工作状态，一旦发生火灾可以马上投入使用。

(2) 加强地铁火灾安全教育。消防及地铁管理部门要多渠道向普通民众普及地铁应急逃生路径，如定期组织乘客逃生疏散演习，切实增加乘客对地铁内消防通道及消防设施位置及使用方式的熟悉程度。

【作业习题】

一、填空题

1. 地铁运营线路火灾自动报警系统采用_____级和_____级二级监控方式来实现对地铁运营线路火灾探测器报警设备和消防系统设备的监控与管理。

2. 火灾自动报警系统由_____管理单元、_____管理单元、现场控制设备，以及相关通信网络和通信接口等组成。

3. 所谓_____，就是对一个相对封闭的着火空间或不能封闭的保护区的某个保护对象喷放出符合环保要求的气体，并使气体充满整个空间，当其浓度达到一定值时，与火焰发生物理或化学作用，而达到灭火的目的。

二、简答题

1. 火灾自动报警系统由哪些探测器组成，它们有何作用？
2. 试述消防泵的联动控制方式。
3. 气体灭火系统由哪些设备组成？其第一报警信号和第二报警信号分别是什么？

模块四

城市轨道交通车辆

城市轨道交通是现代城市公共交通系统的重要组成部分，而轨道交通车辆就是城市轨道交通系统中最重要的组成部分，它在整个系统里起到穿针引线、画龙点睛的作用。

你知道城轨交通车辆有多少种类型吗？每种车型的结构是什么？车辆段与检修基地的主要功能是什么？让我们一起走进城市轨道交通车辆的世界。

思维导图

模块四 城市轨道交通车辆
- 任务一 了解城市轨道交通车辆类型
  - 一、车辆类型的定义
  - 二、车辆的类型及其特点
  - 拓展知识：地铁发展与现代文明
- 任务二 认知城市轨道交通车辆结构
  - 一、城市轨道交通车辆的含义
  - 二、城市轨道交通车辆组成和作用
  - 拓展知识：中国地铁 中国制造
- 任务三 了解城市轨道交通车辆段与车辆检修基地
  - 一、车辆段与车辆检修基地的含义
  - 二、车辆段与车辆检修基地基础设施配置及其功能
  - 三、主要线路、各库房的作用
  - 拓展知识：中国城市轨道交通的发展与规划

任务一　了解城市轨道交通车辆类型

【任务描述】

城市轨道交通车辆类型是指地铁城市轨道交通所用车辆的型号。世界各地城市轨道交通车型没有统一的标准，往往按照某个地方的城市轨道交通所需量身定制。有关我国城市轨道车辆类型的分类、区别及不同车型特点你了解多少？请大家通过网络进行搜索，找出不同类型车辆的特点。请按小组采用PPT图文方式介绍相关内容。

【学习目标】

1. 了解城市轨道交通车辆的主要技术参数；
2. 掌握城市轨道交通的车辆类型分类；
3. 掌握不同类型城市轨道交通车辆的特点；
4. 了解城市轨道交通对于不同车型的适用情况；
5. 了解特定城市与区域的特殊情况，以及城市轨道交通车辆的选择方法；
6. 培养灵活处理问题的能力。

【涉及主要规范和标准】

序号	名称	下载二维码
1	地铁车辆通用技术条件 （GB/T 7928—2003）	

【相关知识】

一、车辆类型的定义

平时大家在乘坐地铁时，总会看到形状不同、速度不同、大小不同、长短不同的列车。按照国家相关通用标准，城市轨道交通车辆一般分为地铁、轻轨、市域快轨等。车辆类型可分为A、B、C、D、L五种。其中，L型车辆为直线电机驱动，运载系统独立，不能与传统的城市地铁交通系统互联互通。表4.1所示为不同城市轨道交通系统的主要技术参数。

不同线路车辆的运营速度等级有80 km/h、100 km/h、120 km/h。

轨道交通牵引供电一般分为接触网供电和第三轨供电两种方式，相对应的车辆采用两种受电方式，即受电弓受电（接触网供电）和集电靴受电（第三轨供电）。例如，北京地铁采用第三轨供电方式，电压为DC750 V。西安地铁采用接触网供电，电压为DC1500 V。虽然同样采用B型车的线路，由于受电方式不同，其又分为B1型车和B2型车。

表 4.1　不同城市轨道交通系统的主要技术参数

分级	市域/城际铁路	Ⅰ级	Ⅱ级	Ⅲ级	Ⅳ级	Ⅴ级
系统类型	市域铁路	高运量地铁	大运量地铁	中运量轻轨	次中运量轻轨	低运量轻轨
适用车辆类型	市域A、B、C、D型车	A型车	B型/L型	C-Ⅰ/Ⅲ型车	C-Ⅱ型车	现代有轨电车
车辆驱动特征	旋转电机	旋转电机	旋转电机/直线电机（L型车）	旋转电机	旋转电机	旋转电机
车轴数	4	4	4	4，6，8轴一铰接车	—	—
最大客运量（单向小时人次）	—	4.5万~7.5万	3.0万~5.5万	1.0万~3.0万	0.8万~2.5万	0.6万~1.0万
路用情况	专用	专用	专用	专用	隔离或少量混用	混用为主
站台高低	高	高	高	高	低（高）	低
车辆长度/m	24.8~22.4	24.4~22.8	20.2~19	19.5	—	—
车辆宽度/m	2.8~3.3	3.0~3.2	2.8	2.6	2.6	2.6
车门对数	3（带驾驶室）/4（无驾驶室）	5	4（B型车）/3（L型车）	4	4	—
车辆定员（带驾驶室）（每平方米站6人）	—	310（超员432）	B型：230（超员327）L型：217	—	238（双司机室）	104~202
车厢定员（无驾驶室）	—	310（超员432）	B型：250（超员352）L型：242	—	151（211）	—
最大轴重/t	17	16	14	11	10	9
最高时速/(km·h^{-1})	140~160	80~120	80~120	80	70	45~60
平均旅速/(km·h^{-1})	—	34~40	32~40	30~40	25~35	15~25
轨距/mm	1 435	1 435	1 435	1 435	1 435	1 435
额定电压/V	AC25k/DC1500	DC1500（750）	DC1500（750）	DC1500（750）	DC750（600）	DC750（600）
受电方式	接触网/第三轨	接触网/第三轨	接触网/第三轨	接触网/第三轨	接触网/第三轨	接触网/接触网+蓄电池

续表

分级	市域/城际铁路	I级	II级	III级	IV级	V级
列车自动保护	有	有	有	有	有/无	无
列车运行方式	ATO/PM-ATP 人工/FAO	ATO/PM-ATP 人工	ATO/PM-ATP 人工	ATO/PM-ATP 人工	ATO/人工	人工
行车控制技术	CTCS2级列控系统+ATC/CBTC	ATC	ATC	ATP/ATS	ATP/ATS	ATS/CTC

二、车辆的类型及其特点

1. 地铁A型列车、市域A型列车

地铁A型列车是地铁列车中，宽度最大、载客量最大的车型，尤其适合人口密度、流量大的特大型城市使用。A型列车按受电方式不同可以分为A1型车和A2型车。A1型车为第三轨供电，A2型车为接触网供电。

市域A型列车用于市域快线（市域快轨、地铁快线）/市域（郊）铁路，有直流和交流两种供电方式，每节车厢可选用2~5对车门。其中，直流市域A型列车（DC1 500 V）和地铁A型列车没有明显的差别。只是，为了满足更高的旅行速度，市域A型车采用更大的牵引功率；为了提高乘客长途乘坐的舒适度，设计师又在座位设计上进行了联排调整，设计时定员载荷工况一般仅按每平方米站立4人考虑，低于市内地铁每平方米站立6人的标准（图4.1和图4.2）。

图4.1 地铁A型列车（杭州地铁机场线）

图4.2 市域A型列车（成都地铁18号线）

2. 地铁B型列车、市域B型列车

地铁B型列车是应用最广的地铁车型，近年来，国内新建地铁的城市普遍采用地铁B型列车。B型列车适用于中大运量的城市轨道交通系统。B型列车按照受流方式不同可分为B1型车和B2型车，其中B1型车为第三轨供电，B2型车为接触网供电。

市域B型列车用于市域快线（市域快轨、地铁快线）/市域（郊）铁路，有直流和交流两种供电方式，每节车厢可选用2~4对车门。直流市域B型列车（DC1500 V）和地铁B型

列车没有明显的区别。只是为了满足更高的旅行速度，市域 B 型车采用更大的牵引功率，为了提高乘客长途乘坐的舒适度，在座位设计上进行了联排调整，设计时的定员载荷工一般仅按每平方米站立 4 人考虑，低于市内地铁每平方米站立 6 人的标准（图 4.3 和图 4.4）。

图 4.3　地铁 B 型列车（西安地铁 6 号线）

图 4.4　市域地铁 B 型列车（南京地铁 S6 号线）

3. C 型列车

C 型列车一般是指轻轨车型，适用于中小运量的城市轨道交通系统。根据我国标准，C 型列车每小时可载客约 7 000 人，能适应远期单向最大高峰客流量 1.5 万~3.0 万人次/h 的称为轻轨（图 4.5）。

4. 市域 D 型列车

市域 D 型列车用于市域快线铁路，是中心城区与郊区新城或机场之间的公共交通工具。它适用客流量相对较小、出行距离较长的线路。由于运行时间较长，市域快线车辆一般多采用横排座椅布置或横排和竖排座椅混合布置方式，以实现较高的乘坐舒适性。定员载荷工况一般仅按每平方米站立 4 人考虑，低于市内地铁每平方米站立 6 人的标准，因此，车辆总定员相对于市内地铁车辆有所降低（图 4.6）。

图 4.5　C 型列车（长春轻轨列车）

图 4.6　市域 D 型列车（北京大兴线）

5. L 型列车

L 型列车为直线电机驱动，适用于中运量城市轨道交通系统。直线电机运载系统是一个独立的系统，不能与传统的城市地铁交通系统通用，所以其服役的线路并不多。

L 型列车适用于两种情况：①由于地质地貌所限，在施工架设过程中急需解决大坡度、小半径问题的线路。②当城市轨道交通的郊区线、机场线、观光线不能满足高峰期每小时单向客流不超过 3 万人次的要求时（图 4.7）。

图 4.7　L 型列车（广州地铁 4 号线）

【任务实施】

背景描述	城市轨道交通车辆类型是指地铁等城市轨道交通所用车辆的型号。世界各地城市轨道交通车型没有统一的标准，往往按照某个地方的城市轨道交通所需量身定制
讨论主题	列举你所知道的城市轨道车辆类型
成果展示	小组采用 PPT 图文方式介绍展示成果，并简要列出汇报大纲
任务反思	1. 你在本任务中学到的知识点有哪些？ 2. 你对自己在本任务中的表现是否满意？写出课后反思

【任务评价】

序号	评价项目	评价指标	分值	自评（30%）	互评（30%）	师评（40%）	合计
1	职业素养 30 分	采取多种手段收集信息、解决问题的能力	5				
		团队合作、交流沟通、分享能力	5				
		责任意识、服从意识	5				
		善于归纳总结的能力	5				
		思维敏捷、条理清晰	5				
		完成任务的积极主动性	5				
2	专业能力 60 分	能够掌握我国城轨车辆的分类	20				
		能够掌握各类车辆的特征	20				
		能够简单根据城市特点，进行车辆选型	20				
3	创新意识 10 分	创新性思维和行动力	10				
		合计	100				
		综合得分					

拓展知识

地铁发展与现代文明

地铁采用的是在地下挖隧道，运用有轨电力机车牵引列车前进的方式。除了为方便乘客，在地面每隔一定距离建一个进、出站口之外，一般不占用城市土地和空间资源，既不对地面构成任何环境污染，又可以为乘客提供相对安静的通勤环境（图 4.8）。乘坐过地铁的人普遍都有快捷、准时、方便、舒适、安全的感觉。此外，地铁还是发生战争等特大紧急情况时最理想的防御工事和庇护所。它的主要任务是快速输送城市客流，缓解城市交通压力，承担了相应的社会责任。

图 4.8 地铁隧道

地铁是一种独立的有轨交通系统，其运行不受地面道路交通拥挤的影响，能够按照设计运载能力正常工作，实现快捷、安全、舒适地运送旅客。地铁一般采用直流或交流电力牵引，其效率高、无污染，能够满足大运量的要求，具有良好的社会效益和经济效益。拥有地铁是一座城市符合国际大都市现代化交通的显著标志。它不仅是一个国家的国力和科技水平的实力展现，而且是解决大都市交通紧张状况最理想的交通方式。

随着我国经济的快速发展和人口的不断增长，以及人口大量向城市迁移，城市的交通拥挤状况将更加恶劣，如果得不到有效解决，很有可能会引发其他社会问题。因此，投资建设地铁必将是解决这些问题最有效的方法之一。根据国外发展城市交通的相关经验，对于人口超过 100 万的城市一般应发展地铁来解决城区交通问题，从而促进经济的发展。

【作业习题】

一、填空题

1. 城市轨道交通主要分为_____型、_____型、_____型、_____型和_____型车辆。
2. A 型列车一般车长为_____m，A 型一般车宽_____m。
3. B 型列车一般车长为_____m，B 型一般车宽_____m。
4. 地铁 L 型列车由_____驱动。
5. 不同线路的运营速度等级为：_____km/h、_____km/h、_____km/h。

二、简答题

1. 简述地铁 A 型列车的特点以及适用范围。
2. 地铁 B 型列车的供电方式是什么？

任务二　认知城市轨道交通车辆结构

【任务描述】

由于我们日常通过乘坐城市轨道交通出行，请大家认真观察，城市轨道交通车辆都有哪些重要组成部分？它们各自有什么特点？请大家使用网络搜索相关信息，查阅这些组成部分的标准名称及其功能。请各组采用微课的方式介绍。

【学习目标】

1. 了解城市轨道交通车辆的定义；
2. 了解城市轨道交通车辆特点和编组；
3. 了解城市轨道交通车辆不同型式结构的区别；
4. 掌握城市轨道交通车辆的主要系统结构组成；
5. 掌握城市轨道交通车辆各部分的作用；
6. 养成善于总结、善于归纳的良好学习习惯。

【涉及主要规范和标准】

序号	名称	下载二维码	序号	名称	下载二维码
1	城市轨道交通车辆车体技术条件（CJ/T 533—2018）		3	城市轨道交通车辆配置技术规范（Q/XDY 30127—2020）	
2	地铁车辆通用技术条件（GB/T 7928—2003）		4	地铁车辆运营技术规范（试行）交办运〔2022〕84号	

【相关知识】

一、城市轨道交通车辆的含义

1. 车辆定义

城市轨道交通车辆是用来运输乘客的运载工具，它是城市轨道交通系统的重要组成部分，也是技术含量较高的机电设备，整体可分为机械和电气两大部分。

2. 车辆特点和编组

城市轨道交通车辆分为动车（M车）和拖车（T车），动车本身带有牵引控制系统，而

111

拖车本身无牵引动力。根据线路条件将不同功能的车辆编组在一起，形成电动列车组。一般采用动、拖车结合，固定编组，两端司机室模式。国内城市中普遍采用的轨道交通车辆是6辆编组或8辆编组型式。6辆编组车辆采用3动3拖或4动2拖，8辆编组车辆采用4动4拖或6动2拖。

车辆两端设置司机室，具有高效的折返能力。在客流强度大的线路上列车行车间隔均为2 min左右，为市民提供了安全、快速、绿色、便捷的出行方式。

二、城市轨道交通车辆组成和作用

城市轨道交通车辆类型不同，技术参数不同，但其基本结构相似。一般城市轨道交通车辆由车体、转向架、车钩缓冲装置、制动装置、车辆内装五个基础部分组成。

1. 城市轨道交通车辆不同型式的区别

城市轨道交通车辆除了基础部分的组成之外，还根据车辆不同的功能分为以下几种型式：

（1）带受电装置的动车（MP车）：车辆配置牵引系统，车顶安装有受电装置，受电方式可分为受电弓受电（图4.9）和集电靴受电（图4.10）。

图4.9 受电弓受电　　　　　　　图4.10 集电靴受电

（2）不带受电装置的动车（M）：车辆配置牵引系统，车顶无受电装置。

（3）不带司机室的拖车（T车）：自身不提供动力，仅仅依靠动车提供动力，是所有车辆类型中构造最简单的车型。

（4）带司机室的拖车（TC）：车辆自身没有动力，但该车有司机室。司机在司机室操作控制列车的运行如图4.11所示。

图4.11 司机在司机室操作控制列车的运行

2. 城市轨道交通车辆各部分的作用

（1）车体：是车辆结构的主体，主要用来容纳乘客，是安装和连接其他设备及组件的基础。它是由底架、侧墙、端墙、车顶及司机室构成（图4.12）。

（2）转向架：由构架、轮对轴箱装置、弹性悬挂装置、制动装置、中央牵引装置五个部分组成（图4.13）。

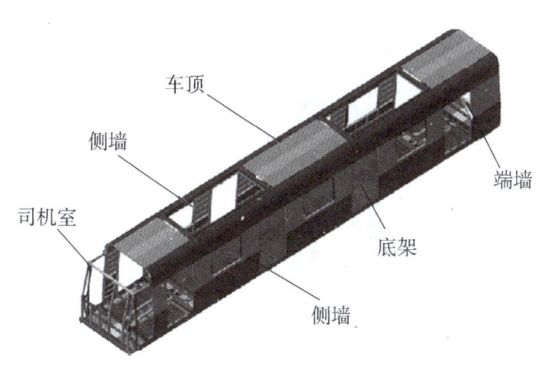

图4.12 车体组成

图4.13 转向架外形

转向架主要起到承载车辆重量、传递车辆牵引力和支撑车辆行驶稳定性的作用。城市轨道交通车辆转向架分为动车转向架和拖车转向架两种类型，动车转向架多了一套驱动装置，由牵引电机、联轴节、齿轮箱组成，为车辆提供牵引力。

（3）车钩缓冲装置：简称车钩或钩缓装置，作用是连接列车、传递牵引力和制动力（图4.14）。

图4.14 车钩缓冲装置

车钩一般分为全自动车钩、半自动车钩、半永久牵引杆（或称为半永久车钩）三种。

全自动车钩一般设置在列车端部，在其低速运行时也可以实现机械、电路、气路的自动连挂和解钩。其由连挂装置、缓冲装置、回转机构和过载保护装置四个部分组成（图4.15）。

图4.15 全自动车钩

113

半自动车钩一般设置在列车端部,当其低速运行时也可以实现机械、气路的自动连挂和解钩,需要人工对其中的电路进行连接与分离操作。其由胶泥缓冲器、水平对中、回转机构和过载保护装置等组成(图4.16)。

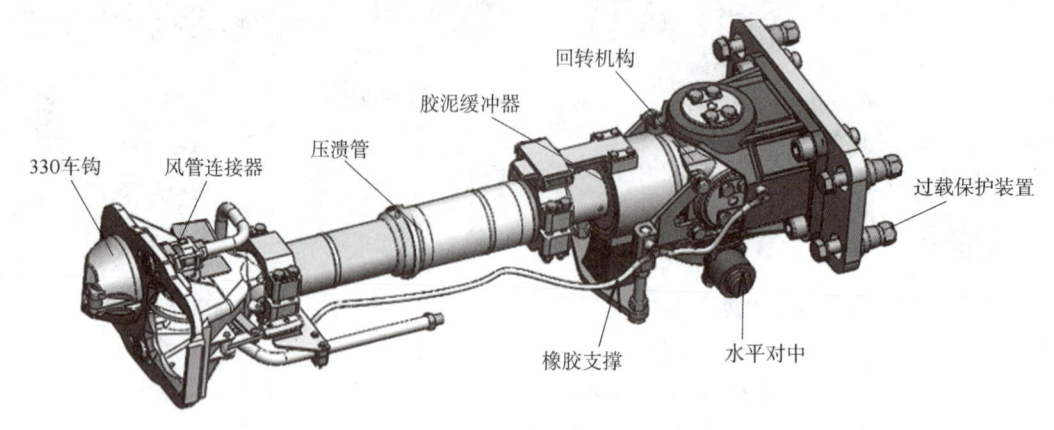

图 4.16 半自动车钩

半永久牵引杆一般设置在列车中部,其机械、气路和电路的连接和解钩都需要人工操作。其由压溃管、橡胶支撑、回转机构三个部分组成(图4.17)。

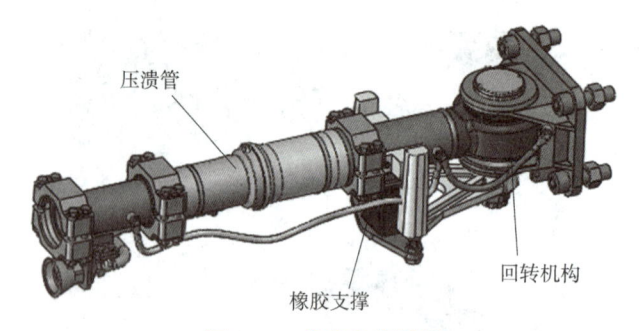

图 4.17 半永久牵引杆

(4)制动装置。制动装置是保证列车运行安全所必不可少的装置,不管是动车还是拖车都设有制动装置,它可以保证运行列车按照要求调速或在规定的距离内停车。

城市轨道交通车辆制动装置由制动控制装置、空气制动装置和基础制动装置组成。其中,制动控制装置由电子制动单元、制动阀、电磁阀等组成,空气制动装置由空气压缩机、各类风缸管路、截断塞门、止回阀、集尘器等组成,基础制动装置由带停放和不带停放功能的单元制动缸、闸瓦(闸片)组成。

按制动类型,制动装置可分为常用制动、快速制动、紧急制动和停放制动。按制动控制类型分为车控方式和架控方式。按制动形式,制动装置可分为再生制动、电阻制动和空气制动。

(5)车辆内装。车辆内装是用于服务乘客的附属设备,主要包括车内照明、广播、通风、采暖、空调、座椅、扶手吊环、车门系统等(图4.18)。

图 4.18　车辆内装

【任务实施】

背景描述	城市轨道交通车辆的类型不同，技术参数不同，但其基本结构类似。城市轨道交通车辆一般由车体、转向架、车钩缓冲装置、制动装置、车辆内装等部分组成
讨论主题	介绍城市轨道车辆系统的基本组成
成果展示	小组采用微课的方式介绍并简要列出设计方案
任务反思	1. 你在本任务中学到的知识点有哪些？ 2. 你对自己在本任务中的表现是否满意？写出课后反思

【任务评价】

序号	评价项目	评价指标	分值	自评（30%）	互评（30%）	师评（40%）	合计
1	职业素养 30分	采取多种手段收集信息、解决问题的能力	5				
		团队合作、交流沟通、分享能力	5				
		责任意识、服从意识	5				
		善于分类、归纳总结的能力	5				
		对现代新媒体技术的熟悉程度	5				
		完成任务的积极主动性	5				
2	专业能力 60分	能够熟悉车辆特点及编组	20				
		能够掌握车辆的组成结构	20				
		能够熟悉掌握车辆各结构的功能	20				
3	创新意识 10分	创新性思维和行动力	10				
		合计	100				
		综合得分					

拓展知识

中国地铁　中国制造

近年来，我国的轨道交通车辆设计制造技术快速发展。截至2022年年底，中国共有城市轨道交通车辆58 063辆（包括国产和进口），轨道交通总里程达7 655.32 km。地铁建设的热潮必将为地铁设备相关行业带来巨大的市场机会。轨道交通设计制造涉及车辆、牵引制动、信号、电梯扶梯、通风、自动售检票、车辆段设备等系统。地铁工程建设（图4.19和图4.20）还将为工程机械带来各种机会，特别是盾构机（图4.19所示为高铁海底隧道盾构机）等担当主要挖掘任务的专用工程机械将成为地铁建设不可或缺的必选设备。目前，国内城市轨道交通车辆的制造厂家已具有年产3 000辆的能力。从发展历史和产品生产规模的角度来看，我国目前有4大城市轨道车辆生产基地，即南车四方机车车辆股份有限公司、长春轨道客车股份有限公司、南京浦镇车辆厂、株洲电力机车有限公司。

图4.19　地铁工程建设（1）

现代化的发展使农村人口急速流向城镇，也使大中城市的交通拥挤情况日趋严重，政府在解决人民群众基本需求（特别是交通需求）方面的任务异常艰巨和繁重。城市轨道交通（特别是地铁运输）在运力、环保、经济、舒适和空间利用等方面有着其他交通手段无法替代的优势。随着人口的迁移和经济的发展，城市轨道交通将迎来高速发展时期，轨道交通产业的发展也将处于黄金时期，面对的是新的机遇与挑战。

图 4.20 地铁工程建设（2）

【作业习题】

一、填空题

1. 城市轨道交通车辆分为_____和_____。
2. 车体由_____、_____、_____、_____及_____构成。
3. 转向架由_____、_____、_____、_____、_____五个部分组成。
4. 全自动车钩由_____、_____、_____和_____四个部分组成。
5. 车钩一般分为_____、_____和_____。

二、简答题

1. 城市轨道交通车辆车体的作用是什么？
2. 车钩缓冲装置的作用是什么？

任务三　了解城市轨道交通车辆段与车辆检修基地

【任务描述】

城市轨道交通车辆检修基地是城市轨道交通车辆的停放基地，也称为车厂。通常，城市轨道交通车辆检修基地占地面积大，场地集中，一般都会被建成综合基地。车辆检修基地根据功能和规模的大小可划分为停车场和车辆段。在一般情况下，一条线路设一个车辆段。当线路长度超过 20 km 时，可考虑设一个停车场。你所在城市或周边城市车辆的检修基地是如何分布的？它们的功能又是什么？请大家使用网络在课前进行搜集和学习。

【学习目标】

1. 了解城市轨道交通车辆段与检修基地的含义；
2. 了解城市轨道交通车辆段与检修基地的功能；
3. 了解城市轨道交通车辆段与检修基地基础设施配置；
4. 了解城市轨道交通车辆段与检修基地不同线路用途；
5. 了解城市轨道交通车辆段与检修基地主要线路和各库房的作用；
6. 培养严谨认真、一丝不苟的工作态度。

【涉及主要规范和标准】

序号	名称	下载二维码	序号	名称	下载二维码
1	城市轨道交通运营设备维修与更新技术规范 第 2 部分 车辆（JT/T 1218.2—2018）		3	城市轨道交通车辆基地工程技术标准（CJJ/T 306—2020）	
2	轨道交通政策法规汇编				

【相关知识】

一、车辆段与车辆检修基地的含义

城市轨道交通车辆检修基地是具有车辆维修能力的车辆段或停车场（图 4.21），是供城市轨道交通车辆停放、检查、维修、保养和检修的场所，是保证城市轨道交通车辆良好的技术状态和正常运营的重要基础，也是车辆检修人员工作的主要场所。

随着经济不断发展及人民对幸福生活的向往，地铁检修基地也从最初基本的列车检修功

图 4.21　车辆检修基地

能发展为 TOD 模式（一种以公共交通为导向的发展模式，旨在促进城市公共交通便利性和居民生活质量的提升），俗称在"地铁上盖房子"，即地铁与房企合作开发，融入轨道交通、居住、商业、学校配套等多种业态功能，提高土地利用率，打造大型城市综合体，促进经济繁荣。

国内已建成的车厂通过上盖物业实现资源的综合开发，从设计之初便将车库建设在地下或地面一层，上部综合资源开发。其主要优点包括提高土地利用率，缓解交通拥堵，提高居民出行的便捷程度，促进城市的可持续发展（图 4.22）。

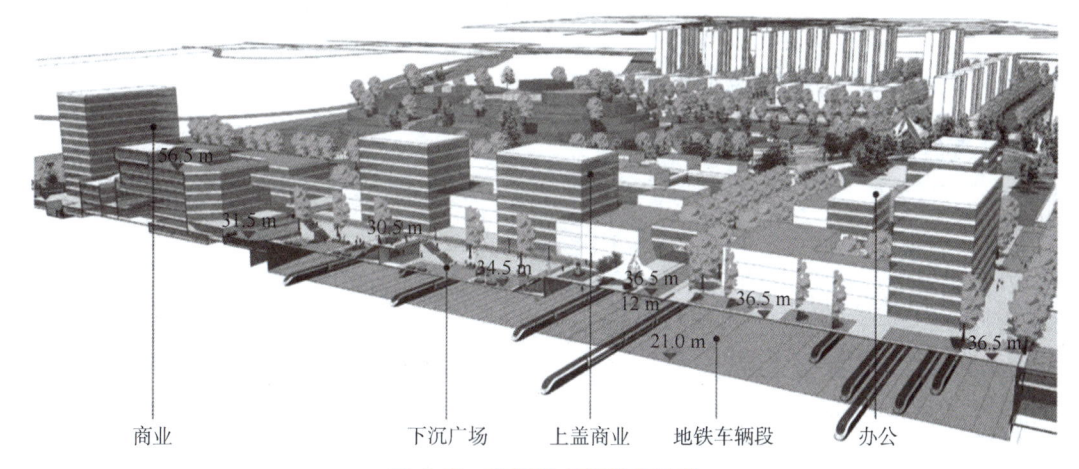

图 4.22　车辆段上部综合开发

二、车辆段与车辆检修基地基础设施配置及其功能

车辆检修基地是城市轨道交通车辆停放、检查、维修、保养和检修的场所，根据功能和规模的大小可分为车辆段和停车场。列车运营结束后回库，在检修基地进行车辆日常检修，完成清洁、消毒等工作。检修基地的工作以车辆检修为主，其中乘务、车辆、信号、工务、供电、调度等专业部门在此进行日常办公和生产作业。同时，其中还配置了员工生活所需的单身公寓、食堂、健身区域等。

1. 停车场

停车场是车辆停放的场所，配置了运用库、洗车库、司乘公寓及综合楼，具体功能如下。

（1）乘务运转工作；

（2）配属车辆的停放及日常检修工作；

（3）配属车辆的定期清洁工作；

（4）配属车辆的临修工作；

（5）停车场的行政、技术管理；

（6）员工的各类教育、培训工作。

2. 车辆段

车辆段除具有停车场的功能外，还是车辆中、大修的场所。配置有运用库、检修库、吹扫库、洗车库、联合车库、司乘公寓、控制中心、行政楼、职工培训楼等，具体功能如下。

（1）车辆段的行政、技术管理工作；

（2）配属车辆的停放、日常检修、架修、大修及临修等检修工作；

（3）配属车辆的调试、整改及验证工作；

（4）配属车辆的定期清洁工作、列车车轮镟修、架车等工作；

（5）配属工程车辆、特种轨道车辆的日常检修工作；

（6）事故车辆的救援工作。

检修库内一般设有油漆间、熔焊间、机加工间和必要的辅助间等。其中包含的主要设备有架车机、公铁两用牵引机、移车台、车体吊装等。联合车库内停放的车辆包括内燃机车、轨道维修平板车、蓄电池牵引车、弓网检测车、钢轨打磨车、隧道清洗车等。

三、主要线路、各库房的作用

1. 主要线路

1）停车线

停车线应为平直线路，一般设置成车库，主要用于停放车辆，通常称为停车列检库。其有贯通式和尽端式两种，贯通式便于列车的灵活调度，尽端式节约土地造价低，通常采用尽端式设计。

停车列检库由多条停车线组成，每条股道一般分为两段，但也有三段的结构。兼备列车日常检查和停放列车功能。

2）出入段线

出入段线是供列车出、入场（段）的线路，一般设置成双线，并避免切割正线，根据行车和信号的要求留出必要的场、段线路与运营正线的转换长度。

3）牵出线

牵出线适应场、段内调车，牵出线的长度和数量根据列车的编组长度和调车作业的方式和工作量确定。

4）静调线

静调线一般设置在静调库内，完成新车和高级修程车辆的检修、调试任务。静调线必须设置有地沟、检修平台和车间电源。由于要对车辆进行标准尺寸、水平度等方面的测量，要求静调线必须是经过认证的水平零轨。

5）试车线

试车线主要用于列车牵引制动试验和列车动态调试。另外，试车线上还设置了检查坑、信号地面装置、试车线调试用房。由于列车运行的速度较快，一般在试车线上采取隔离措施。

6）洗车线

洗车线是供列车停运后的洗车作业。洗车线设置为贯通式，尽量与停车线相近，可以减少列车行走时间。洗车线在安装洗车机位置必须保证至少一列车长度的直线段，以保证列车平顺进行洗车作业。

7）检修线

检修线为平直线路，一般设置有地沟（采用第三轨受电方式的线路除外），主要布置在检修、定修、架修和大修库内。其中，设置在架修、大修库内的检修线间距较大，这样做的目的是便于布置架车机等检修设备。

8）镟轮线

镟轮线一般设置在停车列检库内，为平直线路。镟轮线长度通常为正常停放列车线路的两倍，还要在中间基坑内安装镟床。镟轮线上不设置接触网或接触轨，而镟轮过程通过公铁两用车的牵引来完成镟修。

2. 城市轨道交通车辆检修库房简介

1）运用库

为提高检修效率、节约用地，目前大多数城市轨道交通企业将周月检库与停车列检库修建成同一库房，称为运用库。办公区域设有运用工班、定修工班、主任室、质检室、技术综合室、调度室、乘务待班室和车载信号工班。

停车列检库负责车辆的停放、整备、清扫、日检、司机出乘等功能，还在库内设置有架空接触网或接触轨，在接触轨上还加装了防护措施。每条线的出库端上均设置了隔离开关，因此可实现停车线路的接触网（接触轨）独立断、送电（图4.23）。

图 4.23 停车列检库

2）周月检库

周月检库主要负责车辆的周检、月检和静调工作，其中设置了地沟，在线路间均设置三层检修平台和二层检修平台，以及静调电源柜等，可供进行车辆的车顶、车内设施、车底的检修作业使用。每条线的出库端均设置了隔离开关，因此，可实现停车线路的接触网（接触轨）独立断、送电。

3）定修库

定修库主要负责列车的年检、临修工作，设置有地沟，两侧设置三层检修平台和二层检修平台，静调电源柜等，不设置接触网或接触轨。

4）架大修库

架大修库主要负责列车的架修、大修工作，具体布置根据车辆检修工艺流程而定。一般设置有固定架车机、移动架车机、移车台、桥式起重机、公铁两用车、各种工作平台等。列车的各部件检修均在架大修库内的辅助检修间进行，还在库内办公区域设置了转向架工班、轮轴工班、机械维修工班、电气工班、空调工班、探伤工班、车门工班、总装调试工班、主任室、质检室、技术综合室、调度室等。

5）洗车库

洗车库主要负责列车的清洗工作，库内设置了自动洗车机，可对列车端部和侧面进行自动清洗作业，分为自动有端洗和自动无端洗。另外，库内还设置了接触网或接触轨，可以让列车通过自身动力通过洗车机。

【任务实施】

背景描述	城市轨道交通车辆检修基地是供城市轨道交通车辆停放、检查、维修、保养和检修的场所，是保证城市轨道交通车辆良好的技术状态和城市轨道交通正常运营的重要基础，也是车辆检修人员工作的主要场所
讨论主题	列举城市轨道交通车辆检修基地的功能及日常生产活动
成果展示	小组采用拍视频的方式介绍并简要列出设计方案
任务反思	1. 你在本任务中学到的知识点有哪些？ 2. 你对自己在本任务中的表现是否满意？写出课后反思

【任务评价】

序号	评价项目	评价指标	分值	自评（30%）	互评（30%）	师评（40%）	合计
1	职业素养 30分	采取多种手段收集信息、解决问题的能力	5				
		团队合作、交流沟通、分享能力	5				
		责任意识、服从意识	5				
		善于分类、归纳总结的能力	5				
		对现代新媒体技术的熟悉程度	5				
		完成任务的积极主动性	5				
2	专业能力 60分	能够了解车辆检修基地的功能	20				
		能够了解检修基地基础设施配置	20				
		能够了解主要线路、各库房作用	20				
3	创新意识 10分	创新性思维和行动	10				
		合计	100				
		综合得分					

拓展知识

中国城市轨道交通的发展与规划

随着经济的不断发展和进步，城市轨道交通进入快速发展阶段，而不同类型的轨道交通也进入并行发展时期，呈现出多元化发展趋势。相关部门也开始注重轨道交通与城市环境的协调发展。许多城市在规划建设地铁的同时，也在次繁忙客运通道上、区域之间，以及在居民住宅小区与主客运通道或客运枢纽间规划建设了轻轨或快速轨道交通系统，以形成合理的轨道交通网（图4.24）。

有些城市根据当地的地形条件正在建设跨座式单轨运行系统（如重庆轻轨）；而另一些城市正在探索建设直线电机轨道交通系统；还有一些城市（区域）之间也开始规划建设快速轨道交通线路；北京、上海、广州等大城市建设了近郊和远郊的市郊铁路，以促进城市规模效应和城市边缘和卫星城镇的发展。随着综合国力的增强，轨道交通在我国有着美好的发展前景。北京、上海、广州三大城市的轨道建设和运营实践证明了城市轨道交通的发展对解决大城市交通拥堵、提高环境质量、调整城市区域结构和产业布局，以及拉动城市社会经济持续发展和合理布局的突出作用。城市轨道交通的发展不仅解决了远距离通勤、空间距离与时间的矛盾，还提高了居民的生活质量，促进了城市的合理布局。

现在，各地在进行合理的城市轨道发展布局的同时，也以城市轨道交通为核心，形成了经济链，各种网红打卡地等也开始快速发展。

图 4.24　中国城市轨道交通的发展与规划

【作业习题】

一、填空题

1. 车辆检修基地根据功能和规模的大小可划分为_____和_____。
2. 试车线主要用于_____和列车动态调试。
3. 车辆检修基地是具有车辆维修能力的_____或_____。
4. 检修线为平直线路，一般设置有_____（采用第三轨受电方式的线路除外），主要布置在_____、_____、_____和_____。
5. 周月检库主要负责车辆的_____、_____和_____工作。

二、简答题

1. 简述轨道交通车辆检修基地的主要线路。
2. 简述试车线的作用。

模块五

城市轨道交通供配电系统

城市轨道交通供配电系统是为城市轨道交通运营提供所需电能的系统，不仅为城市轨道交通电动列车提供牵引用电，还为城市轨道交通运营服务的其他设施提供电能。

你知道城市轨道交通供配电系统是如何给整个轨道交通中的如照明、通风、空调、给排水、通信、信号、防灾报警、自动扶梯中的各种系统、设备提供电能的吗？让我们一起走进为城市轨道交通系统提供能量的"能源核心"吧。

思维导图

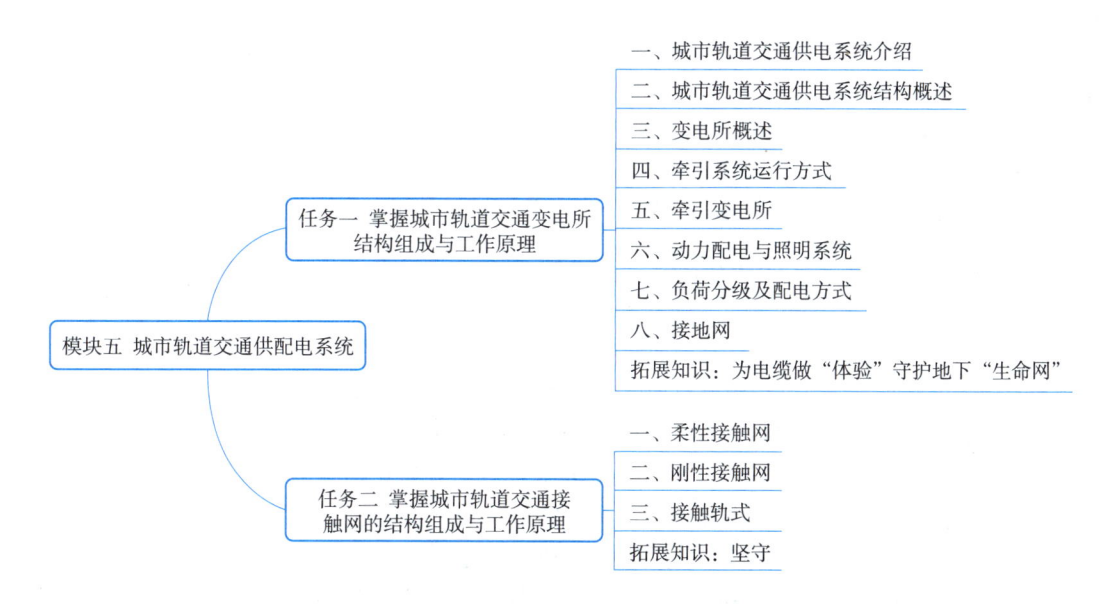

模块五 城市轨道交通供配电系统

任务一 掌握城市轨道交通变电所结构组成与工作原理
- 一、城市轨道交通供电系统介绍
- 二、城市轨道交通供电系统结构概述
- 三、变电所概述
- 四、牵引系统运行方式
- 五、牵引变电所
- 六、动力配电与照明系统
- 七、负荷分级及配电方式
- 八、接地网
- 拓展知识：为电缆做"体验"守护地下"生命网"

任务二 掌握城市轨道交通接触网的结构组成与工作原理
- 一、柔性接触网
- 二、刚性接触网
- 三、接触轨式
- 拓展知识：坚守

任务一　掌握城市轨道交通变电所结构组成与工作原理

【任务描述】

城市轨道交通供配电系统是向地铁各机电设备系统提供安全、可靠、优质的电力供应，从而满足各系统的用电要求。你知道为达到城市轨道交通系统供电需求，从电厂到地铁，都需要用到哪些设备吗？请通过网络搜索相关信息，以小组为单位，采用手绘图的方式介绍。

【学习目标】

1. 了解城市轨道交通供配电系统；
2. 掌握城市轨道交通变电所的主要类型；
3. 掌握城市轨道交通各类型变电所的特点；
4. 了解城市轨道交通变电所的不同车型的适用情况；
5. 了解城市轨道交通变电所的运行模式；
6. 养成吃苦奉献、无私奉献的工作作风。

【涉及主要规范和标准】

序号	名称	下载二维码
1	城市轨道交通架空接触网技术标准（CJJ/T 288—2018）	

【相关知识】

一、城市轨道交通供电系统介绍

城市轨道交通变电所分为主变电站、牵混所、降压所、跟随所四类。

供电系统主要包括外部电源、主变电站、牵引供电系统、动力照明供电系统和电力监控系统。其中，牵引供电系统主要包括牵引变电所和接触网，动力照明供电系统主要包括降压变电所和动力照明配电系统。部分城市轨道交通供电电源取自城市电网，通过城市电网一次电力系统和地铁供电系统实现输送和变换，然后以适当的电压等级供给地铁各类用电设备。其具体功能如下：

（1）接受并分配电能的功能：通过主变电所从电力系统引入 110 kV 高压交流电源并将其降至城市轨道交通供电系统可以使用的 35 kV 交流电，再通过供电系统网络将电能分配至每个车站和车辆段、停车场内的牵引变电所和降压变电所。

（2）降压整流及输送直流电能的功能：通过牵引变电所对主变电所引来的 35 kV 交流电进行降压整流，使之成为 1 500 V 直流电，再将其通过沿线架设的牵引网不间断地供给运行中的电动列车使用，以保证电动列车安全、可靠、快速、准时地输送乘客。

（3）降压及动力配电的功能：通过降压变电所将 35 kV 交流电降压成 400 V 交流电，向地铁的各种动力、照明设备供电，从而保证各种轨道交通设备的正常运行，给乘客提供安全、舒适的乘车环境。

（4）供电系统各级供电网络应具有在正常、事故、灾害运行情况下控制、测量、监视、计量、调整的功能；安全操作连锁功能；故障保护功能。

二、城市轨道交通供电系统结构概述

地铁的供电电源要求安全可靠，通常由城市电网供给。目前，国内各城市对轨道交通及城市轨道交通的供电方式一般有三种：集中供电方式、分散供电方式、混合供电方式（分散与集中相结合）。集中供电、分散供电的优缺点对比详见表 5.1。

供电方式根据电压制式及使用情况，主要分为 DC1500 V 供电和 DC750 V 供电两种，一般采用双边供电方式，由两个相邻的牵引变电所向同一个供电区间供电。

供电系统由外部电源、主变电所、中压供电网络、牵引供电系统、动力照明系统、电力监控系统、杂散电流防护系统、防雷设施和接地系统、供电设备的运营管理与维护等组成。

外部电源指将城市电网的 110 kV 电源引入轨道交通的主变电所，包括电力公司变电站内的出线间隔、110 kV 输电线路；主变电所将从城市电网引入的 110 kV 高压交流电降成适合轨道交通供电系统使用的 35 kV 交流电，并通过中压配电网络将电能分配到每个车站、车辆段、车场和控制中心内的牵引变电所和降压变电所。

表 5.1 集中供电、分散供电的优缺点对比

方式	优点	缺点
集中供电方式	1. 供电可靠性高，受外界因素影响较小； 2. 主变电站采用 110/35 kV 有载自动调压变压器，并有专用供电回路，供电质量好； 3. 地铁供电可独立进行调度和运营管理； 4. 检修维护工作相对独立方便； 5. 可提高地铁供电的可靠性和灵活性； 6. 牵引整流负荷对城市电网的影响小； 7. 只涉及城市电网几个 330 kV 变电站的增容改造，工程量较小，相对易于实现	投资较大
分散供电方式	1. 投资较小； 2. 便于城市电网进行统一规划和管理	1. 由于同时受 110 kV 和 10 kV 电网故障的影响，故受外界因素影响较多； 2. 10 kV 电网直接向一般用户供电，发生故障的概率大，可靠性较低； 3. 与城市电网的接口多，调度和运营管理环节增多，故障状态下的转电不方便； 4. 牵引整流机组产生的高次谐波直接进入 10 kV 电网，对其他用户的影响较大； 5. 要求城市电网中的变电所应具有足够的备用容量，以满足地铁牵引供电的要求；涉及较多 110 kV 变电站的增容改造，工程量较大

直流牵引供电系统将从主变电所引来的 35 kV 交流电进行牵引变电所降压整流后，提供给牵引网作为列车的牵引电源，由牵引变电所、接触网和回流系统组成。

动力配电与照明系统将电源系统的交流电源降压成 0.4 kV 低压电，为轨道交通系统各种设施的动力、照明设备供电，它包括降压变电所和低压配电与照明系统。

供电系统的电压等级主要由 110 kV、35 kV、0.4 kV 和 DC1500 V 组成。110 kV 为主变电所一次侧电压等级，每一主变电所由城市电网引入两回独立的 110 kV 电源，110 kV 配电装置以线路变压器组或内桥主接线方式向两台主变压器供电。35 kV 为主变二次侧电压等级，为供电系统中压主干网电压，35 kV 配电装置以环网接线方式向各牵引变电所、降压变电所供电。各车站、车辆段均设置 35 kV 中压变电所，在 35 kV 侧均采用单母线的方式分段接线，而在 0.4 kV 侧采用单母线的方式分段接线。DC1500 V 为直流牵引供电电压等级，其采用单母线的方式接线。

供电系统采用 110 kV/35 kV 两级电压集中供电的方式，由 AC35 kV 环网电缆与车站变电所环串成供电网络。

AC35 kV 环网电缆经变电所牵引部分降压、整流后，为牵引列车提供 1 500 V 直流电源；经降压部分降压后，为全线各车站及设备房动力照明提供 0.4 kV 交流电源。

三、变电所概述

1. 主变电所

（1）当电源为两回主供时。

正常运行：110 kV、35 kV 母联断路器断开，两台主变压器分列运行。检修、故障运行：当一回 110 kV 进线电源检修（或故障）时，通过倒闸操作（或自动装置），将检修（或故障）回路进线断路器分闸，将 35 kV 母联断路器合闸，由另一台主变压器向本站供电区域的一、二级负荷供电，如图 5.1 所示。

（2）当电源为一回主供时。

备自投装置合上 35 kV 母联断路器，由另一台主变压器向全站一、二级负荷供电。

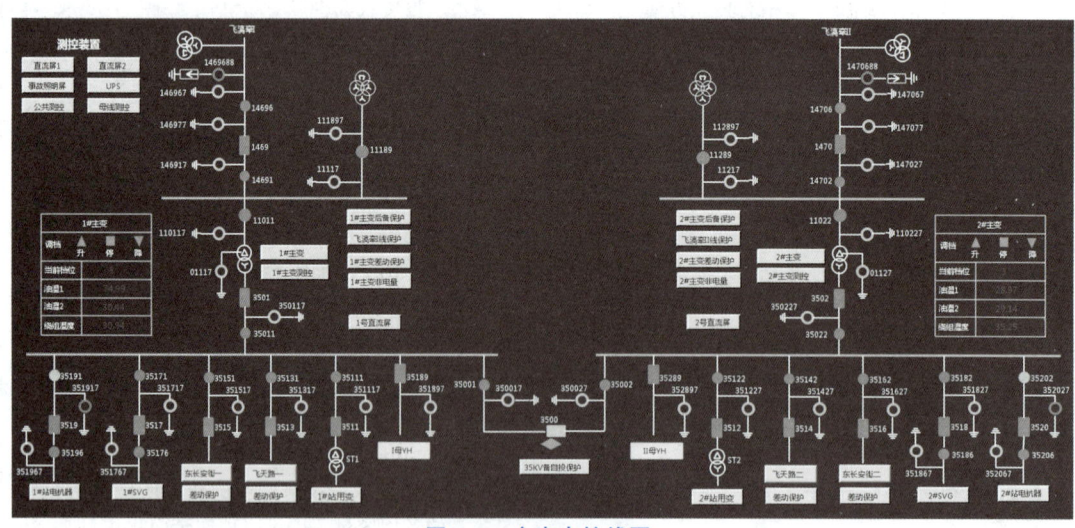

图 5.1 主变电接线图

2. 降压变电所

降压变电所向轨道交通车站及区间动力照明提供交流 0.4 kV 电源（图 5.2）；变电所的设计

应满足：当一路 35 kV 进线电缆故障时，不影响其对于供电范围内一、二、三级负荷的供电。

对于规模较大的车站，通常在一端设置一个降压变电所；在另一端设置一个跟随式降压变电所，让它们分别为半个车站及半个区间供电。若车站规模较小，则在车站重负荷端或负荷中心处设一个降压变电所。

动力变压器高压侧电压为 AC35 kV，低压侧为 AC0.4 kV。低压供电系统采用三相五线制配电，PE 线和 N 线独立接地。

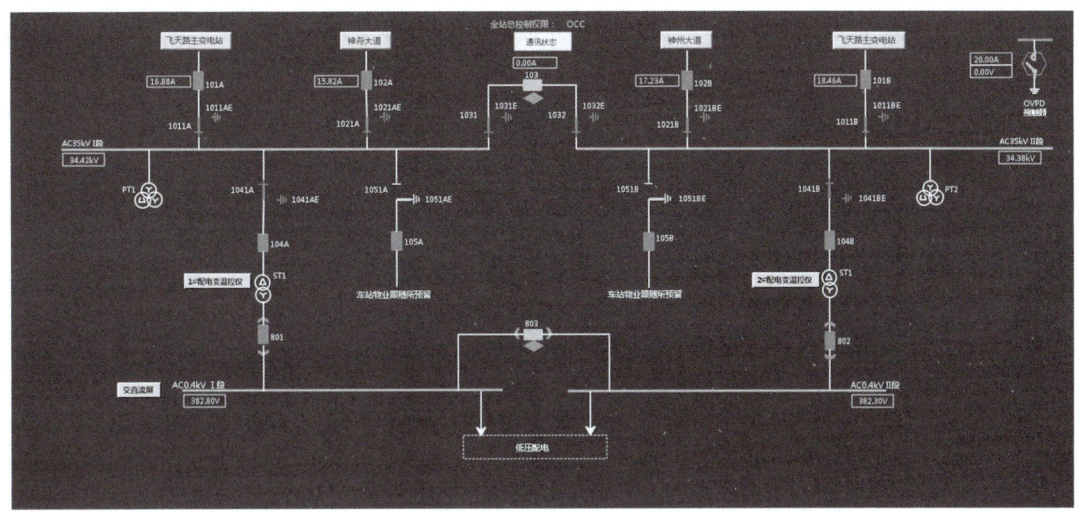

图 5.2　降压变电所接线图

3. 牵引降压混合变电所

可以将牵引变电所与降压变电所合建为牵引降压混合变电所（图 5.3）。

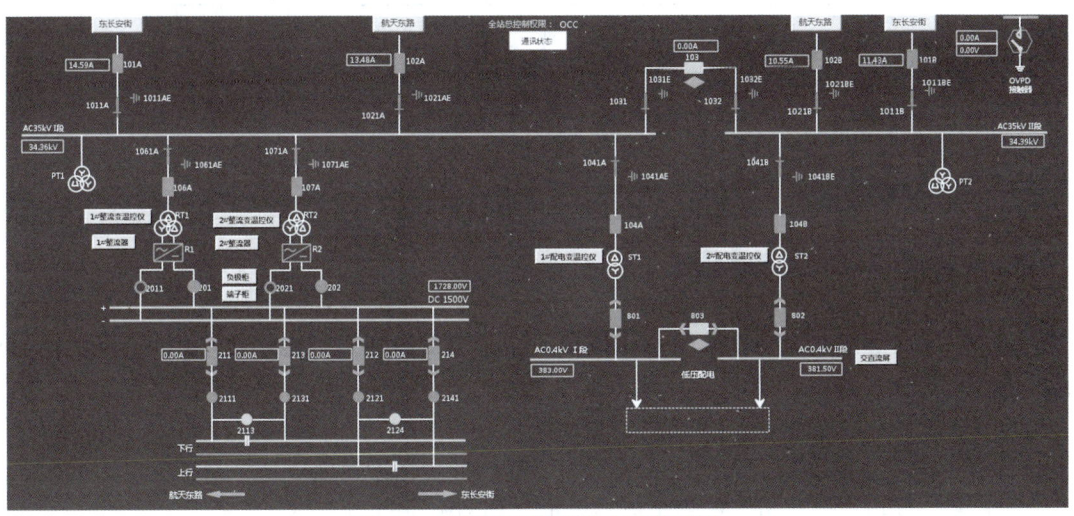

图 5.3　牵引降压混合变电所接线图

牵引降压变电所向接触网提供 1 500 V 直流电源，向轨道交通车站及区间动力照明提供交流 0.4 kV 电源。

牵引变电所运行方式及设备容量选择原则：全线只考虑牵引变电所故障的情况，而当一个牵引变电所故障状态时，相邻牵引变电所采用越区供电的方式承担故障变电所供电范围内的供电任务。

四、牵引系统运行方式

牵引变电所向接触网供电方式有单边供电、双边供电（图5.4）和越区供电。

若列车只从所在供电臂上的一个牵引变电所获得电能，则这种供电方式称为单边供电（场段接触网）。

若一个供电臂同时从相邻两个牵引变电所获得电能，则称为双边供电（正线接触网）。

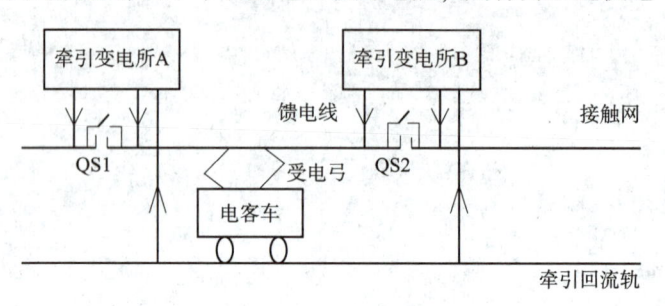

图5.4 双边供电示意

越区供电（图5.5）是指当某一牵引变电所因故障不能正常供电时，故障变电所担负的供电臂经开关设备将相邻的供电臂接通，由相邻牵引变电所临时供电。越区供电是一种非正常供电方式（也称事故供电方式）。

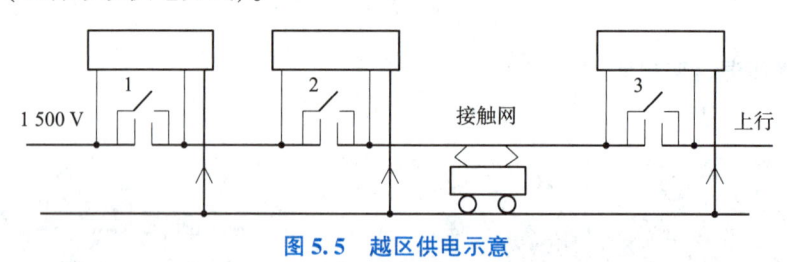

图5.5 越区供电示意

五、牵引变电所

1. 设置牵引变电所的基本原则

（1）牵引供电系统的设计能力应满足全线远期最大运能的要求。

（2）在正常和故障运营模式（其中任何一个牵引变电所解列退出运行）下，牵引网的电压波动范围是1 000~1 800 V，车辆供电电压水平大于1 000 V。

（3）正线回流轨（钢轨）与地间的电压不应超过DC120 V；车辆基地回流轨与地间的电压不应超过60 V直流电；若超过，也应有可靠的安全保护措施。

（4）牵引变电所整流机组的容量应尽量沿线均匀配置。

（5）牵引变电所设置和供电分区划分应与线路配线相结合，满足行车各种正常和故障运营组织的需要。

（6）牵引变电所的设置应与车站、区间风机房的设置相结合，要尽量将其设置在车站或者靠近车站的位置，从而便于管理和运营维护。

（7）线路首末端牵引变电所的设置位置应与近、远期线路延伸相结合。

牵引变电所的布点方案应根据轨道交通的牵引供电制式、电动车组特性及编组、车站分布、线路平纵断面、车辆段设置情况、运营组织要求等特点，经牵引供电计算后确定。

2. 牵引变电所的主接线方案

牵引变电所 35 kV 侧采用单母线分段接线方式将两段母线间设母联断路器，两套牵引整流机组接在同一段 35 kV 母线上。

牵引变电所的单套牵引整流机组采用三相桥 12 脉波整流方式将两套牵引整流机组并联运行构成等效 24 脉波整流，整流变压器接线型式为 Dy5d0（相位移+7.5°）/Dy7d2（相位移-7.5°）。

整流器正极通过直流快速断路器与 1 500 V 直流电正母线相连，负极通过手动隔离开关与负极柜中的负母线相连。

1 500 V 直流电侧采用单母线接线方式。正线牵引变电所一般设置 2 回进线和 4 回馈线，分别向左右线牵引网供电。馈线开关均使用直流快速断路器。

六、动力配电与照明系统

（1）动力配电与照明设备容量按远期最大负荷设计，并考虑一定的裕量。

（2）动力照明供电系统的设计应安全、可靠，接线简单，操作方便，并具有一定的灵活性。

（3）车站降压变电所负责整个车站及相邻各半个区间动力照明负荷供电。

（4）低压配电系统采用 220 V/380 V 三相四线制配电方式，以及 TN-S 接地保护系统。

（5）设置变电所综合自动化系统，实现对 0.4 kV 开柜室的进线、母联、馈出至通风空调电控室开关的馈线开关等主要馈线回路的监视、测量与计量、控制和保护等功能，并将数据上传至电力监控系统。

七、负荷分级及配电方式

1. 负荷分级

（1）根据《地铁设计规范》（GB 50157—2013）条款 15.1 中的供电一般规定，按照可靠性要求及失电影响程度，负荷分级的分类如下：

①一级负荷：必须采用双电源双回线路供电；一级负荷中特别重要的负荷，应增设应急电源，并严禁其他负荷接入。

②二级负荷：采用双电源单回线路专线供电。

③三级负荷：可采用单电源单回线路供电；当系统中只有一个电源工作时，可切除三级负荷。

（2）用电负荷按其不同的用途和重要性分为一、二、三级，分别包括以下几种负荷类型。

①一级负荷：应急照明、变电所操作电源、火灾自动报警系统设备、消防系统设备、消防电梯、地下车站站厅站台照明、地下区间照明、排烟系统用风机及其风阀、通信系统设备、信号系统设备、电力监控系统设备、环境与设备监控系统设备、综合监控系统设备、自动售检票系统设备、兼作疏散用的自动扶梯、屏蔽门、防护门、防淹门、排雨泵、车站排水泵，车辆段停车场内的通信、信号、火灾自动报警系统、环境与设备监控系统等。其中，应急照明、变电所操作电源、火灾自动报警系统、通信系统、信号系统为特别重要的负荷。

②二级负荷：地上站厅站台照明、地上区间照明、附属房间照明、非事故风机及其风阀、污水泵、电梯、自动扶梯（火灾时无需运行的自动扶梯）、区间维修电源、重要设备用房空调、车辆段和停车场内的检修等。

③三级负荷：空调制冷及水系统设备、广告照明、清扫机械、商铺、生活用电电源等。

2. 配电方式

1）动力与照明设备的配电方式

动力与照明设备根据负荷性质和重要程度，按照以下方式配电。

（1）一级负荷平时从降压变电所两段母线上分别馈出一路专用供电线路向负荷末端电源切换箱供电，两路电源在切换箱内自动切换，以实现不间断供电。照明负荷采用交叉供电的形式，其余设备末端设双电源自动切换装置。通风空调一级负荷从降压变电所的两段母线各引一路电源，在通风空调电控室进行自动切换，再从通风空调电控室母线以单回路引至用电设备。特别重要负荷中应急照明由应急电源供电，火灾自动报警系统设备、通信系统设备、信号系统设备等由自备不间断电源供电。

（2）二级负荷平时从降压变电所、通风空调电控室、照明配电室馈出单回供电线路至末端配电箱，当一台变压器停止运行时，降压变电所的 0.4 kV 母线分段断路器自动闭合，退出运行变压器所带的一、二级负荷将由另一台变压器供电。

（3）三级负荷平时以一路电源供电，当一台变压器退出运行时，应将其从电网中切除。

2）消防用电设备的配电方式

消防用电设备应采用专用的供电回路，当生产、生活用电被切断时，应仍能保证消防用电，其配电设备应有明显标志。对于消防控制室、消防水泵房、防烟与排烟风机房的消防用电设备及消防电梯等的供电，应在其配电线路的最末一级配电箱处设置自动切换装置。

其配电方式以放射式为主，对车控室、综合控制室、出入口、设备管理区及二、三级负荷小动力的同类型设备可分片设配电箱供电。

3）通风空调电控室和照明配电室的配电方式

通风空调电控室和照明配电室对各级负荷的配电，根据负荷性质，按照集中分片的原则进行。车站站厅、站台公共区的照明应采用分块控制、交叉供电的配电方式，由降压变电所两段母线各负担一半负荷。应急照明及导向标志照明由应急照明电源装置供电。

八、接地网

（1）在每个车站变电所设置一个强弱电设备公用的综合接地网，接地网接地电阻应不大于 0.5 Ω，困难情况下不大于 1 Ω。

（2）全线各车站综合接地网应通过接地扁钢、电缆金属铠装，使全线形成统一的高低压兼容、强弱电合一的接地系统。

（3）接地系统应满足以下要求：

①保护运营人员和旅客安全，防止电击。

②保护地铁设备、设施，防止损坏。

③保护弱电设备，防止电气干扰。

④当接地设计与杂散电流防护设计发生冲突时，应优先考虑接地安全。

【任务实施】

背景描述	城市轨道交通供配电系统是由电力系统经高压输电网、主变电所降压、配电网络和牵引变电所降压、换流（转换为直流电）等环节组成，向城市轨道快速交通线路运行的电客车组输送电力的全部供电系统
讨论主题	电力自发电厂至电客车，途经了多少设施设备
成果展示	小组采用手绘图的方式简要列出设计方案并进行介绍
任务反思	1. 你在本任务中学到的知识点有哪些？ 2. 你对自己在本任务中的表现是否满意？写出课后反思

【任务评价】

序号	评价项目	评价指标	分值	自评（30%）	互评（30%）	师评（40%）	合计
1	职业素养 30分	采取多种手段收集信息、解决问题的能力	5				
		团队合作、交流沟通、分享能力	5				
		责任意识、服从意识	5				
		绘图能力	5				
		条理清晰、逻辑严谨	5				
		完成任务的积极主动性	5				

续表

序号	评价项目	评价指标	分值	自评（30%）	互评（30%）	师评（40%）	合计
2	专业能力 60分	能够完整、准确表述城市轨道交通供配电系统	20				
		能够掌握各变电所的功能及特点	20				
		了解市轨道交通变电所的运行模式	20				
3	创新意识 10分	创新性思维和行动力	10				
	合计		100				
	综合得分						

拓展知识

为电缆做"体检" 守护地下"生命网"

在城市轨道交通行业中，有这样一群人，他们风雨无阻、默默无闻，守护着地铁运行的"动脉"。

地铁 110 kV 环网电缆担负着地铁沿线所有供电方式的电力输出任务，是整个供电系统的支柱。为观察和掌握电缆线路的所有附属设备的运行情况，及时发现和消除电缆线路和所有附属设备的异常和缺陷，预防供电设施遭受破坏和不必要的人力、物力的损失，某地铁高压试验及电缆工班对 110 kV 外部电缆沟道及场段内 35 kV 电缆展开了一场有针对性的"体检"。

为确保作业人员的安全健康与作业规范，变电专业人员本着高度负责的严谨态度深入现场，严格按照《有限空间作业现场安全管理制度》中的相关规范作业。例如，在巡视电缆沟道时，作业人员要在狭窄的电缆沟道中，拉低身子，弯腰前行，逐个检查隧道电缆接头、电缆支架、保护光缆、电缆接地箱及电缆运行状态是否正常，并仔细确认电缆有无破损、变形、烧灼等迹象。每到一处巡视点，他们便手持红外线测温仪，对电缆接头进行测温等。针对排查过程中发现的问题，作业人员做好现场记录，建立基础台账，对存在的缺陷及时上报消缺，按期整改，做到"不留死角"。在闷热又潮湿的环境下，他们的工服早已被汗水浸湿。"挥汗如雨"成为他们近期工作的真实写照。

此次巡查工作及时排查了电缆部分可能存在的缺陷隐患，充分掌握电缆的运行工况，下一阶段，供电专业将继续加大对设备隐患的排查的力度，精心"把脉"，为城市轨道交通的安全、稳定运行提供有力的保障。

【作业习题】

一、填空题

1. 城市轨道交通变电所分为_____、_____、_____、_____四类。
2. 城市轨道交通供电系统主要包括_____、_____、_____、_____和_____。
3. 城市轨道交通的供电一般有三种方式：_____、_____、_____。
4. 供电电压制式主要有_____供电和_____供电两种。
5. 供电系统的电压等级主要由_____、_____、_____和_____构成。
6. _____与_____合建为牵引降压混合变电所。
7. 牵引变电所向接触网供电的方式有_____、_____和_____。
8. 负荷分级按可靠性要求及失电影响程度分类为_____、_____和_____。
9. 低压配电系统采用_____配电方式和 TN-S 接地保护系统。
10. 在每个车站变电所设置一个强弱电设备公用的综合接地网，其接地电阻应不大于_____，在困难情况下不大于_____。

二、简答题

1. 集中供电方式的优点有哪些？
2. 分散供电方式的优点有哪些？
3. 设置牵引变电所的基本原则有哪些？

任务二　掌握城市轨道交通接触网的结构组成与工作原理

【任务描述】

城市轨道交通接触网是为城市轨道交通所特有的沿铁道线架设的电力牵引机车或电动车组全天候提供电源的特殊供电线。你知道"特殊的电线"——接触网是如何在地铁系统中发挥作用的吗？请通过网络搜索城市轨道交通接触网基本结构的作用、特点、功能，然后分组采用PPT的方式进行介绍。

【学习目标】

1. 掌握城轨接触网的特点；
2. 掌握城轨接触网的类型；
3. 掌握城轨接触网的结构组成；
4. 掌握城轨接触网的运行模式；
5. 掌握城轨接触网的基本结构部件；
6. 养成一丝不苟的工作态度。

【涉及主要规范和标准】

序号	名称	下载二维码	序号	名称	下载二维码
1	城市轨道交通架空接触网技术标准（CJJ/T 288—2018）		2	城市轨道交通接触轨供电系统技术规范（CJJ/T 198—2013）	

【相关知识】

城市轨道供电系统一般由牵引变电所、接触网、电客车和牵引轨四部分组成。接触网系统是电气化铁路牵引供电系统的重要组成部分，是一种沿着行走轨道架设的，为电力机车（电客车）提供牵引电能的特殊形式的供电线路。电力机车通过受电弓直接从接触网接收电能并转换成机械能牵引列车运行。供电的质量直接影响机车的运行状况和使用条件。接触网沿线路架设，工作环境差，若发生事故，直接影响行车安全，且影响面较大，恢复起来也比较困难。因此，它在轨道交通运输中的地位是十分重要的。

接触网是电气化轨道交通（电气化铁路和城市轨道交通的统称）所特有的沿铁道线架设的为电力牵引机车或电动车组全天候提供电源的特殊供电线。它具有接触轨（第三轨或第四轨）、柔性架空式和刚性架空式等结构形式，不同的结构具有不同的机电特性，适用于不同的电气化轨道运输形式。柔性架空式接触网在电气化铁路、地铁和轻轨交通中使用，而接触轨和刚性架空式接触网主要应用于地铁和轻轨上。不论使用的是哪种结构形式，接触网均具有以下基本特点：

1. 分布区域广

凡是沿铁道线架设的，除位于地下隧道内的地铁接触网外，均为露天设备。气候条件的变化对接触网的机电参数，如线索弛度、线索张力、悬挂弹性、零部件的机械位置、机械松紧度、设备的绝缘强度、线索的载流能力等都有重大影响，严重的还会造成重大行车事故。

2. 无备用

是电气化轨道的唯一供电线路，一旦出现故障，就会影响行车安全，其运营状态对电气化轨道交通具有决定性影响。

3. 机电一体化

在电气上要满足牵引功率、电气强度和电压水平，以及绝缘安全等一系列技术要求；在机械上要满足机械强度、机械空间位置、弓网动态弹性等技术要求。

4. 复合型应用工程

复合型应用工程涉及电气、机械、力学（理论力学、材料力学、弹性力学、空气动力学等）、金属及材料工程、环境工程等多门学科的专业知识。

除了具有上述基本特点外，不同类型的接触网还具有不同的特点。

一、柔性接触网

柔性接触网由支柱与基础、支撑装置、定位装置、接触悬挂和供电辅助设备五大部分组成。下面主要介绍前四部分。

1. 支柱与基础

支柱与基础的作用是承受接触网的全部负荷并将其传递给大地；支柱分为钢筋混凝土支柱和钢支柱两大类。

2. 支撑装置

支撑装置承受定位装置和接触悬挂的全部负荷，并将该负荷传递给支柱。从结构形式上，支撑装置可分为腕臂柱支撑、软横跨支撑、硬横跨支撑、隧道支撑、桥梁支撑等几种类型。根据补偿方式的不同，其可分为未补偿、单边补偿、半补偿、全补偿等多种形式。

3. 定位装置

定位装置包括定位管和定位器。其功能是固定接触线的位置，使接触线在受电弓滑板运行轨迹范围内，保证接触线与受电弓不脱离，并将接触线的水平负荷传给支柱，定位器有直管定位器和弯管定位器之分。

4. 接触悬挂

1）简单接触悬挂

所谓简单接触悬挂，是指由一根或几根互相平行的直接固定到支撑装置上的接触线所组成的悬挂。该悬挂方式一般适用于车速较低的线路上，如车库线和净空受限的建筑物内，以及城市电车、矿山运输线上等。

简单接触悬挂的方式结构简单，支柱高度低，支持装置承受的负荷较轻，缺点是弛度大，弹性不均匀，弓网接触常有硬点，离线产生电弧，接触线局部易受机械磨耗和损伤。使用这种悬挂方式时的最大行车速度不宜超过 40 km/h。简单接触悬挂中有一种弹性简单悬挂方式，即在接触悬挂点处增加一根长为 8~16 m 的弹性吊索，其可以改善悬挂点处的弹性和弓网接触的运营状态。

(1) 无补偿简单接触悬挂。

无补偿简单接触悬挂的接触线两端下硬锚的方式是通过一组绝缘子固定在支柱上。因此，当温度发生变化时，由于接触线热胀冷缩的物理特性，其张力和弛度的变化很大。

(2) 补偿式简单接触悬挂。

补偿式简单接触悬挂是每个锚段接触线的两端装有张力自动补偿装置。由于接触线带有补偿装置，当温度发生变化时，补偿装置的坠陀因重力作用使接触线弛度变化不是很大，其张力几乎不发生变化。

简单接触悬挂的优点是结构简单、施工与维修方便、对隧道净空要求低、投资少等；其缺点是弛度大且弹性（受电弓单位接触压力所引起的接触线的升高）不均匀。

2) 链形接触悬挂

链形接触悬挂由接触线、吊弦、承力索组成。如图 5.6 所示，链形接触悬挂可以在某一温度下使接触线处于无弛度状态，使接触线至轨面基本保持相等高度。这种悬挂由于接触线是悬挂到承力索上的，因而基本消除了悬挂点处的硬点，使接触悬挂的弹性在整个跨距内都较均匀。同时，因承力索的存在，换算张力加大，质量加大，增加了接触悬挂的稳定性。链形接触悬挂由于具有高度一致、弹性均匀、稳定性好等优点，且具有较好的取流性能，因此在运量大、速度快的干线上获得不同形式的应用。

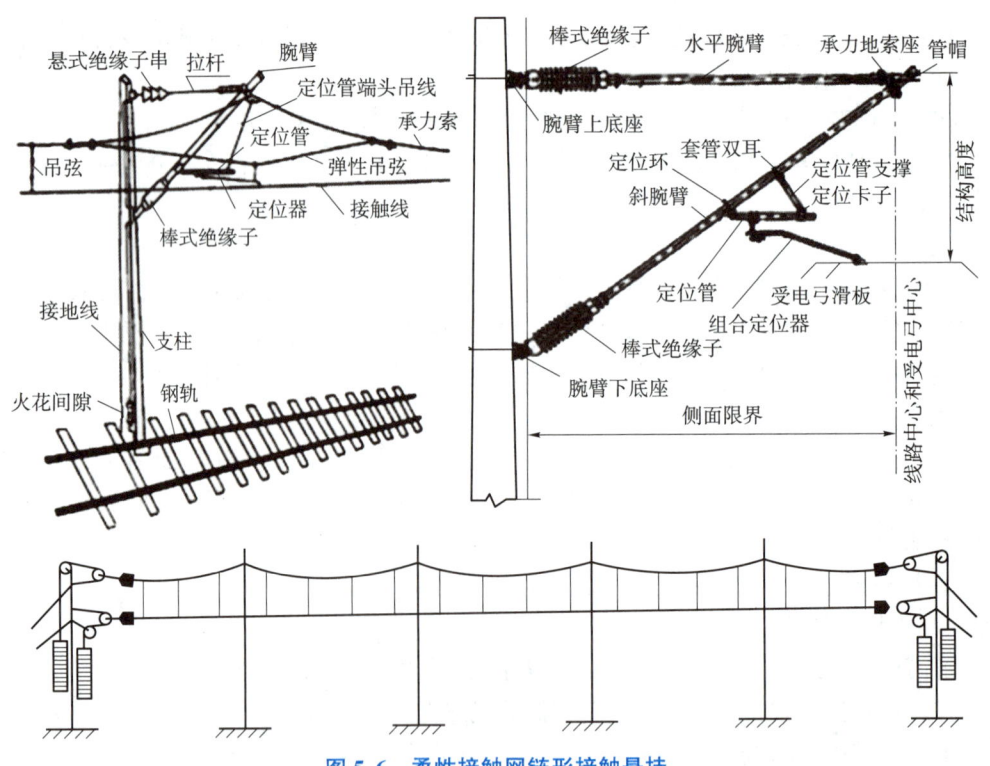

图 5.6 柔性接触网链形接触悬挂

链形接触悬挂的种类很多，可根据悬挂的链数、线索拉紧方式、悬挂点处的吊弦形式和线索相对线路中心的位置等来划分。

(1) 根据悬挂的链数划分。

①单链形接触悬挂——这种悬挂的特点是接触线借助于吊弦悬挂在承力索上。根据悬挂点处吊弦形式的不同，其又可分为简单链形悬挂和弹性链形悬挂两种。

②双链形接触悬挂——由两根辅助索组成的悬挂称为双链形悬挂。与单链形接触悬挂相比，其多了一根辅助导线，弹性更加趋于均匀。

③多链形接触悬挂——它包括承力索在内具有三条辅助索，也可称为三链形接触悬挂。

（2）根据线索的拉紧方式划分。

①无补偿链形接触悬挂——这种悬挂方式，其承力索、接触线都不装设自动补偿器，均为硬锚。在温度变化时，接触线和承力索的长度发生变化，即承力索和接触线的张力和弛度也变化，因而这种悬挂的运行状态不好，一般不采用。

②半补偿链形接触悬挂——在单链形悬挂中，只在接触线下锚端加装张力自动调整装置，承力索不补偿，就叫半补偿链形接触悬挂。这种悬挂方式的特点是接触线的张力不变，承力索张力随温度的变化而变化。它具有安全可靠、下锚结构简单、断线后修复容易、弹性较好等优点。但也存在弛度变化大、结构高度大、对支柱容量及高度要求高、调整困难等问题。

③全补偿链形接触悬挂——全补偿链形悬挂在锚段两端下锚处承力索和接触线均设有补偿器，在温度变化时，承力索和接触线均产生同向的纵向位移，因此吊弦偏移可大大减小，而且张力几乎不变。与半补偿链形接触悬挂相比，其具有弹性均匀、弛度变化小、调整方便、结构高度小、支柱容量及高度较小的优点。其缺点就是下锚结构复杂。

（3）根据线索相对线路中心的位置划分。

①直链形接触悬挂——接触线和承力索布置在同一个垂直平面内。在直线区段，为了使受电弓滑板均匀磨耗，接触线布置成"之"字形，承力索布置在接触线的正上方；在曲线区段，支柱定位处的接触线拉向曲线外侧一个数值（拉出值），承力索仍在接触线的正上方。

②半斜链形接触悬挂——承力索沿线路中心布置，接触线成"之"字形布置。

③斜链形接触悬挂——承力索和接触线布置的水平投影有较大的位移，吊弦安装后与铅垂方向有较大倾角。在直线区段，接触线与承力索均布置成"之"字形，但两者的"之"字形布置方向恰好相反；在曲线区段，承力索的布置对线路中心有一个较大的外侧偏移，吊弦安装的倾斜角很大，在跨距中部把接触线向外侧拉。

二、刚性接触网

1. 刚性接触网的定义

地下段接触网采用架空"Π"形刚性垂直悬挂，而架空刚性悬挂主要由汇流排、接触导线、伸缩部件和中心锚结等组成。刚性接触网将接触线装在汇流排中，汇流排便取代了承力索。由于汇流排自身有一定的刚性，不但减少了接触线的弛度，减少了硬点和离线状况的发生概率，而且汇流排由铝材制成，其当量铜截面积为 1 400 mm^2，可大量满足城市轨道交通车辆供电取流要求；取消了柔性悬挂中的承力索和辅助馈线，使接触网结构变得简单紧凑。另外刚性接触网两端不需要设置下锚张力补偿装置，没有断线之忧，允许的磨耗量也更小，增大了大修换线的间隔，节约了成本。无论日常维护，还是事故抢修、导线更换，刚性接触网的工作量均要少于柔性接触网，大幅地方便了运营管理和维修。

刚性接触网具有如下特点：

（1）刚性汇流排和接触线无轴向张力，不存在断汇流排或断线的可能，从而避免了柔性钻弓、烧熔、不均匀磨耗、高温软化、线材缺陷，以及受电弓故障而导致的断线故障。由于具有这样的特点，刚性悬挂的故障属于点故障，而柔性悬挂的故障范围是一个锚段，所以刚性悬挂事故范围小。当然，柔性悬挂的断线故障率还是非常小的，其能够满足运营要求。

（2）刚性悬挂的锚段关节简单，锚段长度是柔性悬挂的 1/7~1/6，因此，固定夹具的窜动回转范围小，相应地提高了运行中的安全性和适应性。

（3）此外，刚性接触网对隧道净空要求相对较小并且不用下锚装置，可以避免不必要的局部开挖，能节省土建费用。在日常运行中，刚性接触网也有维护工作量少、周期长、费用低的优点。当然，刚性接触网在施工中安装精度要求高，运行、使用的经验较少，定位点较多使得相应的安装费用增加，但综合比较，刚性接触网仍有很大的优势。

刚性接触网定位之间的跨距通常为 8 m，一个锚段长度为 250 m 左右，在锚段中部设置中心锚结。锚段终端设置汇流排终端，并将两侧汇流排平行重叠，不含汇流排终端的重叠长度为 3 m，构成了锚段关节（绝缘和非绝缘关节）。

刚性接触网由于具有诸多特点，近年来在各大地铁中得到了广泛的使用。刚性接触网结构大致分为以下两种。

（1）门形结构：由槽钢底座、T 形头螺栓、调节槽钢、绝缘子和汇流排等组成。其特点是结构简单可靠、净空条件低。根据垂直悬吊安装底座的不同，门形结构又分为 A 型、B 型、C 型。A 型用于矩形隧道和站台平顶隧道；B 型用于马蹄形隧道直线段；C 型用于马蹄形隧道曲线段。

（2）腕臂式结构：主要由可调节绝缘腕臂、汇流排线夹、腕臂底座、倒立柱或支柱等组成。其特点是调节灵活、外观美观。一般用在隧道口的刚柔过渡区段。

2. 刚性接触网的结构

（1）刚性接触悬挂通过支持定位装置安装于隧道顶或隧道壁。隧道内接触线线面距轨平面的垂直距离（导高）为 4 040 mm，拉出值（定位点处接触线与机车受电弓中心的距离）一般不大于 300 mm。

（2）汇流排一般用铝合金材料制成，用于夹持、固定接触线，承载和传输电能。汇流排中间接头形状一般做成"T"形或"Π"形。"Π"形汇流排如图 5.7 所示。"Π"形汇流排包括标准型汇流排、汇流排终端以及刚柔过渡元件。标准型汇流排长度一般为 10 m 或 12 m，汇流排之间用中间接头连接。汇流排中间接头由供电性能与汇流排相同的铝合金制成，由左右两个鱼尾板组成，通过无螺母式螺栓与汇流排连接，中间接头的外形尺寸与汇流排的内表面相匹配，且结合紧密。在锚段末端，汇流排稍微向上翘约 70 mm，形成汇流排终端。接触线延汇流排终端方向有 100~150 mm 的余长，如图 5.8 所示。

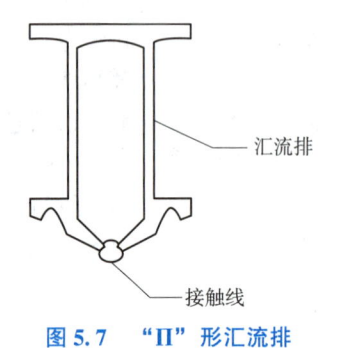

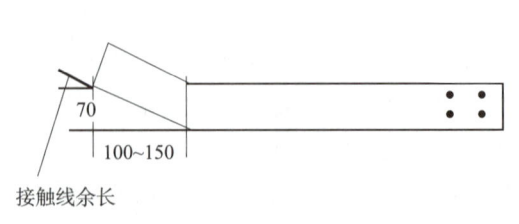

图 5.7　"Π"形汇流排

图 5.8　汇流排终端

(3) 接触线一般采用银铜导线，其截面如图 5.9 所示。接触线通过特殊的机械镶嵌于汇流排上，与汇流排一起组成接触悬挂。

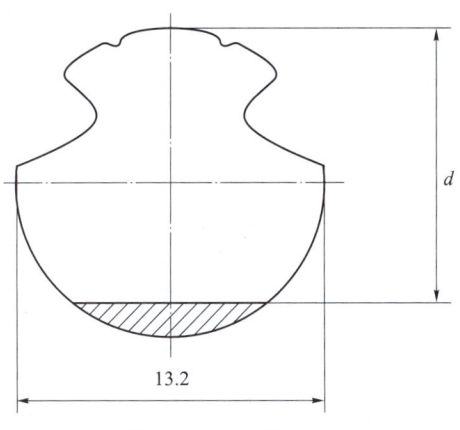

图 5.9　接触线截面

(4) 在刚性接触网的每个锚段装设中心锚结来防止因温度变化和列车受电弓摩擦所带来的纵向窜动。有的地铁采用在锚段中间两定位的跨中装设 V 形中心锚结的方法，而其两边拉杆的连接调节螺杆可调节它对锚段纵向的拉紧力，如图 5.10 所示。

图 5.10　刚性中心锚结

(5) 刚性接触网的锚段关节（图 5.11）分为绝缘锚段关节和非绝缘锚段关节。非绝缘锚段关节只用来实现机械分段，两平行汇流排之间用电连接线实现电气连接，间距较小（200 mm）。绝缘锚段关节一般设置在有牵引变电所的车站，除实现机械分段外，还有实现电分段的作用。两平行汇流排之间没有电气连接，间距较大（300 mm）。

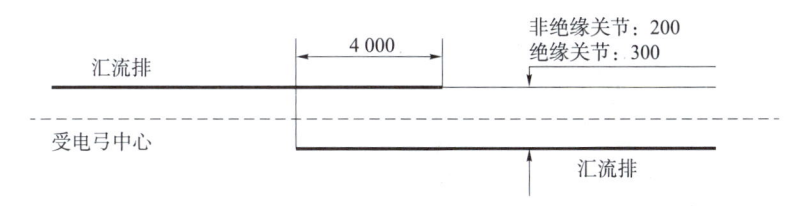

图 5.11　刚性接触网的锚段关节

(6) 刚性接触网线岔（图 5.12）采用无交叉线岔结构，正线接触网不中断，侧线单独一根，与正线接触网侧向错开，其水平间距一般为 200 mm，侧线网端部向上弯曲 70 mm 左右，其基本构成与锚段关节类似。

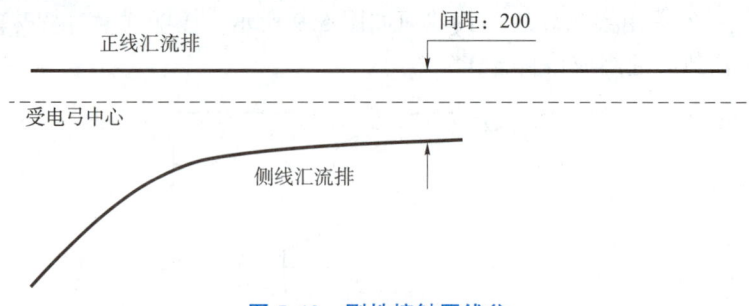

图 5.12　刚性接触网线岔

（7）除绝缘锚段关节（图 5.13）能实现电分段外，刚性接触网也使用分段绝缘器来进行电分段。在有牵引变电所的车站，接触网在牵引变电所侧的正线上设电分段，这通过绝缘锚段关节实现。

图 5.13　绝缘锚段关节

（8）由于车辆段接触网均为柔性接触网，在车辆段出入段线与正线交界处就要实现刚柔过渡。刚柔过渡方式有以下两种：

①关节式刚柔过渡方式：刚性接触网和柔性接触网重叠构成锚段关节，刚性悬挂接触线比柔性悬挂接触线抬高 20~50 mm。

②贯通式刚柔过渡方式：过渡处直接将柔性悬挂接触线镶嵌于汇流排内。

目前，在出入段线地下段与地面段连接处，在出入段靠近隧道口处设置两处刚柔过渡段，采用切槽贯通式刚柔过渡方式。

（9）汇流排外包式接头。

汇流排外包式接头（图 5.14）又称可快速拆卸汇流排装置，用于城市地铁隧道人防门处，紧急情况时取下可拆卸式接头线夹和可拆卸式汇流排后人防门即可关闭。可拆卸式接头线夹起电气接续和机械接续作用，可拆卸式汇流排通过顶丝可以方便地与接触线分离，也不需要断开接触线。整套可拆卸式汇流排装置由短汇流排、外接头及汇流排辅助拆卸装置组成。

图 5.14　汇流排外包式接头

三、接触轨式

接触轨式主要由导电率较高的接触铁轨、绝缘子、端部弯头、防爬器、防护罩和隔离开关等设备组成，具有电导率高、接触面光滑、耐腐蚀、耐磨耗、重量轻、施工方便等特点。其从安装形式上主要分为以下两种。

（1）上接触式：如图 5.15（a）所示，第三轨安装在绝缘子组件上，由接触轨、绝缘子、三轨夹板、护支架、防护板、端部三轨弯头、防爬器等构件组成。受流器滑靴从上压向接触轨轨头顶面受流。受流器的接触力是由下作用弹簧的压力调节的，受流平稳，端部弯头的过渡作用能够减少在断电区的电流冲击。北京地铁、纽约地铁均采用上接触式第三轨。

（2）下接触式：如图 5.15（b）所示下接触式第三轨轨头朝下，通过绝缘肩架、橡胶垫、扣板收紧螺栓、支架等安装在底座上。其优点是防护罩从上部通过橡胶垫直接固定在接触轨周围，可以保证乘客的安全。莫斯科地铁就是采用这种方式来防止下雪和冰冻造成的集电困难。但是，这种方式由于安装结构较复杂，费用较高，不太容易普及。

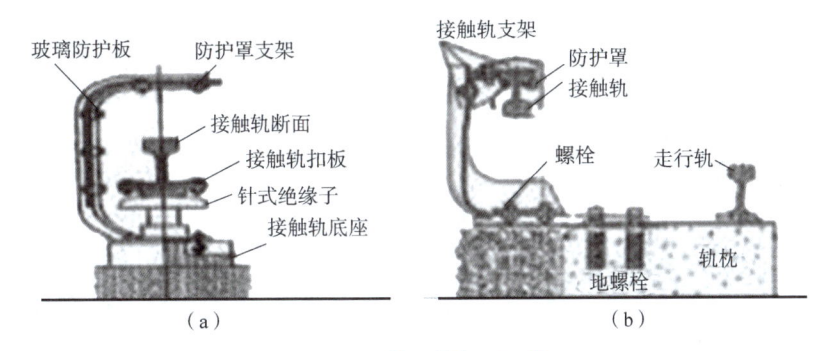

图 5.15　第三轨断面示意
（a）上接触式；（b）下接触式

综上所述，无论架空接触网还是接触式第三轨供电，无论是柔性悬挂还是刚性悬挂，都由于具有不同的特点而应用于不同的城市轨道交通线路上，都是可行的牵引接触网形式。人们通常根据不同城市轨道交通的外部环境选择地铁接触网的安装形式。

【任务实施】

背景描述	城市轨道交通接触网是电气化铁路牵引供电系统的重要组成部分，是一种沿着走行轨道架设的为电力机车（电客车）提供牵引电能的特殊形式的供电线路
讨论主题	你所在城市轨道交通采用哪种接触网形式
成果展示	小组采用 PPT 的方式简要列出汇报大纲并进行介绍

续表

任务反思	1. 你在本任务中学到的知识点有哪些？
	2. 你对自己在本任务中的表现是否满意？写出课后反思

【任务评价】

序号	评价项目	评价指标	分值	自评（30%）	互评（30%）	师评（40%）	合计
1	职业素养 30分	采取多种手段收集信息、解决问题的能力	5				
		团队合作、交流沟通、分享能力	5				
		责任意识、服从意识	5				
		善于分类、归纳总结的能力	5				
		条理清晰、逻辑严谨	5				
		完成任务的积极主动性	5				
2	专业能力 60分	能够掌握各类接触网的主要组成部件	20				
		能够掌握柔性接触网的特点及使用环境	15				
		能够掌握刚性接触网特点及使用环境	15				
		能够掌握接触轨特点及使用环境	10				
3	创新意识 10分	创新性思维和行动力	10				
		合计	100				
		综合得分					

> **拓展知识**

坚　守

"我们的工作涉及行车安全，节假日更需要有人坚守在岗位上，排查安全隐患，对发现的问题及时、妥善处置到位，保障地铁运营安全、顺畅，全新服务好市民出行。"这是刘富内心深处对工作的认知。2016—2023年的每个春节，刘富都主动守护在岗位上，把回家团聚的机会留给班组中的其他同事，用实际行动诠释着地铁人的执着与奉献。

除夕的年味尤其浓郁，往来的乘客带着思念、拎着年货加快着回家的步伐，更有不少游客纷纷从全国各地赶来度假过年。而除夕夜里，供电分部的接触网工刘富在地铁运营结束后，才刚刚开始地铁接触网步行巡视工作。为确保接触网设备不受低温等多方面不利天气的影响，刘富比往常更加用心，每次巡视到关键部位，他都要反复琢磨、仔细观察、认真记录，将设备的特点与薄弱环节铭记在心，针对接触网有无悬挂异物，各悬挂部件有无松脱等重点关注对象，总能及时在第一时间处置现场隐患，从而确保新春佳节期间运营工作安全、顺畅。

在刘富心中，业务技能不仅是立身之本，更是带领大家一起奔事业的有力"武器"。为了确保设备的平稳运行，刘富经常在工作之余扎实研学专业知识，积极参与技改创造，紧跟运营事业发展需求。在此期间，他发现在接触网步行巡视工作中，照片、视频拍摄不清，传输存在着一定的设备信息缺陷问题，不能及时、准确地反馈有效信息。刘富便主动攻关，开发接触网巡视辅助仪，解决了巡视作业中存在的距离远、拍摄不清楚等诸多难题，还及时实现了接触网昼夜定点或移动式远距离设备监测功能，并且通过手机5G网络实现了在线查看和实时传输功能，大幅提高了巡视作业效率和工作质量，为春运期间接触网的巡视、排查、整改提供了可靠的保障。

新春佳节过后，刘富继续保持着服务乘客的平凡初心，明确任务目标，快速收心归位，与班组中的同事一起在岗位上开启新的征程。

【作业习题】

一、填空题

1. 城市轨道供电系统一般由_____、_____、_____和_____四部分组成。
2. 接触网分为_____、_____和_____等结构形式。
3. 接触网均具有以下基本特点：_____、_____、_____、_____。
4. 柔性接触网由_____、_____、_____、_____和_____五大部分组成。
5. 柔性接触网的接触悬挂主要分为_____和_____。
6. 刚性接触网定位之间的跨距一般为_____，一个锚段长度为_____左右，在锚段中部设置_____。
7. 地下段接触网采用架空"Π"形刚性垂直悬挂，由_____、_____、_____和

_____等组成。

8. 刚性接触网的锚段关节分为_____和_____。
9. 刚柔过渡方式有两种：_____和_____。
10. 接触轨式从安装形式上主要分为两种：_____和_____。

二、简答题

1. 什么是接触网？
2. 链形悬挂的特点是什么？
3. 接触轨式的组成和特点是什么？

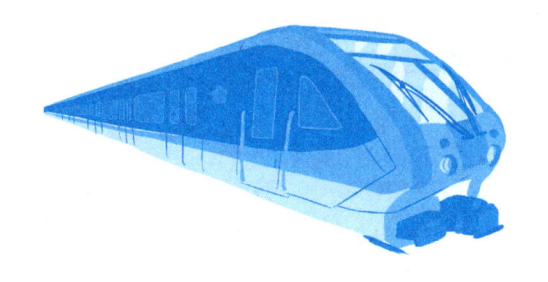

模块六

城市轨道交通通信与信号

城市轨道交通是城市的命脉，运营安全工作是第一位的。在整个城市轨道交通系统中，信号系统和通信系统是确保列车安全运行，提高运输效率的关键。信号系统与通信系统共同构成了城市轨道交通正常运营的"中枢神经"。

你了解城市轨道交通各个子系统怎么联动运行吗？你了解地铁是怎样在线路上运行的吗？让我们一起走进城市轨道交通通信与信号系统，理清城市轨道交通系统的"中枢神经"。

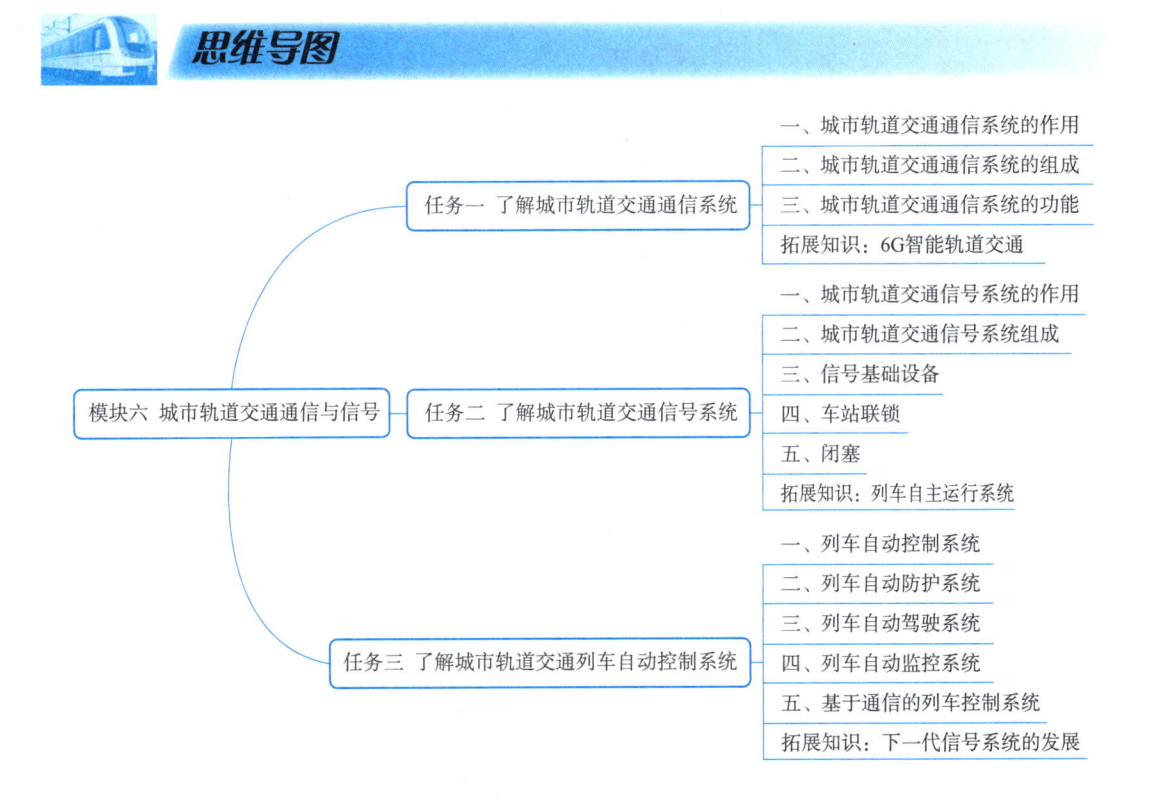

思维导图

模块六 城市轨道交通通信与信号
- 任务一 了解城市轨道交通通信系统
  - 一、城市轨道交通通信系统的作用
  - 二、城市轨道交通通信系统的组成
  - 三、城市轨道交通通信系统的功能
  - 拓展知识：6G智能轨道交通
- 任务二 了解城市轨道交通信号系统
  - 一、城市轨道交通信号系统的作用
  - 二、城市轨道交通信号系统组成
  - 三、信号基础设备
  - 四、车站联锁
  - 五、闭塞
  - 拓展知识：列车自主运行系统
- 任务三 了解城市轨道交通列车自动控制系统
  - 一、列车自动控制系统
  - 二、列车自动防护系统
  - 三、列车自动驾驶系统
  - 四、列车自动监控系统
  - 五、基于通信的列车控制系统
  - 拓展知识：下一代信号系统的发展

任务一　了解城市轨道交通通信系统

【任务描述】

城市轨道交通通信系统是城市轨道交通运营生产的基础，是保证行车安全、提高运营效率、提升运营服务质量的重要设施。在科学技术迅速发展的当今时代，具有现代化特征的专业通信网，是城市轨道交通的重要标志之一。你了解城市轨道交通通信系统由哪些模块组成吗？它们是如何在城市轨道交通中发挥作用的呢？让我们以身边的轨道交通为例，寻找你认识的通信系统，以小组为单位，拍视频的方式介绍。

【学习目标】

1. 了解城市轨道交通通信系统的作用；
2. 能够认知城市轨道交通通信各个子系统的设备组成；
3. 能够说明城市轨道交通通信系统各子系统的功能；
4. 培养集体观念和团队意识；
5. 提升信息化技术的应用能力。

【涉及主要规范和标准】

序号	名称	下载二维码	序号	名称	下载二维码
1	城市轨道交通通信工程质量验收规范（GB 50382—2016）		3	城市轨道交通运营设备维修与更新技术规范（JT/T 1218.5—2023）	
2	城市轨道交通无线局域网宽带工程技术规范（GB/T 51211—2016）		4	城市轨道交通运营技术规范（GB/T 38707—2020）	

【相关知识】

一、城市轨道交通通信系统的作用

城市轨道交通通信系统是指挥列车运行、公务联络和传递各种信息的重要手段，是保证列车安全、快速、高效运行不可缺少的综合通信系统，也是城市轨道交通的神经系统。

1. 行车调度指挥

城市轨道交通通信系统所提供的专用电话功能为运营控制中心各类调度提供与传递生产命令，提供有线语音通信手段，且要保证使用这种语言没有阻塞，以确保通信畅通。无线列

调功能为运营控制中心行车调度提供与列车驾驶员间联络的无线通话手段，是行车调度指挥的重要功能，其作用日益突显。

2. 运营服务管理、内外联系

城市轨道交通通信系统中的公务电话系统提供轨道交通内外部公务业务联系服务。广播系统、乘客导乘系统为乘客提供运营服务信息。视频监控系统为运营管理者提供重要的管理辅助手段；同时，其也是轨道交通安全防范系统的主要组成部分，为轨道交通安全运营提供技术手段。

3. 传送信息

城市轨道交通通信系统中的传输系统是线路站间的长距离传送平台，为各类交通内专业系统（如信号、电力控制、自动售检票等系统）提供传输通道，用来传送信息。

4. 应急通信

城市轨道交通在发生事故和灾害时需要具备相应的应急通信手段。城市轨道交通通信系统除了承担日常运营作用外，还可以提供一定的应急通信功能，但目前设计出来的通信系统只在各通信子系统中提供有限的应急通信功能（除消防无线系统外），且没有单独的应急通信系统。

二、城市轨道交通通信系统的组成

城市轨道交通通信系统一般由传输系统、公务电话系统、专用电话系统、无线通信系统、闭路监控系统、广播系统、时钟系统、通信电源及接地系统和其他系统组成，如图6.1所示。

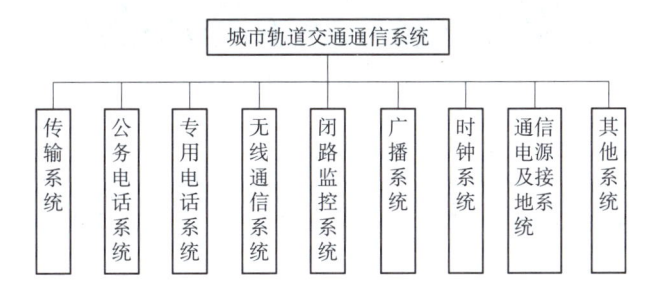

图 6.1 城市轨道交通通信系统主要组成

三、城市轨道交通通信系统的功能

城市轨道交通通信系统的服务范围包括运营控制中心、车站、车辆段、停车场、维修中心、车站内等运营服务区域。通信系统不是一个单一的子系统，而是多个相对独立的子系统的组合。这些子系统在不同的运营环境下协调工作。各子系统能对各自的故障进行检测并报警，从而确保整个通信系统的可靠性。

1. 传输系统的功能

传输系统是整个通信网络的纽带，它给通信系统各子系统以及电力系统、信号系统、自动售检票系统、消防报警系统、办公网络等提供传输通道，将各车站、车辆段、停车场的设备与控制中心的设备连接起来。在城市轨道交通中，传输设备之间一般采用光纤连接，构成了双环路拓扑结构网络。传输系统应配置传输网络管理系统和公务联络系统。传输网络管理中心设备应设置在控制中心。传输系统一般由硬件和软件两部分组成。其中，硬件包括终端设备、中继设备、光缆、网管及维护终端，软件包括系统软件和管理维护软件。

2. 公务电话系统的功能

公务电话系统用于各部门间进行公务通话和业务联系。其为轨道交通运营提供办公电话、传真等业务，同时在控制中心、车站、段厂等也设置公务电话，既可作为办公电话使用，也可以作为有线调度电话的备份，一旦调度电话发生故障，可供临时应急使用。公务电话子系统由程控电话交换机、自动电话、传输系统提供的数字中继线路及其附属设备组成。

3. 专用电话系统的功能

专用电话系统是为行车指挥、运营管理、维修抢险等设置的专用电话系统设备。专用电话系统主要包括调度电话（图6.2）、站间行车电话、轨旁电话和站（场）内电话。

图 6.2　车站调度电话分机

调度电话包括行车、电力、防灾环控、维修和公安等调度电话；各调度台能快速地单独、分组或全部呼出分机，分机摘机即呼调度台。调度员可通过操作调度台，一键完成沿线各站的单呼、组呼、全呼、强插、强拆、召集会议等功能。车站值班员呼叫调度员采用热线方式，摘机即通。

4. 无线通信系统的功能

无线通信系统是城市轨道交通通信系统中不可缺少的组成部分，是提高地铁运输效率，保证运营行车安全的重要手段。轨道交通无线通信系统主要由具有极强调度功能的无线集群通信子系统、无线寻呼引入系统、蜂窝电话引入子系统等构成。无线通信系统包括以下几个子系统：

（1）列车无线调度系统：供列车调度员、司机、车站值班员、停车场（车辆段）信号楼值班员之间及车站值班员与站台值班员之间通信联络，满足列车运行需要。

（2）公共治安无线系统：供公安调度员与车站公安值班员及公安外勤人员之间进行通信联络。维护日常和灾害时的车站秩序，确保乘客的安全。

（3）事故及防灾应急无线系统，供防灾调度员、车站防灾员、现场指挥人员及相关人员之间进行通信联络，进行事故抢修及防灾救灾。

（4）停车场调车、检修无线系统：供停车场运转值班员、调车员、检修员之间进行通信联络，进行列车调车与车辆站修和临修。

（5）车辆段调车检修无线系统：供车辆段运转值班员、调车员、检修员之间进行通信联络，进行车辆调车、车辆月修和定修。

（6）维修及施工无线系统：供机、工、电维修人员之间进行通信联络，以及进行线路、设备维修和施工抢修工作。

车站无线固定电台如图 6.3 所示。

图 6.3　车站无线固定电台

5. 闭路监控系统的功能

闭路监控系统是城市轨道交通运营管理现代化的配套设备，是供控制中心调度管理人员、车站值班员、站台管理人员和驾驶员实时监控车站客流、列车出入站、旅客上下车等情况，以提高运营组织的管理效率，保证列车安全、正点运送乘客的系统。该系统对城市轨道交通安全防范、反恐防灾起到积极作用，而且可以把监视场所的图像及声音全部或部分地记录下来，为日后相关处理提供重要依据。电视监控系统主要由中央控制室监视控制设备、车站监控设备、车站硬盘录像设备、云台摄像机和固定摄像机等设备组成。车站闭路监视器如图 6.4 所示。

图 6.4　车站闭路监视器

6. 广播系统的功能

广播系统作为城市轨道交通运营行车组织的必要手段，具有快速响应的能力。它用于对乘客进行广播，通知列车到站、离站、线路换乘、时刻表变化、列车晚点、安全状况等信息，在突发事故或紧急情况时，作为事故抢险、组织指挥的防灾广播，对乘客进行及时、有效的疏导与指引，提高应急响应能力。此外，广播系统还可以对运营人员进行广播发布有关通知信息，便于协同配合工作，提高服务质量。广播系统按设备安装的地点可分为地面广播系统和车载广播系统。图 6.5 所示为车站行车广播控制盒。

图 6.5　车站行车广播控制盒

7. 时钟系统的功能

时钟系统为城市轨道交通提供高质量、标准化的统一时间，使整个城市轨道交通各系统的时间统一在同一个标准时间基点上，从而确保列车准点运行。时钟系统采用 GPS 标准时间信息作为系统时间源，为城市轨道交通通信、信号、AFC、BAS、FAS、SCADA 等提供统一的时间信息。时钟子系统由中心母钟、监控终端、二级母钟、子钟及传输通道等设备构成。

8. 通信电源及接地系统功能

通信电源系统必须是独立的供电设备并具有集中监控管理功能。通信电源系统应保证对通信设备不间断、无瞬变地供电。地铁通信电源系统需要供电系统提供两路安全可靠的三相五线制交流电源，控制中心、各车场（站）的通信设备均要求按照一级负荷供电。

通信接地系统是通信电源系统的重要组成部分，它不仅直接影响通信电源系统和通信设备的正常运行，还起到保护人身安全和设备安全的作用。地铁的通信接地系统宜采用联合接地的接地方式，在各车站（场）、控制中心均设置一组通信接地系统。接地系统由室外接地体和室内地线盘组成。室外接地体可由供电系统设置，通过两条不同的引接线与通信电源室内地线盘的接地铜排相连。通信接地系统接地电阻标准为：接地体接地电阻≤1Ω。

9. 防雷系统功能

防雷系统为其他通信子系统提供防雷保护，当设备遭到雷击或强电干扰后防雷系统通过隔离保护、均压、屏蔽、分流、接地等方法减少雷电对设备的损害。

10. 旅客引导显示系统功能

旅客引导显示系统为旅客提供关于行车时刻表、安全提示、视频等的文字或多媒体视频信息。其由中心控制终端、车站控制设备、LED 显示屏、PDP（等离子）或液晶显示屏组成。

11. 光纤在线监测系统功能

光纤在线监测系统的主要功能是为光缆传输通道进行实时在线监测，而维护人员可以通过网管监控设备监测光缆状态，并能在故障发生时判断故障点。光纤在线监测系统主要由恒定光源模块、光功率监测模块、光纤测试模块、处理控制模块及监控处理设备等组成。

12. 动力环境监测系统功能

动力环境监测系统对通信机房的温湿度、烟雾、空调等工作环境进行监测，并对通信系统中的电源设备的工作参数进行监控，通过传输设备将车站内通信机房的信息传至控制中心网络管理终端，以便维护人员能实时监测车站状况。

【任务实施】

背景描述	城市轨道交通信息通信系统是直接为轨道交通运营和管理服务的,是指挥列车运行、进行运营管理和公务联络及传递各种信息的重要手段
讨论主题	乘坐轨道交通的过程中,你见到的通信系统有哪些
成果展示	小组采用拍视频的方式逐个介绍通信系统中的各个模块
任务反思	1. 你在本任务中学到的知识点有哪些? 2. 你对自己在本任务中的表现是否满意?写出课后反思

【任务评价】

序号	评价项目	评价指标	分值	自评（30%）	互评（30%）	师评（40%）	合计
1	职业素养 30 分	运用信息化手段收集信息、处理信息的能力	10				
		分工明确、责任意识	5				
		全局观念、集体意识	5				
		交流沟通、分享能力	5				
		完成任务的积极主动性	5				
2	专业能力 60 分	能够清晰描述城市轨道交通通信系统的作用	20				
		能够完整展示城市轨道交通通信系统的设备组成	20				
		能够充分理解通信系统各个子系统的功能	20				
3	创新意识 10 分	创新性思维和行动力	10				
	合计		100				
	综合得分						

> **拓展知识**
>
> ## 6G 智能轨道交通
>
>   6G 通信系统是一个地面无线与卫星通信集成的全连接世界，可实现全球无缝覆盖，其不再是简单的网络容量和传输速率的突破，更是实现了万物互联的"终极目标"。6G 的数据传输速率可达到 5G 的 50 倍，时延缩短到 5G 的 1/10，在峰值速率、时延、流量密度、连接密度、移动性、频谱效率、定位能力等方面远优于 5G。在超高速交通场景下，一些终端的移动速度将超过 1 000 km/h，需满足超高速下的超高安全性和超高精度定位需求。而 5G 定义的 ITU 指标仅支持 500 km/h 的移动速度，对安全和定位精度没有定义。因此，对于未来智能交通应用场景带来的指标需求，仅依靠 5G 现有的网络和技术是难以满足的，需要未来的 6G 网络提供比 5G 更全面的性能指标，如超低时延抖动、超高安全、立体覆盖、超高定位精度等。
>
>   6G 的发展将为多元化的服务质量需求、实时触觉交互、定制开放服务、通信融合、广播、计算、传感、控制、安全和人工智能等奠定基础。6G 网络在架构方面还需要创新，如空天地海一体化网络、全频谱全维度覆盖、智能自感知、机器学习、优化与演进等。另外，未来智能交通网络的潜在应用包括自动列车驾驶、协同列车网络、列车互联、超高清（4K/8K）列车视频、列车自组织网络和超精确（厘米级）列车定位。
>
>   在 6G 智能交通领域，国内外高校和研发机构相继提出了多种技术方案，但这些方案尚且处于概念阶段，能否成功实现还需更深入的研究与验证。欧洲铁路研究咨询委员会制订了 *Rail Route 2050* 计划，提出了基于 6G 的高资源效率、智能化 2050 年轨道交通系统发展蓝图。欧盟 Hexa-X6G 项目面向高速移动场景和需求，定义了全新的 6G 智能网络架构，开发和实现 6G 各项关键使能技术。芬兰 6Genesis 研究计划将自动驾驶作为主要应用场景之一，设计了支持 99.99% 的可靠性、1 ms 时延和 1 000 km/h 超高速移动性的 6G 网络和技术。
>
>   为了满足 6G 智能交通应用的要求，需要拥有全新的移动通信网络和技术突破。通过应用 6G 新网络和新技术，未来智能交通的网络、广播、通信、互动和安全将得到大幅改善，从而全面提升人们的出行体验和效率。

【作业习题】

一、填空题

1. 公务电话系统用于各部门间进行_____和_____。
2. 专用电话系统主要包括_____、站间行车电话、轨旁电话和站（场）内电话。
3. _____作为城市轨道交通运营行车组织的必要手段，具有快速响应能力。
4. 时钟系统采用_____标准时间信息作为系统时间源。
5. 通信接地系统接地电阻标准：接地体接地电阻应≤_____Ω。

二、简答题

1. 通信系统在城市轨道交通系统中的作用有哪些？
2. 简述城市轨道交通通信系统的组成。

任务二　了解城市轨道交通信号系统

【任务描述】

在城市轨道交通系统中，信号系统是一个集行车指挥和列车运行控制为一体的、非常重要的机电系统，它直接影响城市轨道交通系统的运营安全、运营效率和服务质量，信号系统是保证列车安全、快捷、正点、高密度不间断运行的重要技术装备。你听说过城市轨道交通信号系统吗？它由哪些系统和设备组成呢？大家可以参照国家铁路信号系统进行类比学习。

【学习目标】

1. 了解城市轨道交通信号系统作用和结构；
2. 能够认知城市轨道交通信号系统的基础设备；
3. 能够说明车站联锁和闭塞在城市轨道交通信号系统的重要性；
4. 具有团结协作精神和工作责任意识；
5. 具备独立思考的能力和积极工作的主动性。

【涉及主要规范和标准】

序号	名称	下载二维码	序号	名称	下载二维码
1	城市轨道交通信号工程施工质量验收标准（GB/T 50578—2018）		3	城市轨道交通设备设施维护与更新（JT/T 1218.3—2018）	
2	城市轨道交通信号系统通用技术条件（GB/T 12758—2004）		4	城市轨道交通运营技术规范（GB/T 38707—2020）	

【相关知识】

一、城市轨道交通信号系统的作用

城市轨道交通信号系统以标志物、灯具、音响和仪表向行车人员传送机车车辆运行条件、设备状态和行车有关指示，是实现行车指挥、列车运行监控和管理所需技术措施及配套装备的集合体。其可以保证机车车辆安全有序地进行行车与调车作业。

1. 确保列车运行安全

城市轨道交通信号系统是指挥列车安全运行的关键设备，只有当列车运行前方的轨道区段空闲、道岔位置正确、敌对或相抵触的信号没有建立等条件得到满足，才允许向列车发出

允许前行的信号,所以列车只要严格遵循信号的指示运行,就能确保安全运行。

2. 提高轨道交通的运行效率

目前大多数城市轨道交通采用了先进的信号系统,使列车的运行间隔大幅缩短,基本控制为1.5~2 min,因此,提高了行车密度。此外,列车自动监控系统可以合理安排列车运行计划,缩短列车停站时分,指导列车按照计算机系统设定的运行时刻表自动、安全地指挥列车按照列车运行图运行。

二、城市轨道交通信号系统组成

城市轨道交通信号系统(图6.6)是城市轨道交通系统中最重要的组成部分,其作用是指挥行车,保证列车安全、高效地运行。城市轨道交通信号系统通常由信号基础设备、车站联锁设备、闭塞设备和列车自动控制系统等组成。

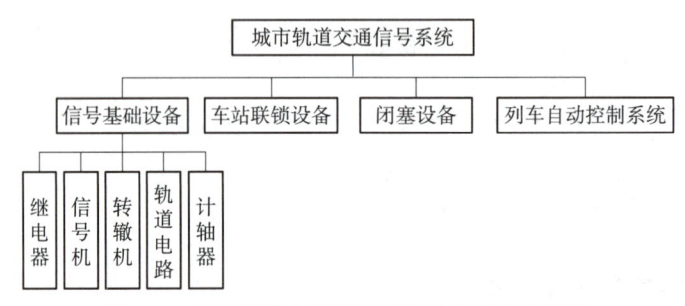

图 6.6 城市轨道交通信号系统的主要组成部分

三、信号基础设备

城市轨道交通信号基础设备包括继电器(图6.7)、信号机、转辙机、轨道电路、计轴器等,其运行质量及可靠性是城市轨道交通信号系统正常运行及充分发挥作用的保证。

1. 继电器

1)继电器的基本原理

继电器是一种电磁开关,能以较小的电信号控制执行电路中的大功率设备,是实现自动控制和远程控制的重要设备。

继电器通常由电磁系统和触点系统两部分组成。其中电磁系统主要包括线圈、铁芯和可移动的衔铁、线圈等;触点系统由动触点和静触点组成。

继电器工作原理如图6.7所示。当线圈中通入规定的电流后,根据电磁原理,线圈中产生磁性,衔铁被吸起;当线圈中没有电流时,衔铁由于重力作用被释放。随着衔铁的动作,动触点与静触点接通或断开,便实现了对其他设备的控制。

2)信号继电器的分类

(1)按动作原理可分为电磁继电器和感应继电器。

(2)按动作电流可分为直流(无极、偏极、有极)继电器和交流继电器。

(3)按输入物理量可分为电流继电器、电压继电器、频率继电器和非电量继电器。

(4)按动作速度可分为快速继电器、正常继电器、缓动继电器。

(5)按接点结构可分为普通接点继电器和加强接点继电器。

(6)按工作可靠度可分为安全型继电器和非安全型继电器。

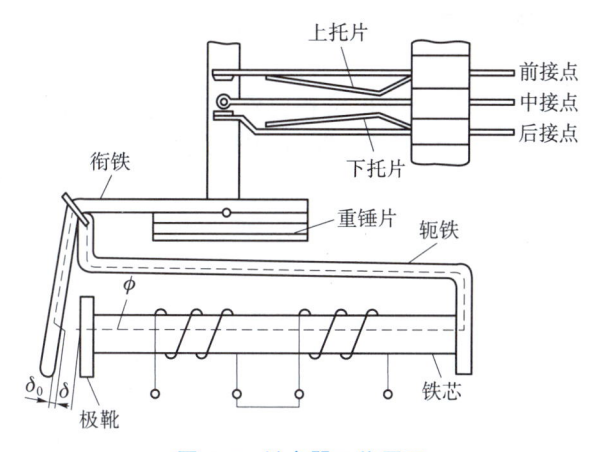

图 6.7 继电器工作原理

2. 信号机

城市轨道交通系统的信号机是指设置在线路、车站、车辆基地等处，用于传递运行指挥命令的地面信号机，是一种昼夜均以信号灯的颜色显示信号意义的色灯信号机，属于非速差信号。

1）信号机的设置

车辆段和各联锁站（带有道岔的车站）安装有地面信号机。站与站之间及非联锁站（没有道岔的车站）不安装地面信号机，终端站和尽头端安装有双灯位信号机。此外，在车站站台上还安装有发车表示器。

地面信号装置根据列车运行准则来决定，如果是右侧行车，则将其设在线路列车运行方向的右侧或线路中心线的上方。

2）信号显示意义

信号的显示距离由列车制动距离等综合因素确定，如某城市轨道交通列车制动的距离为 200 m，则该系统地面信号机的设置距离不得小于 200 m。

（1）红色：停车信号，禁止越过该信号机。

（2）绿色：允许信号，信号处于正常开放状态，可按规定速度通过该信号机。

（3）黄色：允许信号，信号处于有限开放状态，要求列车注意前方情况或减速通行。

（4）月白色：用于调车作业时，表示允许越过该信号机调车；用于正线列车作业时，与红色信号构成引导信号，表示准许列车越过显示红灯的信号机，并随时准备停车。

（5）蓝色：用于调车信号，表示禁止越过该信号机调车。

我国城市轨道交通的信号系统没有对地面信号的显示方式和显示意义进行统一规定，因此信号显示存在一定差异，如有的城市轨道交通公司采用一个红色灯光和一个黄色灯光组成引导信号。

3. 转辙机

1）转辙机的作用

（1）转换道岔的位置，根据需要转换至定位或反位。

（2）当道岔转换到所需的位置并密贴（铁道科学中的技术名词）后实现锁闭，以防止外力转换道岔。

（3）正确反映道岔的实际位置，当道岔尖轨密贴于基本轨后，给出相应的表示。

（4）道岔被挤或因故处于"四开"位置时，及时给出报警和表示。

2）转辙机的分类

（1）按动作能源和传动方式可分为电动转辙机、电动液压转辙机。

①电动转辙机由电动机提供动力，采用机械传动方式。ZD6系列、S700K型转辙机都属于电动转辙机。

②电动液压转辙机由电动机提供动力，采用液压传动方式。ZYJ7型转辙机属于电动液压转辙机。

（2）按供电电源可分为直流转辙机和交流转辙机。

①直流转辙机采用直流电动机，目前使用得较多的ZD6系列电动转辙机就是直流转辙机。

②交流转辙机采用三相交流电源，电动机为三相异步电动机。S700K型转辙机为交流转辙机。交流电动机没有换向器和电刷，故障率低，单芯电缆控制距离远。

（3）按锁闭方式可分为内锁闭转辙机和外锁闭转辙机。

①内锁闭转辙机锁闭机构设置在转辙机内部，尖轨通过锁闭杆与锁闭装置连接。ZD6系列电动转辙机大多采用内锁闭方式。

②外锁闭转辙机依靠转辙机之外的锁闭装置直接锁闭密贴尖轨和基本轨，不仅锁闭可靠程度较高，而且列车过岔时对转辙机冲击小，有利于减少转辙机故障。

4. 轨道电路

轨道电路是利用钢轨线路和钢轨绝缘构成的电路，是城轨信号的重要基础设备，它的性能直接影响列车的行车安全和运输效率。

1）轨道电路的组成（图6.8）

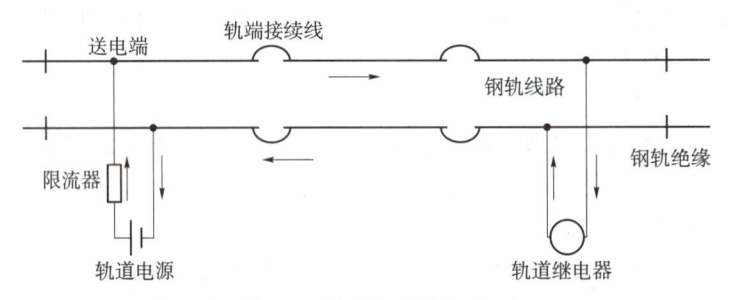

图6.8 轨道电路的组成

钢轨——传送电信息；绝缘节——划分各轨道区段；轨端接续线——保持电信延续；轨道继电器——反映轨道的状况。

2）轨道电路的作用

（1）监督列车占用状态。利用轨道电路监督列车在正线或列车和车辆在车辆段等线路的占用状态。当轨道电路反映有关线路空闲时，为开放信号、建立进路、构成闭塞提供了依据；当轨道电路被占用时，可以控制有关信号机自动关闭，从而实现信号系统的自动控制。

（2）传输行车信息。在正线上，根据列车的不同位置，有关闭塞分区的轨道电路传输不同的控制信息，实现对追踪列车的控制。带有编码信息的轨道电路是城市轨道交通信号系统车-地之间信息传输的通道之一。

3）轨道电路的分类

（1）根据轨道电路供电方式，可分为直流轨道电路和交流轨道电路。

（2）根据所传送的电流特性，可分为工频连续式轨道电路和音频轨道电路，而音频轨道电路又分为模拟式和数字编码式音频轨道电路。

（3）根据使用处所可分为区间轨道电路和车辆段内轨道电路。

（4）根据轨道线路的类型数量可分为单轨条轨道电路和双轨条轨道电路。

（5）根据轨道电路内有无道岔可分为无岔区段轨道电路和道岔区段轨道电路。

（6）根据分割方式可分为有绝缘轨道电路和无绝缘轨道电路。

5. 计轴器

计轴器是用来检测列车通过轨道上某一点（计轴点）的车轴数，检查两个计轴点之间或轨道区段内的空闲情况，或通过判定列车通过计轴点的位置自动校正列车行驶里程等的设备。

如图 6.9 所示，每个计轴点的轨旁架设置了计轴器传感器（为了判别列车的运行方向，每个点的传感器配有两套磁头）。每个计轴点通过一根两芯电缆将这些信息传送到计轴评估器；同时，这条电缆也用来向计轴点供电。

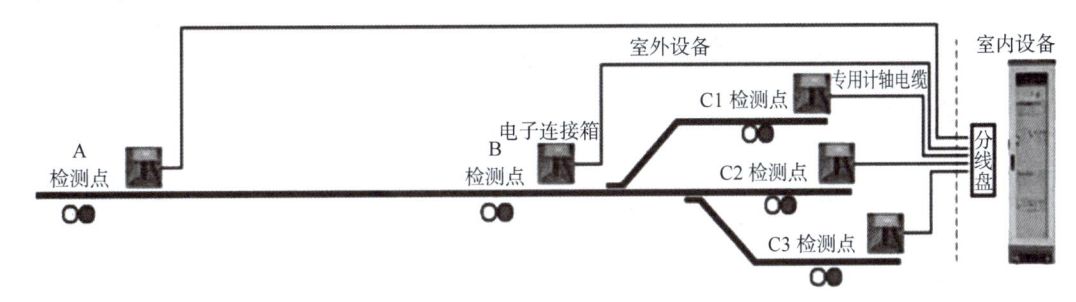

图 6.9 轨道电路组成

当列车驶入该轨道区段时，列车车轮抵达计轴器（传感器）A 的作用区域时，传感器 A 将车轴脉冲，经电子连接箱传送给室内计算机主机系统，由主机系统计算车轴数量，并根据两套磁头的作用时机，判明列车的运行方向；同样，当列车车轮抵达计轴器（传感器）B 的作用区域时，传感器 B 将车轴脉冲，经电子连接箱传送给室内计算机主机系统，由主机系统确定对轴数是累加计数还是递减计数。接下来，依据该轨道区段驶入点和驶出点所记录轴数的比较结果，确定该区段的占用或空闲状态并输出控制信息，使该区段的轨道继电器吸起。

四、车站联锁

1. 联锁的概念

车站内有许多条线路，它们由道岔连接。列车和调车车列在站内运行所经过的路径，称为进路。按各道岔的不同开通方向可以构成不同的进路。列车和调车车列必须依据信号的开放而通过进路，即每条进路必须由相应的信号机来保护。

为了保证列车、调车作业的安全，只有在进路空闲、道岔位置正确、敌对信号处于关闭状态时，防护进路的信号才能开放。当信号开放后，进路上的有关道岔不能再转换，其敌对进路不能建立，敌对信号不能开放，而信号、道岔、进路之间相互制约的这种关系称为联锁关系，简称联锁。

2. 联锁的基本内容

联锁的基本内容是：防止建立可能导致机车车辆相冲突的进路，必须使列车或调车车列经过的所有道岔均锁闭在与进路开通方向相符的位置，必须使信号机的显示与所建立的进路相符。

联锁必须满足的最基本的三个技术条件如下：

（1）进路上各区段空闲时才能开放信号机。如果进路上有车占用，却能开放信号，则会导致列车、调车车列与原停留车冲突。

（2）进路上有关道岔在规定位置才能开放信号。如果进路上有关道岔开通位置不对却能开放信号，则会引起列车、调车车列进入异线或挤坏道岔。当信号开放后，其防护的进路上的有关道岔必须被锁闭在规定位置，不能转换。

（3）敌对信号未关闭时，防护该进路的信号机不能开。否则列车或调车车列可能出现正面冲突。当信号开放后，与其敌对的信号也必须被锁闭在关闭状态，不能开放。

3. 联锁设备

控制车站的道岔、进路和信号，并能实现它们之间联锁关系的设备称为联锁设备。其一般分为正线车站联锁设备和车辆段联锁设备。

联锁设备可以用机械的、机电的或电气的方法来实现，既可以分散控制，也可以集中控制。联锁设备有继电联锁设备和计算机联锁设备两大类。

（1）继电联锁设备又称为电气集中联锁设备，是用电气的方法集中控制和监督道岔、进路和信号，并实现联锁关系的联锁设备。这种设备的主要特点是室外采用色灯信号机，道岔由转辙机转换，进路上所有区段均设有轨道电路，由继电电路实现对室外设备的控制并实现联锁，操作人员通过控制台集中操纵和监督全部信号设备。

（2）计算机联锁设备是利用计算机实现车站的联锁关系，用继电电路作为计算机主机与室外信号机、转辙机、轨道电路的接口设备。操作人员通过计算机显示器等设备实现对现场设备的控制和监督。计算机联锁设备充分发挥了计算机的特点，拥有完善的操作表示功能，且方便设计、施工、维修和使用，便于实现信号设备的远程监督、远程控制和自动控制，是车站联锁设备的发展方向。

五、闭塞

1. 闭塞的概念

区间是指两个车站之间的轨道交通线路。为了确保列车在区间内的运行安全，列车由车站向区间发车时，必须确认区间内没有列车，并遵循一定的规律组织行车，以免发生列车正面冲突或追尾等事故。这种按照一定规律组织列车在区间内运行，使连续发出的列车始终保持一定间隔的行车方法称为行车闭塞法，简称闭塞。用于完成闭塞的设备称为闭塞设备，其必须保证"在同一区间内，同一时段只能允许一列列车占用"。城市轨道交通的闭塞方法包括时间间隔法和空间间隔法两种。

2. 闭塞的制式

闭塞的制式包括人工闭塞、半自动闭塞和自动闭塞。

（1）人工闭塞：采用电气路签或路牌作为列车占用区间的凭证，由区间两端的车站值班员确认区间是否空闲，并签发行车凭证。在这种闭塞条件下，两站之间只能运行一列列车，线路的通过能力差。目前，人工闭塞在我国已经很少采用。

（2）半自动闭塞：采用车站出站信号机的允许显示信号作为列车占用区间的行车凭证，区间两端的车站值班员通过专门的闭塞机来办理闭塞手续。

（3）自动闭塞：将区间划分为若干个小区间（称为闭塞分区），并设置通过信号机进行防护，由车站出站信号机和区间通过信号机的显示共同作为列车占用区间的凭证。

①传统的自动闭塞：没有装备列车自动控制系统，通常由地面信号机保证列车按照一定的空间间隔运行，装备的机车信号作为辅助信号，主要用来传输信号控制信息。传统的自动闭塞通常适用于列车运行速度不高于 160 km/h 的情况。

②具有列车自动控制系统的自动闭塞：可通过控制列车运行速度来保证列车按照空间间隔法实现闭塞。具有列车自动控制系统的自动闭塞可分为固定闭塞、准移动闭塞和移动闭塞三种，它们的特点如表 6.1 所示。

表 6.1　固定闭塞、准移动闭塞和移动闭塞的特点

类　型	特　点
固定闭塞	①采取分级速度控制模式，每个闭塞分区都有相应的速度级别； ②追踪目标点为前行列车所占用闭塞分区的始端，为固定点；后行列车的开始制动点为开始减速的闭塞分区的始端，也为固定点
准移动闭塞	①采取目标距离控制模式，不设闭塞分区速度等级； ②追踪目标点为前行列车所占用闭塞分区的始端，为固定点，留有一定的安全距离；后行列车的开始制动点由目标距离、目标速度及列车本身的性能计算决定，为非固定点
移动闭塞	①独立于轨道电路，消除了以信号机分隔的固定闭塞区间； ②追踪目标点为前行列车的尾部，为留有一定安全距离的非固定点；后行列车的开始制动点由目标距离、目标速度及列车本身的性能计算决定，为非固定点

【任务实施】

背景描述	城市轨道交通虽然和铁路交通同为轨道交通，但两者有不少区别，各自的信号系统的差异也较大
讨论主题	城市轨道交通信号系统和铁路信号系统有哪些异同
成果展示	小组采用 PPT 汇报的形式并简要列出汇报大纲
任务反思	1. 你在本任务中学到的知识点有哪些？ 2. 你对自己在本任务中的表现是否满意？写出课后反思

【任务评价】

序号	评价项目	评价指标	分值	自评（30%）	互评（30%）	师评（40%）	合计
1	职业素养 30分	运用信息化手段收集信息、处理信息的能力	10				
		分工明确、独立思考	5				
		全局观念、团结协作	5				
		交流沟通、分享能力	5				
		完成任务的积极主动性	5				
2	专业能力 60分	能够清晰描述城市轨道交通和铁路信号系统的相同点	20				
		能够清晰描述城市轨道交通和铁路信号系统的不同点	20				
		能够充分理解城市轨道交通信号系统特殊性的成因	20				
3	创新意识 10分	创新性思维和行动力	10				
	合计		100				
	综合得分						

拓展知识

列车自主运行系统

2023年3月31日，青岛地铁6号线TACS（基于车−车通信的列车自主运行系统）示范线首列电客车到段仪式举行，有国内地铁"最聪明"列车美誉的TACS列车正式亮相。

作为全国首条应用TACS并采用GoA4级自动驾驶的地铁线路，青岛地铁6号线TACS列车采用"车−车"通信的方式，即列车之间可通过无线通信完成信息交互，从而直接获知前行列车的位置、速度和线路状态，犹如列车有了自己的"大脑"和"千里眼"，从而实现主动进路、自主防护、自主调整与全自动驾驶。TACS在青岛地铁6号线一期工程落地使用，实现了列车自动运行向列车自主运行的技术跨越，而它的成功应用将推动和引领轨道交通产业技术的发展，提升城市轨道交通系统自动化、智能化和便捷化水平。TACS列车的应用实现了国内首条核心技术全自主化列车自主运行系统的正式商用，将在青岛地铁三期建设规划线路推广中应用。

列车自主运行系统实现了地铁列车的自主运行，真正实现了站在国际轨道交通技术前沿并引领行业技术发展方向的目标，使中国轨道交通列车控制技术赶超世界一流水平。

【作业习题】

一、选择题

1. 继电器是一种电磁开关，由_____和_____两部分组成。
2. 转辙机的作用有_____、_____、_____和报警。
3. 轨道电路的作用包含_____和_____。
4. 为了保证列车、调车作业安全，只有当_____、_____、敌对信号处于关闭状态时，防护进路的信号才能开放。
5. 闭塞的制式包括_____、_____和自动闭塞。具有列车自动控制系统的自动闭塞可分为_____、_____和_____三种。

二、简答题

1. 城市轨道交通信号系统主要包括哪几部分？
2. 简述城市轨道交通信号机显示的含义。

任务三　了解城市轨道交通列车自动控制系统

【任务描述】

列车自动控制（Automatic Train Control，ATC）系统是城市轨道交通信号系统最重要的组成部分，它实现行车指挥和列车运行自动化，最大程度保证列车的行车安全，有效缩短列车运行间隔，提高列车的行车效率，并减少人工需求，大幅提高了城市轨道交通的通过能力。可以说，列车自动控制系统中各个子系统的密切配合，实现了城市轨道交通列车的安全、高效运行。你了解城市轨道交通列车运行的原理吗？请分组采用PPT的形式汇报展示学习成果。

【学习目标】

1. 掌握列车自动控制系统及其各子系统的结构和功能；
2. 了解基于通信的列车自动控制系统的结构、功能和特点；
3. 掌握列车自动控制系统各个子系统之间的联系和配合；
4. 具备集体观念和团队协作精神；
5. 提升材料组织和语言表达能力。

【涉及主要规范和标准】

序号	名称	下载二维码	序号	名称	下载二维码
1	城市轨道交通信号系统运营技术规范 交办运〔2022〕1号		3	城市轨道交通基于通信的列车控制信号系统—列车自动驾驶子系统规范（CZJS/T 0029—2015）	
2	城市轨道交通基于通信的列车控制信号系统—列车自动防护子系统规范（CZJS/T 0028—2015）		4	城市轨道交通基于通信的列车控制信号系统—列车自动监控子系统规范（CZJS/T 0030—2015）	

【相关知识】

一、列车自动控制系统

1. 列车自动控制系统结构

列车自动控制系统包含三个子系统：列车自动防护（Automatic Train Protection，ATP）系统、列车自动驾驶（Automatic Train Operation，ATO）系统和列车自动监控（Automatic Train Supervision，ATS）系统，它们合称3A系统。列车自动防护系统是整个列车自动控制系统的基础，列车自动驾驶系统和列车自动监控系统都依托于列车自动防护系统的工作。列车自动监控系统负责执行各种功能,如确认、跟踪和显示列车等,它有人工和自动进路设置功能,以及调整列车的运行以保证运行时间。

三个子系统通过信息交换网络构成闭环系统,实现地面控制与车载控制相结合、现地控制与中央控制相结合,构成一个以安全设备为基础,集行车指挥、运行调整及列车驾驶自动化等功能为一体的列车自动控制系统。列车自动控制系统结构如图6.10所示。

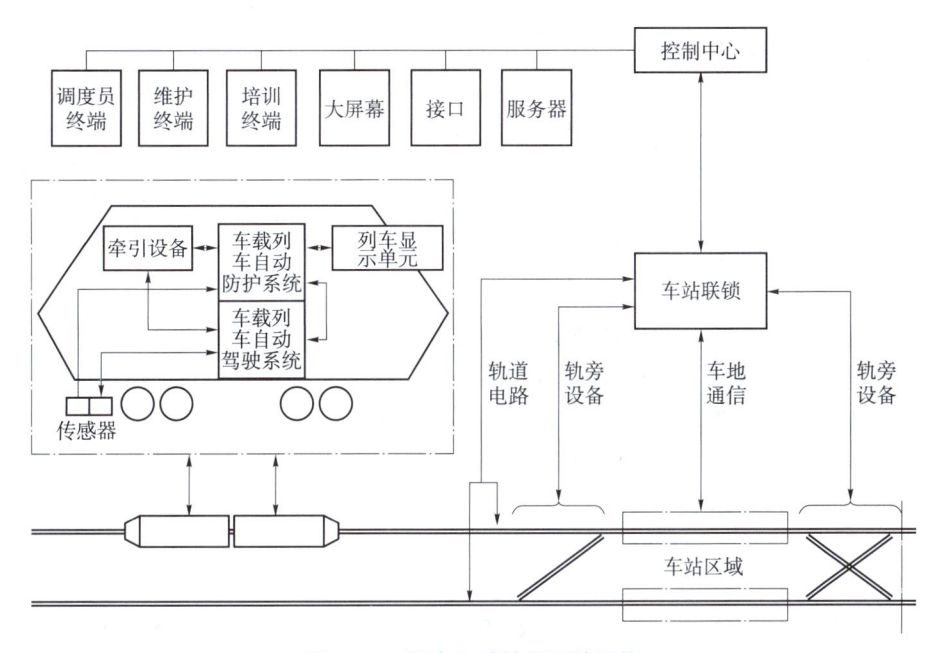

图6.10 列车自动控制系统结构

2. 列车自动控制系统功能

列车自动控制系统包括以下五个功能:列车自动监控系统功能、联锁功能、列车自动控制系统功能、列车检测功能和列车识别功能。

1)列车自动监控系统功能

列车自动监控系统功能是列车自动控制系统的核心功能,可自动或人工控制进路,进行行车调度指挥,并向行车调度员和外部系统提供信息。列车自动监控系统功能主要由位于控制中心内的设备实现。

2)联锁功能

联锁功能响应来自列车自动监控系统功能的命令,在随时满足安全准则的前提下,管理进路、道岔和信号的控制,将进路、轨道电路、道岔和信号的状态信息提供给列车自动监控系统和列车自动控制系统。联锁功能由分布在轨道旁的设备来实现。

3)列车自动控制系统功能

列车自动控制系统在联锁功能的约束下,根据列车自动监控系统的要求,实现对列车运行的控制。列车自动控制系统功能有三个子功能,即列车自动防护/列车自动驾驶轨旁功能、列车自动防护/列车自动驾驶传输功能和列车自动防护/列车自动驾驶车载功能。列车自动防护/列车自动驾驶轨旁功能负责列车间隔和报文生成;列车自动防护/列车自动驾驶传输功能负责发送感应信号,它包括报文和列车自动控制系统车载设备所需的其他数据;列车自动防护/列车自动驾驶车载功能负责列车的安全运营、列车自动驾驶,且给信号系统和司机提供接口。

4）列车检测功能

列车检测功能检测列车所处位置时，一般用轨道电路或计轴设备来实现。

5）列车识别功能

列车识别功能通过多种渠道传输和接收各种数据，在特定位置传给列车自动监控系统，传递信息包括列车的识别信息、目的地、乘务组号和列车位置数据等，优化了列车的运行控制。

二、列车自动防护系统

列车自动防护系统是列车自动控制系统的安全核心，能够防止列车冒进信号、实现列车运行安全间隔防护和超速防护等，确保列车安全运行，完成列车安全相关的各种任务。列车自动防护系统是列车自动控制系统的基本环节，是安全系统，必须符合故障-安全原则。

1. 列车自动防护系统的主要功能

1）列车测速定位

列车实际运行速度是施行超速防护及速度控制的依据，速度测量的准确性直接影响到速度控制效果。列车位置直接关系到列车的运行安全，通过检测列车实际位置才能保证列车的运行间隔。列车自动控制系统需要实时掌握列车及前车的速度和位置信息，计算列车的最大允许速度，从而有效地控制列车，动态地保持安全追踪间隔和实施超速防护，保证行车安全及效率。

2）速度监督与超速防护

列车自动控制系统实时监督列车运行速度，并比较实际速度与允许运行速度，一旦列车实际行驶速度超过列车自动防护系统允许速度，车载列车自动防护系统发出警告并对列车实施常用制动，保证列车在限速点前将速度降低到允许值以内，并记录相关信息。如果列车已经实施常用制动，且在规定时间内列车的速度仍然超过允许速度，则列车自动防护系统对列车实施紧急制动，将列车停在安全位置。

3）停车点防护

停车点又是危险点，是列车在任何情况下都不能越过的信号点，通常还需要在停车点前方设置一段防护距离。列车自动防护系统根据线路数据及列车运行状况计算列车制动曲线，监督列车运行速度，保证列车在停车点前安全停车。

4）列车追踪间隔控制

由于城市轨道交通行车密度高，列车间隔控制既能保证行车安全（防止列车追尾），又能提高运行效率（列车间隔最短）。列车自动防护系统实时计算列车的移动授权，在计算紧急制动触发曲线和移动授权时，需要考虑前行列车的位置，确保后续列车能在前行列车尾部的停车点前安全停车，从而保证系统内所有列车之间的安全间隔。

5）列车车门防护

列车运行或车站停车时，列车自动防护系统监控车门的开启、关闭及锁闭状态。列车自动防护系统检查打开车门所需的安全条件，只有所有条件都符合要求时才会发出打开车门命令，以保证乘客的上下车安全。

6）站台屏蔽门控制

列车自动防护系统轨旁设备连续监测屏蔽门的状态，只有当屏蔽门关闭，且锁闭情况下才允许列车进入站台区域。如果屏蔽门状态不再为关闭且锁闭，则列车自动防护系统轨旁设备将站台区域作为封锁处理，在封锁区域边界处设置防护点。

7）停稳监督

列车停稳是打开车门及站台屏蔽门的安全前提。为了确认列车已停稳，列车自动防护系统车载设备利用测速传感器（如速度脉冲传感器、加速度传感器）的检测信息监控列车是否停稳。

8）后溜防护

列车自动防护系统监督与列车运行方向相反的任何移动，如果此方向的移动距离及次数超过规定值，列车自动防护系统将触发紧急制动直到列车停止后溜。

2. 列车自动防护系统的组成

列车自动防护系统设备分为车载设备和地面设备两部分。

1）车载设备

列车自动防护系统车载设备主要包括车载主机、驾驶员状态显示单元、速度传感器、列车地面信号接收器、列车接口电路、电源和辅助设备等。

（1）车载主机。列车自动防护系统车载主机由各种印刷电路板、输入/输出接口板、安全继电器和电源等设备组成。这些设备分层放在机柜中，各板利用机柜上的总线进行通信。

（2）驾驶员状态显示单元。驾驶员状态显示单元是车载系统与列车驾驶人员之间的人机界面，可以显示列车当前运行速度、列车到达某点的目标速度、列车到达某点的走行距离、列车的驾驶模式和有关设备的运行状况等与行车直接相关的信息；还设置一些按钮，用于驾驶员操作，控制列车运行。

（3）速度传感器。信号系统通常在列车上装有一个或多个速度传感器，安装在列车的车轴上，用于计算列车的运行速度和距离以及判定列车运行方向。速度传感器技术成熟，测速精度高，安装和使用简单方便，被广泛应用。

（4）列车地面信号接收器。列车地面信号接收器安装在列车底部，用于接收从地面传来的信息，这些信息可以由地面轨道电路发送，或由安装在地面的专门设备（如应答器）发送给列车。

（5）列车接口电路。列车自动防护系统车载设备通过车载主机与列车进行连接，车载主机将控制信息通过接口电路传送给列车，同时车载主机通过接口电路从列车获得列车运行的状态信息。

（6）电源和辅助设备等。列车电源为列车自动防护系统车载设备提供所需的电源，列车上还有列车运行模式选择开关、各种电源开关和其他一些辅助设备等。

2）地面设备

列车自动防护系统核心设备安装在列车上，它所需的主要信息来自地面设备。根据城市轨道交通信号系统的不同制式，列车自动防护系统地面设备可以设置点式应答器或轨道电路，向列车传递有关信息，由安装在列车上的设备接收和处理这些信息。

（1）点式应答器。应答器向线路保存列车的行车信息，当列车经过时，由安装在列车车底的感应接收装置从中读取或接收信息，对这些信息进行综合分析及处理。应答器可分为有源应答器和无源应答器。

（2）轨道电路。轨道电路除了具有表示列车是否占用轨道的功能外，还可以向线路上实时发送列车运营所需的信息，由列车接收和处理。

三、列车自动驾驶系统

列车自动驾驶系统是列车自动控制系统的重要组成部分。列车自动驾驶系统就是实现列车自动运行的子系统，基本上可以替代"驾驶员"的操作功能，完成列车在站间的运行速度控制。但是，列车自动驾驶系统替代驾驶员的部分操作功能并不是说可以取消驾驶员，也就是说，列车自动驾驶系统并不等同于无人驾驶系统。

1. 列车自动驾驶系统的主要功能

1）站间运行控制

这是列车自动驾驶系统最主要的功能。它可生成牵引和制动控制信号，使列车根据速度-距离曲线控制行车速度。列车自动驾驶系统根据站间距离和站间运行时间自动计算出速度-距离曲线。通过连续比较实际速度和限速以控制列车的牵引和制动系统，应用闭环控制技术达到调节速度的目的。在高峰期间，按照最大允许速度驾驶列车，在低峰期间，按照最节能的方式驾驶列车。

2）列车自动调整

列车运行期间，列车自动驾驶系统对列车实际运行时分与计划时刻表内的运行时分进行比较，用报文的形式把相应的信息（运行时分计算值）通过轨道电路传给列车车载列车自动驾驶系统。与此同时，列车自动监控系统通过控制运营停车点的释放时间，来控制列车的发车时刻，从而调整列车在站内的停留时间，使列车按照时刻表内的时间运行。列车按时刻表和最大可能节能原则进行速度调整。

3）定位停车控制

对运行的列车而言，最重要的作业之一便是在车站的定位停车，通常驾驶员在制动时全凭直觉估计到停车点的距离，做到定位停车是相当困难的，所以必须研究列车自动定位停车。定位停车控制一般采用距离控制方式居多，所谓距离控制方式是根据制动起始点到定位停车点之间的距离以及列车速度、列车重量、天气情况、空走时间、线路条件计算出制动模式。在定位停车点的附近进行阶段缓解，以不断修正停车位置的误差，来保证定点停车。

4）自动控制车门开闭

由列车自动防护系统监督开门条件，当列车自动防护系统给出开门命令时，可以按事前的设定由列车自动驾驶系统自动地打开车门，也可由驾驶员手动打开正确一侧的车门。车门的关闭只能由驾驶员完成。当列车空车运行时，从列车自动监控系统接收到的指定的目的地号阻止车门的打开。车门打开功能的输入来自列车自动防护系统功能的车门释放、运行方向和打开车门的数据，以及来自列车自动监控系统功能的确定目的地号。车门打开功能的输出将车门打开命令发给负责控制车门的列车系统。

5）自动折返

列车在端站（设有折返轨道的终端）调转行车方向或使用折返轨道进行折返操作，就要求能进入自动折返驾驶模式（即 AR 模式）。列车自动折返可以由列车自动驾驶系统控制并受列车自动防护系统的监督。无人驾驶的列车自动地从站台线驶入折返线并停下，在换端之后列车转回车站进入另一站台线。

2. 列车自动驾驶系统组成

列车自动驾驶系统由列车自动驾驶系统地面设备和列车自动驾驶系统车载设备两部分组成，如图 6.11 所示。

列车自动驾驶系统地面设备由设在每个车站列车自动控制系统设备室内的车站停车模块或列车自动驾驶系统通信器、沿每个站台设置的一组地面标志线圈或环路以及与列车自动防护系统、联锁系统的接口设备组成。列车自动驾驶系统地面设备通常兼用列车自动防护系统地面设备，接收与列车自动运行有关的信息。

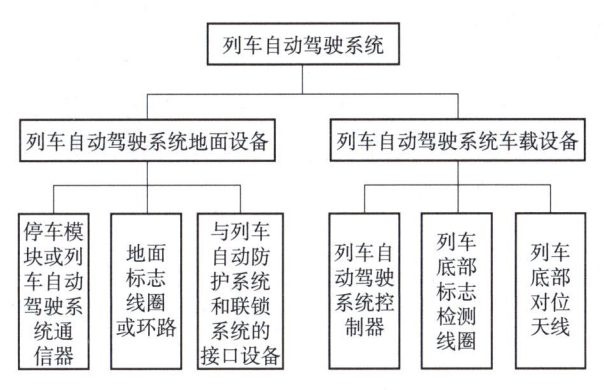

图 6.11 列车自动驾驶系统组成

列车自动驾驶系统车载设备由设在列车每一端驾驶室内的列车自动驾驶系统控制器、安装在列车两端车辆底部用于接收和检测地面标志线圈信息的标志检测线圈以及安装在列车两端车辆底部用于接收对位停车点的对位天线组成。列车自动驾驶系统车载设备通常和列车自动防护系统车载设备安装在一个机架内。

四、列车自动监控系统

列车自动监控系统是指挥列车运行的控制、监督设备。列车自动监控系统为基于现代数据通信网络的分布式实时计算机控制系统,是非安全系统,通过与列车自动防护系统和列车自动驾驶系统的协调配合,完成对城市高密度轨道交通信号系统的自动化管理和全自动行车调度指挥控制。列车自动监控系统可看成是整个城市轨道交通系统的运营核心,负责监视和控制线路中所有列车的运行状态。

1. 列车自动监控系统的主要功能

列车自动驾驶系统的功能有两部分,一是监视功能,二是控制功能。监视功能是对全线的列车和设备进行监控,监控的重点是列车的运行状态、设备是否正常等;控制功能主要是对列车进行控制,使列车按时刻表运行,对偏离时刻表的情况进行调整,并记录列车运行数据以备日后查询。

1）列车监视和跟踪功能

列车自动监控系统对在线所有运行列车进行实时监视和跟踪。列车监视和跟踪功能包括列车运行识别及监视,车次号的输入、跟踪、记录和删除,信息的显示及报告。

2）列车自动进路功能

列车自动监控系统能够对轨道电路、信号机、道岔实现集中控制,根据列车的运行情况,在适当时机向车站联锁设备发送排列进路命令、转换道岔命令、开放信号命令,从而保证列车的安全运行。

3）列车运行调整功能

系统将实际运行时刻表和计划时刻表持续进行比较,在实际运行偏离计划运行时,能够通过调整停站时间自动调整列车按计划时刻表运行,并在此基础上自动给出列车的出发时间。在装备有列车自动驾驶系统的线路上能够通过对列车运行等级的调整实现对列车运行的自动调整。

4）列车运行模拟仿真功能

列车自动监控系统提供模拟仿真功能，可以训练操作员和维护人员。模拟仿真是通过仿真手段，离线模拟列车的在线运行，主要用于系统的调试、演示和人员培训。模拟仿真功能与在线控制模式功能相同，主要差别是仿真运行时列车的信息不是实际获取的，而是根据列车车次号的位置来模拟实际列车信息。

5）事件记录、报告、回放功能

列车在实际运行时，列车自动监控系统的数据库服务器会储存列车运行的各种信息并备份记录。通过选择，可回放已被记录的事件；提供数据备份和恢复功能，并可回放和查询；提供运行分析报告。

6）监测报警功能

列车自动监控系统能及时记录被监测对象的状态。实现预警、诊断和故障定位，监测列车防护系统是否正常工作，监测信号设备和其他系统设备的接口状态，在线监测与报警，同时监测过程不影响被监测设备的正常工作。

7）接口功能

列车自动监控系统除了具备以上所述的基本功能外，还可以与其他控制系统进行数据交换，这些系统包括主时钟系统、车站旅客向导系统、车站广播系统、无线列车调度系统、综合数据处理系统等。

2. 列车自动监控系统组成

列车自动监控系统为多层体系结构（图6.12），位于控制中心的列车自动监控系统监控设备处于结构的最高层，位于车站的列车自动监控系统监控设备处于结构的底层。列车自动监控系统通过专门的数据传输系统，实现控制中心列车自动监控系统设备与各车站列车自动监控系统设备之间的通信和数据交换。

1）控制中心列车自动监控系统设备

列车自动监控系统在控制中心的设备主要有网络设备、服务器、存储设备、显示设备、打印设备等，可以分为系统硬件和系统软件两部分。控制中心列车自动监控系统设备硬件主要包括以下部分：

（1）调度工作站。调度工作站用于调度员完成调度和运营作业，是控制中心的重要设备。调度员通过调度终端屏幕，实时了解和掌握列车的实际运行情况，可以在调度工作站上发出指令，从而直接指挥列车运行。

（2）培训工作站。培训工作站用于培训作业，其硬件结构和组成与调度工作站相同，但软件配置不同。

（3）维护工作站。维护工作站用于设备维护和检修人员，对全线信号系统设备和列车进行监督，对信号系统中所检测到的故障及时进行处理，以保证信号系统设备稳定可靠运行。

（4）列车运行计划工作站。列车运行计划工作站用于编辑某天或某一时段内所有运营列车的运行计划。列车运行计划编辑完成后，列车自动监控系统将控制列车按照所确定的运行计划运行。

（5）系统服务器。系统服务器是列车自动监控系统的核心设备，由主机、显示器、键盘、鼠标、网络接口等组成，系统服务器装有系统软件和应用软件。

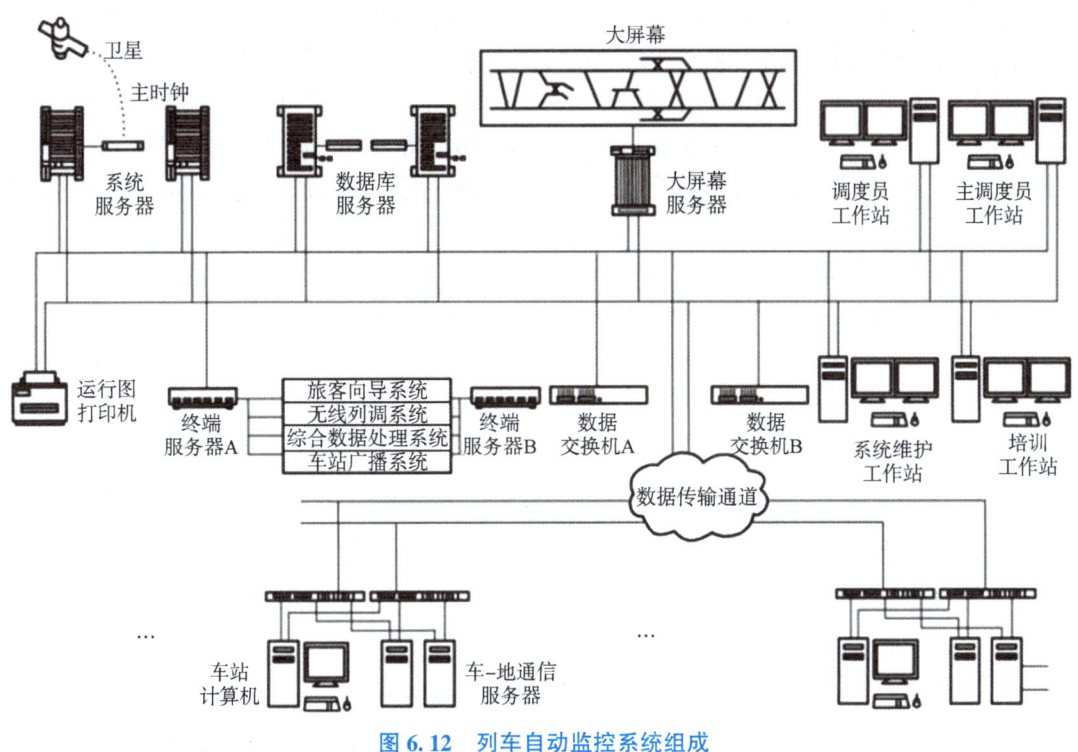

图 6.12 列车自动监控系统组成

(6) 数据库服务器。数据库服务器用来存储列车运行的相关数据，可以为磁盘或光盘。

(7) 网络通信设备。网络通信设备指数据传输系统的数据传输和交换设备，如通道、网关等，以保证数据在不同的设备间可靠传递。网络一般为冗余的双网结构，以提高系统的可靠性和可用性。

(8) 电源设备。控制中心的电源设备为以上工作站、服务器等设备提供可靠的不间断电源，保证控制中心列车自动监控系统可靠运行，不丢失数据。

控制中心列车自动监控系统设备软件一般包括系统软件和应用软件两部分。系统软件通常采用 UNIX 操作系统，减少系统对设备制造商的依赖性，有利于设备维护和升级。

2) 车站列车自动监控系统设备

车站列车自动监控系统工作站，用于车站值班员完成对本站所管辖的范围的列车运行状态监督、进路排列、道岔控制、信号开放等作业，是车站的重要设备。

车站列车自动监控系统设备包括工作站、打印机、网络接口和不间断电源等设备，其中工作站一般由主机、显示器、键盘、鼠标设备组成。车站值班员通过车站列车自动监控系统工作站终端屏幕实时了解和掌握本站所辖范围内列车的实际运行情况，在本站取得车站控制权的情况下车站值班员可以在工作站上发出指令，直接指挥列车在本站管辖范围内安全运行。

五、基于通信的列车控制系统

随着计算机技术、通信技术、控制技术的飞跃发展，综合利用三种技术代替轨道电路构成新型系统已成为列车控制系统的发展方向，其核心是无线通信技术的应用，于是产生了基于通信的列车控制（Communication-based Train Control，CBTC）系统，如图 6.13 所示。

基于通信的列车控制是指通过无线通信方式（而不是轨道电路）来确定列车位置和实现车-地双向实时通信。列车通过轨道上的应答器，确定列车绝对位置，轨旁基于通信的列车控制设备，根据各列车的当前位置、运行方向、速度等要素，向所管辖的列车发送"移动授权条件"，即向列车传送运行的距离、最高的运行速度，从而保证列车间有安全的间隔距离。

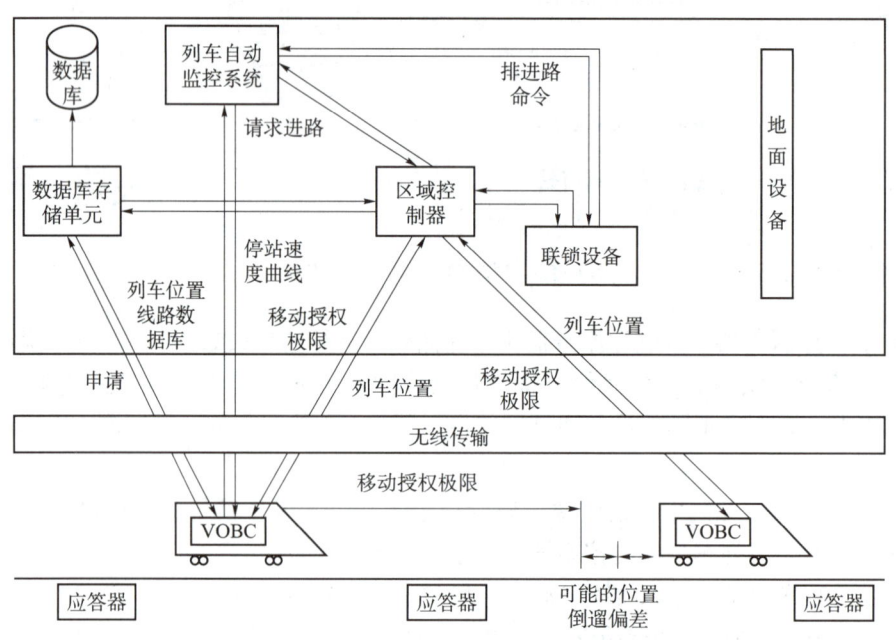

1. 基于通信的列车控制系统结构

从图 6.13 可以看出，基于通信的列车控制系统主要包括列车自动监控系统、计算机联锁（Computer Interlocking，CI）系统、区域控制器（Zone Controller，ZC）、车载控制器（Vehicle On-Board Controller，VOBC）、数据库存储单元（Database Storage Unit，DSU）和数据通信系统（Data Communication System，DCS）等。

图 6.13　基于通信的列车控制系统结构

1）列车自动监控系统

列车自动监控系统完成列车运行监控和控制，是非安全系统，主要功能有时刻表编辑与维护、进路排列、运行图调整、列车运行记录及报警显示等，在控制中心显示控制范围内列车的运行状态和设备状态，辅助调度人员对全线列车进行管理。

2）计算机联锁系统

计算机联锁系统主要完成轨道空闲处理、进路控制、道岔控制和信号控制等功能。进路控制功能负责整条进路的排列、锁闭、保持和解锁。道岔控制功能负责道岔的解锁、转换、锁闭和监督。这些动作是对列车自动监控系统命令的响应。信号控制功能负责监督轨道旁信号机的状态，并根据进路、轨道区段、道岔和其他轨旁信号机的状态来控制信号机。

它根据来自列车自动监控系统的命令设置信号机何时为停车显示。它也产生命令输出，列车自动控制系统以此来控制列车从一个进路行驶至另一个进路。

3）区域控制器

区域控制器安装在轨旁，是基于处理器的安全控制器。区域控制器基于该区域内所有列车的位置和方向，根据来自列车的位置报告跟踪列车并对区域内列车发布移动授权，实施联锁，并进行持续更新和传输。计算移动权限，以保证列车安全隔离，并达到最小的列车运行间隔。

4）车载控制器

车载控制器子系统包括基于微处理器的控制器、相关速度测量及位置定位传感器。车载设备与列车的各个子系统相接，并通过数据通信系统与区域控制器进行信息交互。主要负责列车安全定位、执行允许速度、执行移动授权，以及其他有关的列车自动防护和列车自动驾驶功能。

5）数据存储单元

数据库存储单元系统保存所有的线路数据信息和配置文件信息。依照车载控制器与区域控制器的要求完成线路数据的实时查询和数据更新工作，接收列车自动监控系统的命令，完成动态信息的修改工作。

6）数据通信系统

数据通信系统实现基于通信的列车控制系统每个子系统之间的数据传输。数据通信系统包括地面骨干网络和地-车无线网络，骨干网络采用双重冗余以太网结构。

2. 基于通信的列车控制系统特点

相对于传统基于轨道电路的列车控制系统，基于通信的列车控制系统的特点如下：

（1）大容量连续双向的车-地通信。

（2）高精度的列车定位。

（3）地面及车载设备均采用安全计算机实时处理列车状态、控制命令，实现连续的间隔控制、进路控制、速度防护及自动驾驶等。

（4）列车运行控制灵活、精度高，可实现移动闭塞。

（5）设备集成度高，可减少地面设备，便于维修，系统结构简洁，并可改善可靠性和可维护性，有利于降低系统全寿命周期内的运营成本。

（6）基于通信的列车控制信息可叠加在既有信号系统上，便于既有线路的改造，可实现城市轨道交通的互联互通。

【任务实施】

背景描述	列车自动控制系统是城市轨道交通信号系统的核心，也是保障城轨安全运营的重要设备，包含三个子系统：列车自动防护系统、列车自动驾驶系统、列车自动监控系统
讨论主题	列车自动控制三个子系统之间的关系是什么
成果展示	小组采用PPT形式汇报展示成果，并简要列出汇报大纲

续表

任务反思	1. 你在本任务中学到的知识点有哪些？ 2. 你对自己在本任务中的表现是否满意？写出课后反思

【任务评价】

序号	评价项目	评价指标	分值	自评（30%）	互评（30%）	师评（40%）	合计
1	职业素养30分	运用信息化手段收集信息、处理信息的能力	10				
		分工明确、独立思考	5				
		全局观念、团结协作	5				
		交流沟通、分享能力	5				
		完成任务的积极主动性	5				
2	专业能力60分	能够清晰描述列车自动防护和列车自动驾驶的关系	20				
		能够清晰描述列车自动防护和列车自动监控的关系	20				
		能够清晰描述列车自动驾驶和列车自动监控的关系	20				
3	创新意识10分	创新性思维和行动	10				
	合计		100				
	综合得分						

拓展知识

下一代信号系统的发展

伴随着自主化城市轨道交通信号系统技术的蓬勃发展与不断扩张的市场需求，城轨信号系统的发展到了临界点。如何在既有技术传承的基础上，探索下一代信号系统的发展，是行业中热议的焦点。

目前，绝大多数城市轨道交通系统采用基于通信的列车自动控制系统，其采用移动闭塞制式突破了固定闭塞分区的限制，通过车-地实时通信，动态更新列车运行前方的危险点。从固定闭塞到准移动闭塞，再到移动闭塞，列车之间的追踪间隔逐渐缩小。移动闭塞是城市轨道交通当前最为成熟的闭塞制式，在移动闭塞制式的基础上，如果能够进一步突破速度防护曲线对列车追踪间隔的限制，使正常运行的前后车之间的距离进一步缩短，将对增加线路运输效率、增强运输组织的灵活性有着巨大的促进作用。CBTC-BV（Based Velocity）在 CBTC-BL（Based Location）模式的基础上引入了前车速度参数，实现前车与后车基于实时速度的追踪，以达到追踪的极限。CBTC-BC（Based Coupling）则引入了车-车协同的理念，将前车与后车进行虚拟编组耦合形成车队，共同调度和运行，进一步达到缩短运行间隔、提高线路整体运输能力的目的（图 6.14）。

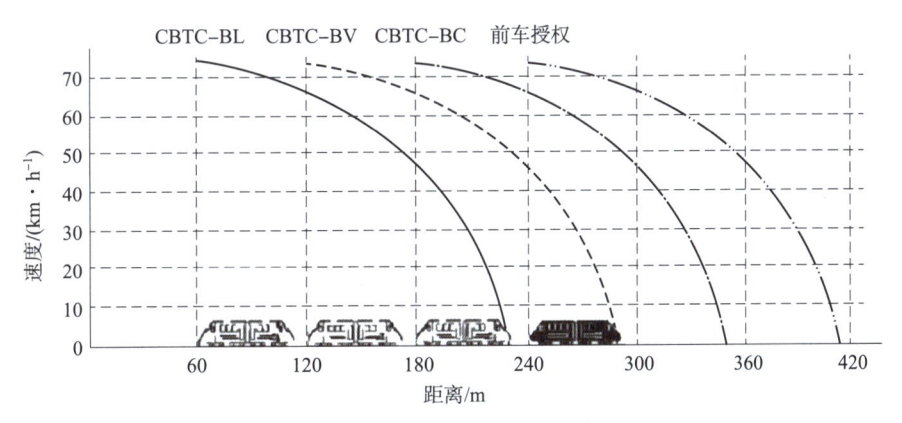

图 6.14 列车自动控制系统的三种追踪模式

观测其历史发展规律及国外行业发展现状可知，闭塞制式和系统架构的演进是必然趋势，"智慧城轨"也在逐步落地生根，这就需要业主、厂商共同协作，在传承的基础上不断创新，以便实现城市轨道交通信号系统"增效、降本、提智"的目标。

【作业习题】

一、填空题

1. 列车自动控制系统包括五个功能：_____、_____、_____、列车检测功能和列车识别功能，其中_____是列车自动控制系统的核心功能。

2. _____是列车自动控制系统中的安全核心，承担着防止列车冒进信号、实现列车运行安全间隔防护和超速防护等任务。

3. _____是列车自动驾驶系统最主要的功能。

4. _____可看成是整个城市轨道交通系统的运营核心，负责监视和控制线路中所有列车的运行状态。

5. 基于通信的列车控制系统主要包括_____、计算机联锁系统、_____、_____、_____和数据通信系统等。

二、简答题

1. 简述列车自动控制系统的组成及各个子系统之间的关系。

2. 简述列车自动控制系统中各子系统的作用。

模块七

城市轨道交通运营管理

城市轨道交通运营管理主要研究地铁、轻轨运营设备概况、行车组织、客运组织、票务管理与服务等方面的基本知识和技能，进行城市轨道交通的运营管理与服务等。随着城市轨道交通的快速发展，开通城市轨道交通线路的城市越来越多，在过去的十多年，中国经历了大规模、快速的城市轨道交通发展进程，如今城市轨道交通正在向着规模化、结构网络化、制式多样化、装备智能化的方向发展。

你知道城市轨道交通运营管理的具体岗位有哪些，又需要具备什么样的专业知识和综合素质吗？你知道城市轨道交通运营管理对现代综合交通运输体系的发展有什么重要意义吗？接下来，让我们一起领略城市轨道交通运营管理的专业特色吧。

思维导图

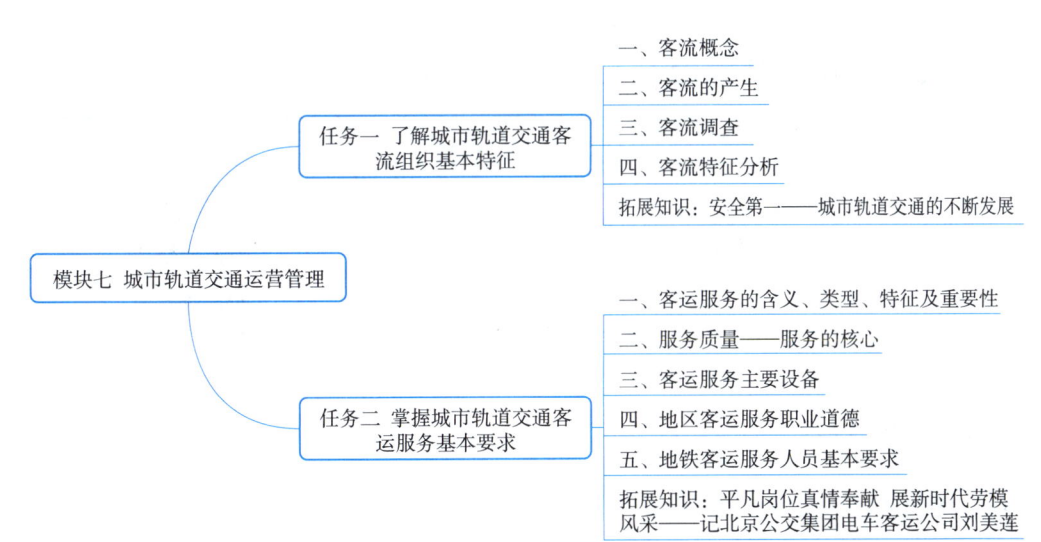

模块七 城市轨道交通运营管理

- 任务一 了解城市轨道交通客流组织基本特征
  - 一、客流概念
  - 二、客流的产生
  - 三、客流调查
  - 四、客流特征分析
  - 拓展知识：安全第一——城市轨道交通的不断发展

- 任务二 掌握城市轨道交通客运服务基本要求
  - 一、客运服务的含义、类型、特征及重要性
  - 二、服务质量——服务的核心
  - 三、客运服务主要设备
  - 四、地区客运服务职业道德
  - 五、地铁客运服务人员基本要求
  - 拓展知识：平凡岗位真情奉献 展新时代劳模风采——记北京公交集团电车客运公司刘美莲

任务一　了解城市轨道交通客流组织基本特征

【任务描述】

客流是规划轨道交通网络、安排工程项目建设顺序、设计车站规模和确定车站设备容量的依据，也是轨道交通系统安排运力、编制运输计划、组织行车和分析运营效果的基础。城市轨道交通作为大容量的快速运输系统，主要是通过合理的、科学的客流组织来完成其大容量的客运任务。客流组织是通过合理布置客运相关设备、设施以及对客流采取有效的分流或引导措施，来组织客流运送的过程。

城市轨道交通车站客流组织主要是指经过对车站设备、设施和空间的分析，根据车站某个时间段的进出车站乘客数量预测，制定符合地铁车站实际情况的乘客进站、乘车、下车、出站疏导和指引的方案，以及根据方案进行的车站行车、票务和人员组织。其主要包括车站售票位置、车站导向标志的设置，车站自动扶梯、隔离栏杆等设施的设置，以及车站广播的导向、售检票数量的配置、工作人员的配备和应急措施的制定与实施等。你知道客流组织的主要技术装备有哪些吗？请借助线上数字化资源展开学习并进行总结。

【学习目标】

1. 了解客流的概念；
2. 熟悉车站客流分类；
3. 熟悉车站客流特征；
4. 养成逻辑严谨的良好习惯；
5. 培养团队合作意识；
6. 强化思辨意识和创新意识。

【涉及主要规范和标准】

序号	名称	下载二维码
1	城市轨道交通客流预测规范（GB/T 51150—2016）	

【相关知识】

一、客流概念

1. 客流的定义

客流是指在单位时间内，轨道交通线路上乘客流动人数和流动方向的总和。客流的概念既表明了乘客在空间上的位移及其数量，又强调了这种位移带有方向性和具有起讫（开始和终结）位置。客流可分为预测客流和实际客流。

2. 断面流量

断面流量是指在单位时间内，通过轨道交通线路某一地点的乘客数量（图7.1）。这里，单位时间可以是一昼夜、一小时或其他的时间单位。显然，通过某一断面的客流就是通过该断面所在区间的客流。断面流量可分为上行断面流量、下行断面流量和双向断面流量，计算公式如下：

$$P_{i+1} = P_i - P_下 + P_上$$

式中：P_{i+1}——第 $i+1$ 个断面的流量（人次）；

P_i——第 i 个断面的流量（人次）；

$P_下$——在车站下车人数（人次）；

$P_上$——在车站上车人数（人次）。

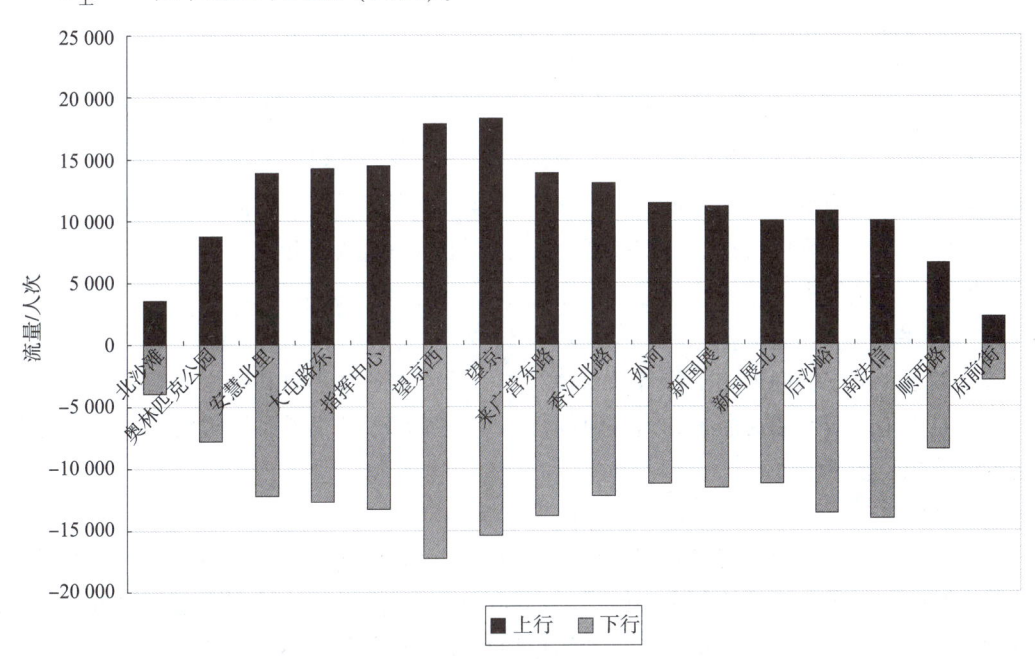

图7.1 北京地铁15号线早高峰小时断面流量

3. 最大断面流量

在单位时间内，通过轨道交通线路各个断面的客流一般不相等。最大断面流量是指最大客流断面的流量。上下行方向的最大客流断面一般不在同一个断面。最大断面流量通常按高峰小时最大断面流量和全日最大断面流量计算，而高峰小时最大客流断面和全日最大客流断面一般也不在同一个断面上。

4. 高峰小时最大断面流量

在以小时为单位计算断面流量的情况下，分时断面流量最大的小时称为高峰小时。轨道交通线路的高峰小时一般出现在早晨和傍晚，称为早高峰小时和晚高峰小时。高峰小时最大断面流量是指高峰小时最大客流断面的流量。高峰小时最大断面流量是行车组织和车站设备容量确定的一项基础资料。

二、客流的产生

1. 城市交通需求概念

需求是指人们对于某种物质或精神目标获得满足的愿望,在经济学意义上,人们对商品和服务的需求受到社会经济条件的制约,必须建立在有购买能力的基础上。而城市交通需求是指人们在城市中实现位移的愿望,同样,它也应是建立在有能力支付交通服务价格的基础上。因此,城市交通需求是位移欲望和购买能力的统一。而城市交通线路上的客流可以视为被实现了的城市交通需求。

2. 城市交通需求的特点

1)广泛性

与其他商品和服务的需求相比,城市交通需求是一种广泛性的需求,城市的各项功能活动都不可能离开它而独立存在。

2)派生性

城市交通需求是一种派生性需求,因为在绝大多数情况下,乘客实现位移的目的往往不是位移的本身,而是通过空间位移的完成来满足工作、生活或娱乐方面的需求。正是由于城市交通需求是一种非本源性的需求,这才决定了部分城市交通需求的满足在空间和时间上的弹性以及可以被部分替代的特点,如乘客可以选择迂回径路或避开交通高峰期,现代通信手段的发展减少了城市中人员的流动等。

3)时间性

城市交通需求按一周内的工作日和双休日、一天内的各个小时和一小时内的时间间隔发生有规律的变化。城市交通需求的这种时间性特点是城市公共交通系统规划设计和运输组织的基本依据之一。

4)空间性

城市交通需求的空间性特点是指城市出行在方向上和线路上分布的不均衡。这种不均衡主要是由城市各区域的土地使用和功能活动不同所决定的。另外,城市交通网的布局,线路通过能力、交通服务价格与质量也是构成城市出行在空间上分布不均衡的原因。

3. 城市交通需求的影响因素

影响城市交通需求的因素包括经济的和非经济的两方面,概括起来主要有城市经济发展水平、城市各功能区域的布局、人口密度、流动人口数量、国民收入、城市交通网的布局、客运服务的价格与质量、替代服务的价格与质量、政府的交通运输政策、私人交通工具的拥有量等。

三、客流调查

1. 客流调查的必要性

客流是动态变化着的,但客流在时间、空间上的动态变化又是有规律的,大家可以在实践中了解它、掌握它,并根据它的动态变化及时配备与之相适应的运输能力。因此,客流调查是轨道交通系统日常运输生产活动的组成部分。

客流调查涉及客流调查内容、调查地点和时间的确定,调查表格的设计,调查设备的选用和调查方式的选择等问题。

科学性、时效性和经济性是客流调查应该遵循的基本原则。

2. 客流调查种类

1）全面客流调查

全面客流调查是对全线客流的综合调查，通常也包含了乘客情况抽样调查。这种类型的客流调查时间长、工作量大。但通过调查和对调查资料进行整理和统计分析，相关人员能对客流现状及客流规律有全面、清晰的了解。

全面客流调查有随车调查和站点调查两种调查方式。随车调查是在车门处对全天运营时间内所有运行列车的上下车乘客进行调查，站点调查是在车站检票口对全天运营时间内所有在车站上下车的乘客进行调查。轨道交通系统多采用后者。

全面客流调查一般应连续进行 2~3 天，在全天运营时间内，调查全线各站所有乘客的下车地点和使用票种情况，并将调查资料以 5 分钟为间隔分组记录下来。

2）乘客情况抽样调查

抽样调查是用样本来近似地代替总体，这样做有利于减少客流调查的人力、物力和时间。乘客情况抽样调查通常是用问卷方式进行，调查内容主要包括乘客构成情况和乘客乘车情况两方面。

乘客构成情况调查一般是在车站进行。调查内容包括年龄、性别、职业、居住地和出行目的等。该项调查的时间可选择在客流比较正常的运营时间段。

乘客乘车情况调查可以根据需要分类进行，也可在特定的时间、地点进行。调查内容除年龄、性别和职业外，还可包括家庭住址和家庭收入，日均乘车次数、上车站和下车站、到达车站的方式和所需时间、下车后到达目的地的方式和所需时间、乘坐轨道交通列车后出行时间的节省量，以及对现行票价的认同度等。

3）断面客流调查

断面客流调查是一种经常性的客流抽样调查，根据需要，可选择一两个断面进行调查，通常是对最大客流断面进行调查，调查人员用直接观察法调查车辆内的乘客人数。

4）节假日客流调查

节假日客流调查是一种专题性客流调查，重点对法定节假日、双休假日和若干民间节日期间的客流进行调查。调查的内容包括机关、学校、企业等单位的休假安排，城市旅游业、娱乐业的发展程度，城市居民生活方式的变化等。该项调查一般通过问卷方式进行。

四、客流特征分析

在轨道交通系统的运营过程中，对客流的动态变化进行实时跟踪和系统分析，掌握客流现状与客流变化规律是轨道交通系统客运得以顺利进行的前提。

客流是动态流，因时因地而变化，而这种变化归根结底是城市社会经济活动和生活方式，以及轨道交通系统本身特征的反映。客流分析的核心是分析客流在时间和空间上分布的不均衡性，以及它们与运输组织和行车组织的关系。

1. 客流的时间分布不均衡

1）一日内小时客流的不均衡

小时客流随人们的生活节奏和出行特点而变化。通常是夜间少，早晨渐增，上班和上学时达到高峰，午间稍减，傍晚因下班和放学又是高峰，此后逐渐减少，午夜最少。这种规律在国内外的城市交通线路上几乎都是一样，只是程度不同而已（图7.2）。

由于一日内小时客流分布的不均衡，在确定全日行车计划时应以分时最大断面客流作为依据。另外，在高峰小时内，客流的分布也是不均衡的，存在着一个15~20分钟左右的超高峰期。据有关资料，超高峰期的客流强度要比高峰小时的平均客流强度大20%~40%。因此，在设计车站设备容量时应考虑高峰小时内短期客流分布的不均衡因素。

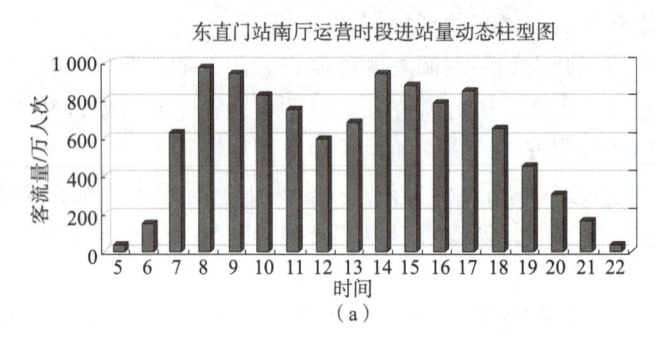

图 7.2 客流量动态图

2) 一周内全日客流的不均衡

由于人们的工作与休息是以周为循环周期进行的，这种活动规律性必然要反映到一周内各日客流的变化上来。在以通勤、通学客流为主的轨道交通线路上，双休日的客流会有所减少；而在连接商业网点、旅游景点的轨道交通线路上，双休日的客流又往往会有所增加。另外，星期一与节假日后的早高峰小时客流和星期五与节假日前的晚高峰小时客流，都会比其他工作日早、晚高峰小时客流要大（见图7.3）。

根据全日客流在一周内分布的不均衡和有规律的变化，从运营经济性考虑，轨道交通系统常在一周内实行不同的全日行车计划和列车运行图。

3) 季节性或短期性客流的不均衡

在一年内，客流量还存在季节性变化。另外，在旅游旺季，城市中流动人口的增加又会使轨道交通线路的客流增加。短期性客流激增情况通常发生在举办重大活动或遇天气骤然变化的时候。对于季节性的客流变化，可采用实行不同列车运行图的措施来缓和运输能力紧张情况。当客流在短期内增加幅度较大时，运营部门应临时调整运营计划，并针对某些作业组织环节、某些设备的运用方案采取应急调整措施，以适应运输需求。

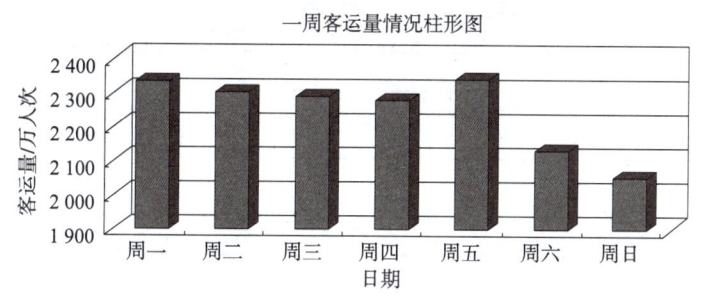

一周客运量情况柱形图

图 7.3　一周客流量柱形图

2. 客流的空间分布不均衡分析

1）各条线路客流的不均衡（见图 7.4）

各条线路客流的不均衡包括现状客流分布的不均衡和客流增长不均衡两个方面，它们构成了整个轨道交通网客流分布的不均衡。

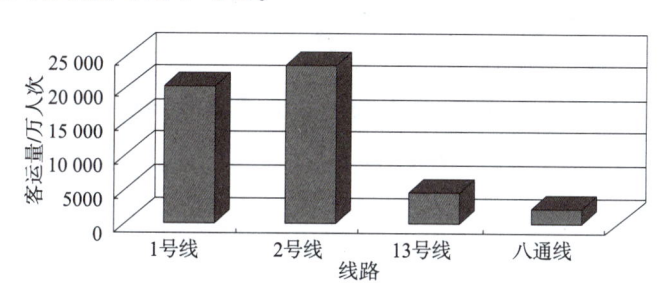

图 7.4　北京地铁 2006 年上半年客运量柱形图

2）上下行方向客流的不均衡

在轨道交通线路上，由于客流的流向原因，上下行方向的客流通常是不相等的。在放射状的轨道交通线路上，早、晚高峰小时的上下行方向客流不均衡尤为明显。在上下行方向最大断面客流不均衡程度较大的情况下，直线线路上要做到经济合理地配备运力比较困难，但在环形线路上可采取内、外环线路安排不同运力的措施。

3）各断面客流的不均衡

线路上各停车站上下车人数是不相等的，因此列车经过各断面时的通过量也是不相等的，若把一条线路上各断面通过量的数值按上行或下行各断面的前后次序排成一个数列，这个数列就能显示出断面上的客流动态。归纳起来有"凸"型、"平"型、"斜"型、"凹"型（图 7.5）和不规则型。

4）各个车站乘降人数的不均衡

轨道交通线路各个车站的乘降人数不均衡甚至相差悬殊情况并不少见。在不少线路上，全线各站乘降量总和的大部分往往是集中在少数几个车站上。此外，新的居民住宅区形成规模和新的轨道交通线路投入运营，也会使车站乘降量发生较大的变化及使原先的不均衡状况加剧导致新的不均衡状况产生。

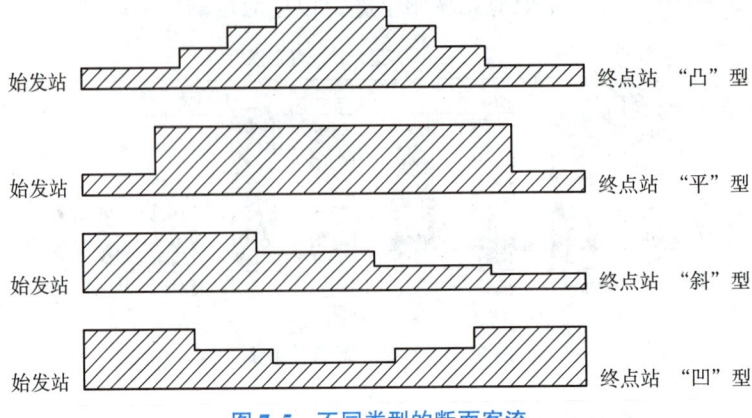

图 7.5　不同类型的断面客流

【任务实施】

背景描述	随着城市轨道运营里程逐年攀升，线网规模也逐年扩大，对于提升和保障城市轨道交通系统运营安全的研究越来越重要
讨论主题	依据最新调研统计数据，分析我国城市轨道交通运营生产现状
成果展示	小组采用问卷调查的方式形成分析报告
任务反思	1. 你在本任务中学到的知识点有哪些？ 2. 你对自己在本任务中的表现是否满意？写出课后反思

【任务评价】

序号	评价项目	评价指标	分值	自评（30%）	互评（30%）	师评（40%）	合计
1	职业素养 30分	收集信息、分析问题、解决问题的能力	5				
		团队合作、交流沟通、分享能力	5				
		责任意识、安全意识	5				
		思辨意识、探索意识	5				
		奉献精神	5				
		完成任务的积极主动性	5				
2	专业能力 60分	能够清晰描述轨道交通客流组织的发展现状	20				
		能够掌握我国城市轨道交通客流组织的技术装备情况	20				
		能够充分理解城市轨道交通客流组织的专业特点	20				
3	创新意识 10分	创新思维和服务大局的意识	10				
	合计		100				
	综合得分						

拓展知识

安全第一——城市轨道交通的不断发展

随着中国经济的持续高速增长，城市化进程明显加快，大量流动人口涌入城市，致使城市交通需求量急剧上升。城市轨道交通具有用地省、运量大、污染小、安全便捷等特点，因此，修建轨道交通已成为世界各大城市解决其交通问题的首选方案，轨道交通线路的网络效应为城市带来了越来越大的社会经济效益。

在城市基础设施的组成中，轨道交通极大缓解了城市整体的交通压力，为人们正常的出行提供了很多的便利。这种设备的安全性能好、节能环保、社会效益明显，为城市的发展做出了杰出的贡献。为了更好地服务乘客，帮助他们顺利完成一系列换乘操作，需要对客流进行必要的分析。客流组织的主要目的是通过各个工作环节合理的布置，以及利用科学的引导措施及时做好客流组织运送工作。另外，还应结合城市轨道交通车站客流组织整体的发展现状建立科学的参考模型，并对具体的组织方案做出客观评价，这对于有效协调过于集中的客流量、提升轨道交通整体的服务水平有积极的影响。

城市轨道交通为人们的顺利出行带来了极大的便利，体现了城市整体的服务水平。但是，较大的客流量也为客流组织工作带来了极大的工作压力，需要通过相关的软件进行必要的仿真测试，为加强轨道交通基础设施的安全性提供可靠的保障。同时，也需要加快客流组织人员综合素质培养的步伐，保证所有工作的顺利进行。应对大客流是客运组织中重要的工作环节，由于具有可预见性的特点，所以在大客流出现之前，通过经验数据以及对未来的预测，可以提前做好组织措施，如在客运组织方面上，增加售票能力，设立临时售票亭，做好进出站客流控制，根据客流情况合理采取措施对车站的设施、设备进行"三级客流控制"等；在行车组织方面，通过采取增加列车上线率、缩短运营时间、改变列车交路等一系列措施来提高车站的运送能力，缓解大客流对城市轨道交通运输能力的冲击，尽最大的能力输送客流，减少乘客的交叉拥堵，减少客伤事件的发生，降低轨道交通的运营成本，保证乘客快速、安全地乘坐轨道交通。

【作业习题】

一、填空题

1. 客流是指在单位时间内，轨道交通线路上乘客_____和_____的总和。
2. 城市交通需求的特点：_____、_____、_____和_____。
3. 客流分析的核心是分析_____，以及它们与运输组织和行车组织的关系。
4. 断面流量是指_____。
5. 断面客流归纳起来有_____、_____、_____、_____和不规则型。

二、简答题

1. 试述客流、断面流量和最大断面流量的含义。
2. 客流调查有哪几种分类方法？
3. 客流的不均衡性体现在哪些方面？

任务二 掌握城市轨道交通客运服务基本要求

【任务描述】

客运服务是城市轨道交通的重要组成部分,它是地铁服务质量好坏的具体体现,客运服务人员的工作是创造企业社会效益和经济效益的关键,也是客运服务发生矛盾的焦点部位。目前地铁已成为很多城市广大市民出行选择的重要交通工具,为创造一流的服务质量,打造服务品牌,作为一名客运服务人员,在岗位上必须立足本职、处处维护企业形象、讲究服务艺术,提高服务质量。

客运服务必须以安全正点、高效服务为宗旨,为乘客提供满意、周到的服务。作为一名客运服务人员,应掌握服务技能、遵守各项规章制度,牢固树立"乘客至上、服务至微"的服务理念,全心全意为乘客提供优质的服务。你了解的客运服务理念都有哪些?请借助线上数字化资源进行学习并做出总结。

【学习目标】

1. 了解客运服务的含义及特征;
2. 掌握地铁客运服务的基本要求;
3. 掌握客运服务主要设备的功能;
4. 养成文明待人、善于沟通的良好习惯;
5. 强化团队合作、思辨意识和创新意识。

【涉及主要规范和标准】

序号	名称	下载二维码	序号	名称	下载二维码
1	城市轨道交通运营安全标志及其使用规范(Q/XDY 10301—2016)		5	客运服务作业标准(XDY/QT-KY-04)	
2	西安地铁车站及列车广播用语标准(XDY/QD-KY-12)		6	城市轨道交通客运组织与服务管理办法 交运规范〔2019〕15号	
3	客运人员各岗位作业标准及安全操作手册(Q/XDY 20407—2016)		7	城市轨道交通客运服务规范(GB/T 22486—2022)	
4	服务标识技术标准(Q/XDY 10302—2016)				

【相关知识】

一、客运服务的含义、类型、特征及重要性

1. 客运服务的含义

地铁企业在运送乘客位移的同时，与乘客发生了制约关系，形成了"服务方"与"被服务方"的关系。地铁客运服务人员作为"服务方"，就要满足"被服务方"乘客提出的各项需求，也就是说，在整个服务过程中，服务方必须承担相应的责任和义务，为被服务方提供专业化、职业化的帮助。

2. 客运服务的类型

（1）优质型服务：超出乘客需求的服务。态度和蔼，站在乘客的角度，回答乘客的问题，并给出多种选择。

（2）满意型的服务：为乘客提供基本的服务。态度友善，对乘客有问必答。

（3）一般型服务：简单的服务。态度不友善，但能回答乘客问题。

（4）冷淡型服务：态度冷淡、语言生硬，对乘客提出的问题不予理睬。

3. 客运服务的特征

服务是一种产品，且是一种特定的产品，与一般产品相比，具有不同的特征。

（1）无形性。

服务是满足乘客需要的活动，是通过人际交往而实现的，是服务生产以劳动的形式提供给消费者的。服务于实体产品相比，是无形无质的。对于实体产品，人们比的是质量和价格，即物美价廉；而对于无形的服务，人们讲究的是感受和体验。因此，用来衡量服务价值的就是乘客满意度。

（2）不可分性。

服务的生产过程与消费过程同时进行，被服务方只有加入服务的生产过程中才能享受到服务。也就是说，服务的提供者和消费者直接产生联系，服务的生产过程，也是服务的消费过程，两者在空间上和时间上都是不可分割的。

（3）差异性。

服务的差异性由服务人员的素质差异决定，也受乘客本身个性特点的影响。因为服务方和被服务方都是人，人的素质能力和性格等都是有差异的，不同素质的服务人员会产生不同的服务质量和服务效果。同样，由于个人素质、性格等方面的差异，不同的被服务人员也影响着服务的效果和质量。

（4）不可存储性。

服务是无形的，它不像有形产品那样可以被储存起来，用于以后出售或消费。因为服务产品具有无形性和生产与消费的不可分离性，它无法像实物产品一样被储存，只能在生产的同时便被即时消费。

（5）无所有权转移。

在服务的生产和消费过程中不涉及任何物品的所有权转移，服务在交易完成后即消失，消费者得到的只是服务人员提供的劳务服务。

服务五个基本特征的组合不同，产生的效果不同，也是成为同行业间产生差别化以及竞争优

势的源泉。城市轨道交通可以通过调整服务特征组合来获取市场竞争的优势。

4. 运营服务在城市轨道交通的重要性

服务的方式不同，有的是无形服务，有的是通过生产出的物品间接形成了服务方与被服务方的关系。在城市轨道交通运营中，运营服务占主导地位，是服务质量好坏的具体体现。城市轨道交通的快速发展及其快速、准确、正点等突出的优势使其成为市民出行时的首选交通方式。随着社会的不断发展，乘客的需求水平越来越高，因此，吸引客流，提供用心服务成为运营商提升服务的关键。

城市轨道交通的服务主要包括两方面因素：一是物的因素，即地铁的硬件；二是人的因素，即地铁的软件。

（1）硬件服务：硬件服务包括外形建筑、设备设施如检票闸机、半自动售票机、广播设备、车站导向标志、自动扶梯、卫生间设施、乘客座椅、公用电话、垃圾筒等。

（2）软件服务：城市轨道交通软件服务指的是服务人员为乘客提供服务的真实瞬间，即服务人员利用硬件设施并通过语言、动作、姿态、表情、仪容仪表、行为举止所体现出的对乘客的尊重、欢迎、关注、友好，所表现出的服务人员本身的严格认真的服务精神、乘客至上的服务意识、热情周到的服务态度、丰富的服务知识、灵活的服务技巧、快捷的服务效率等内容。

现在提倡把无形服务有形化，也就是指通过服务规范和车站环境，把无形服务从服务人员的仪容、仪表、体态、礼仪等各方面表现出来，通过车站优美的环境、良好的服务设施设备、辅助的服务项目表现出来。

城市轨道交通的服务产品包括针对乘客需要而设计的不同形式、方式的服务程序，主要有以下几个方面：

（1）静态服务：是指地铁内所有供乘客使用的物品设施。如座椅、垃圾筒等服务设施。

（2）有声服务：是指地铁内广播。

（3）无言服务：城市轨道交通内各种导向标志、时钟、灯饰。

（4）即时服务：随着社会生活节奏的加快，服务节奏也应同步加快，如对乘客的问询或其他交办的事宜尽快办好，不能拖延。

（5）补偿服务：由于工作人员的过失造成乘客的损失或不快，要想尽办法予以补救。

（6）针对服务：针对某一类型乘客而提供的服务内容，如盲道、残疾人电梯等。

二、服务质量——服务的核心

1. 服务质量的概念

从服务人员个人的角度来说，服务质量，通俗地讲，就是服务的好坏。服务质量高就是服务好；反之，服务质量低就是服务不好。服务质量高，你将赢来的是乘客的信任，企业亦将迎来更多的乘客和更多的利润，员工也将得到应有的回报。服务质量低，乘客不满意，企业和员工也会受到影响。

对于乘客而言，服务质量只有好坏之分，不存在较好、较差的比较等级。服务质量好就满意，服务质量不好就不满意。

在地铁客运服务中，乘客如果对服务项目的某一项不满意，他们的满意度并不会因此按减法递减，而是对整体服务的全面否定，因为他们不可能体验所有的项目。

（1）相较有形产品的质量，服务质量难以被乘客评价。

(2) 乘客对服务质量的认识取决于他们所感受到的服务水平。

(3) 乘客对服务质量的评价不仅考虑服务的结果，而且涉及服务的过程。

2. 服务质量的属性

(1) 可感知性。其是指服务的"有形部分"，如各种服务设施以及服务人员的外表等。由于服务的本身是一种行为过程而不是某种实物，所以乘客只能借助这些有形的、可视的部分来把握服务的实质。

(2) 可靠性。其是指企业准确无误地完成所承诺的服务。许多以优质服务著称的企业都是通过可靠的服务来建立自己的声誉。可靠性实际上是要求服务人员避免在服务过程中出现差错，因为服务差错给企业带来的不仅是直接意义上的经济损失，而且可能意味着失去很多的潜在乘客。

(3) 反应性。其是指企业随时准备为乘客提供快捷、有效的服务。研究表明，在服务传递的过程中，乘客等待时间的长短是关系到乘客感觉、企业形象、乘客印象，以及乘客满意度的重要因素，所以尽可能地缩短乘客不必要的等候时间，提高服务传递的效率，将大大提高服务的质量。

(4) 保证性。其是指服务人员的友好态度与胜任工作的能力，它能增强乘客对服务质量的信心和安全感。当乘客同一位友好、和善、处理问题能力强的服务人员打交道时，他会感到安全、信任对方。如果服务人员缺乏友善的态度，会让乘客感到不快，而如果他们又不懂得业务知识，会使乘客更加失望。

(5) 移情性。其是指服务人员要真诚地关心乘客，了解他们的实际需要，并予以满足，使整个服务过程富有"人情味"。

在这五个属性中，可靠性往往被乘客视为最重要的；同时，可靠性也是这五个属性的核心内容、关键内容。

3. 服务质量的构成要素

服务质量本身既是服务本身的特性与特征的总和，也是乘客感知的反映，服务质量由服务的形象质量、职能质量和服务过程的真实瞬间构成。

(1) 形象质量是指服务人员在乘客心目中形成的总体印象。企业形象在很大程度上取决于服务人员的外在形象。如果服务人员的外表看起来很职业化，乘客就会感觉企业有一定的实力，增加信任感；如果服务人员的外表看起来不够职业化，乘客就不会对地铁留下良好的印象。因为，作为乘客，如果一开始不了解站在自己面前的服务人员究竟具备什么素质，通常会通过服务人员的外在形象来判断这个服务人员是不是很职业化。

(2) 职能质量是指在服务过程中乘客所感受到的服务人员在履行职责时的态度、行为、仪表等给乘客带来的利益和享受。职能质量完全取决于乘客的主观感受，难以给出客观的评价。

(3) 服务过程的真实瞬间是服务过程中乘客与服务人员进行服务接触的过程。这个过程具有特定的时间和地点。服务过程的真实瞬间是服务质量展示的有限时机。一旦时机消失，服务交易结束，也就无法改变乘客对服务质量的感知；如果在这一瞬间服务质量出了问题也无法补救，就会给企业和职工本身造成不良的后果。

这三个构成要素是相辅相成的，只有形象质量和职能质量提高，在真实瞬间才能表现出色，令乘客满意。

三、客运服务主要设备

车站的客运服务设备包括自动扶梯和垂直电梯、标识系统、乘客信息系统、广播系统、自动售检票系统、站台屏蔽门系统、问讯处、座椅、时钟、垃圾筒等。

1. 自动扶梯和垂直电梯

在城市轨道交通车站中,自动扶梯(图7.6)的用途主要是在车站出入口至站厅层、站厅层至站台层之间连续运载乘客上下,从而满足乘客安全、快速、舒适地进出车站的需求。自动扶梯有如下特点:

图7.6 自动扶梯

(1)输送能力大、效率高,能连续运送乘客,特别适合用于人流密集的场所。

(2)随着服务水平的不断提升,车站出入口、站厅层至站台层之间原则上均应设置可上可下的自动扶梯,实现从车站地面出入口到站台的连续输送。

(3)在正常情况下,自动扶梯采用就地控制方式,由车站综控室值班员监视其运行状态;紧急情况下,可接受火灾自动报警系统的控制。

为满足残疾人使用功能要求,站台至站厅层以及站厅至地面层均设置了残疾人专用垂直电梯和轮椅升降台(图7.7),原则上应保证每个站台至少有一条无障碍通道。

对没有条件安装垂直电梯的车站,在步行楼梯处安装轮椅升降台。

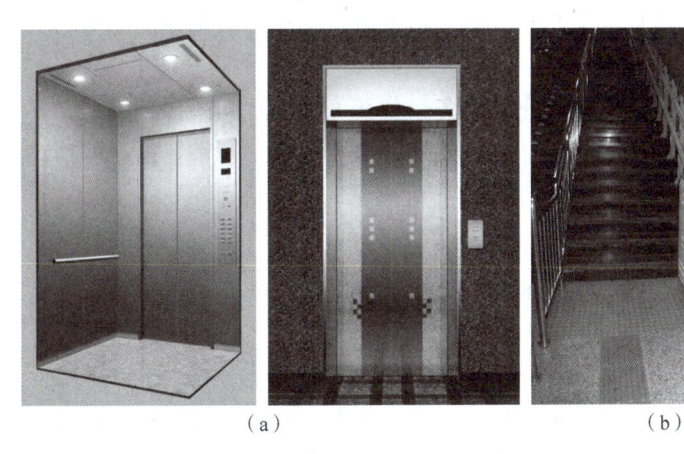

(a)   (b)

图7.7 残疾人专用垂直电梯和轮椅升降台
(a)垂直电梯;(b)轮椅升降台

另外，在长换乘通道处加装自动步道（图7.8），可以解决由于换乘距离长而导致的服务水平下降问题。

图 7.8　自动步道

2. 标识系统

轨道交通标识系统是通过图形符号、文字、颜色等元素组合形成的视觉形象，明确地向乘客传达信息，用以正确引导乘客。乘客从地面进入车站（特别是地下车站）后，失去了必要的参照物，方向感彻底消失，因此使乘客在短时间内迅速认知环境、快速选择最佳行程路径，减少行走盲目性，是对导向标识设计的要求。

1）标识系统设置原则

体现轨道交通形象的标志是轨道交通重要的服务设施之一，应提供统一、简明、清晰、美观、内容充分的标识系统，以展示轨道交通的优质服务形象。

（1）标识系统的优先地位。

标识系统作为车站内第一视觉信息，是轨道交通客流安全、高效的有利保证，设置时应优先于各类广告及其他标牌。

（2）标识系统的科学适用性。

在分析、了解乘客需求的基础上，运用人体科学，表现出准确、简洁的设计思想；同时，还要从乘客习惯、可辨别性等方面来考虑标志的设计和设置，在乘客进出站所经过的路径上设置必要的标志，这样才能在乘客需要得到某种信息时满足他们的需求。

（3）标识系统的连续性。

标识系统的设置要充分考虑到车站内各个位置上标识之间的相互关系，标识之间应相互构成一个连续的系统，保证乘客从地面进站到购票、检票、候车、出站的移动过程中，标识不间断，使乘客通过标识的引导能够有序进站、乘车、出站。

（4）标识系统的规范统一性。

标识的设计和安装、标识中的文字、中英文标注、颜色、图形要遵循国家相关标准和相应的地方标准，做到规范统一。

（5）标识系统的扩展性。

随着轨道交通线路的不断延伸和科学技术的发展，一些新设备将不断启用。在标识的设计和设置过程中，要充分考虑发展的需求，预留相应的位置，便于今后安装。

（6）标识系统的经济实用性。

在设计和制作标识时，既要考虑美观大方、牢固耐用，又要考虑标志的更换维修的周期和方便性。因此，应适量采用可变标识，根据信息的变化随时对标识进行修正。

（7）色标管理。

由于轨道交通路网的不断建设，各条线路的交汇站点也会逐步增多，乘客从某一站点乘坐轨道交通列车前往目的地时，往往需要在中途某一线路交汇站换乘另一条线路的列车。这样，使用色标管理就显得十分必要。用不同的色彩标注不同的线路、列车、站名牌、导向标识牌等，乘客根据线路色标、车身色带及导向标志色标就能判定自己处在哪一线路上，从而使出行更加便利。

2）标识系统的作用

（1）疏导指引乘客以合理的流线乘车，保证车站内的正常运营和管理。

（2）向乘客提供相关的视觉信息和直观效果，提供必要的指示和警示，以方便乘客，确保安全，有利于客运管理组织。

（3）正确引导乘客使用车站内各种服务设施、发挥车站设施功能、保障车站秩序。

3）标识系统的分类

标识系统是由若干相互联系、相互依赖的具有不同类型的标识，通过合理的组合而形成的一个统一的整体。按照使用功能的不同，其可分为以下几类：

（1）确认类。

确认类标识是向人们提供某种信息（如标明某设施或场所等）的标识，如轨道交通标识、换乘站标识、轨道交通出口编号标识、自动扶梯标识、售检票标识、卫生间标识等，如图7.9所示。

图 7.9　确认类标识

（2）导向类。

导向类标识用以给乘客提供清晰的方向指示，分站外导向标识和站内导向标识，如进站方位指示、出站方位指示、紧急出口指示、售检票指示、换乘指示、列车开往方向指示等，如图7.10所示。

（3）信息类。

信息类标识向乘客提供车站、站内、出入口、站外相关信息，如图7.11所示。

（4）公共宣传类。

公共宣传类标识向乘客宣传有关乘车注意事项及配合社会进行的公益宣传标志，如乘客须知等，如图7.12所示。

（5）安全警告类（图7.13）。

①禁止标识：可以提醒乘客注意周围的环境、事物，从而避免可能发生的危险的图形标识，如当心触电、当心夹手、注意安全等标识。

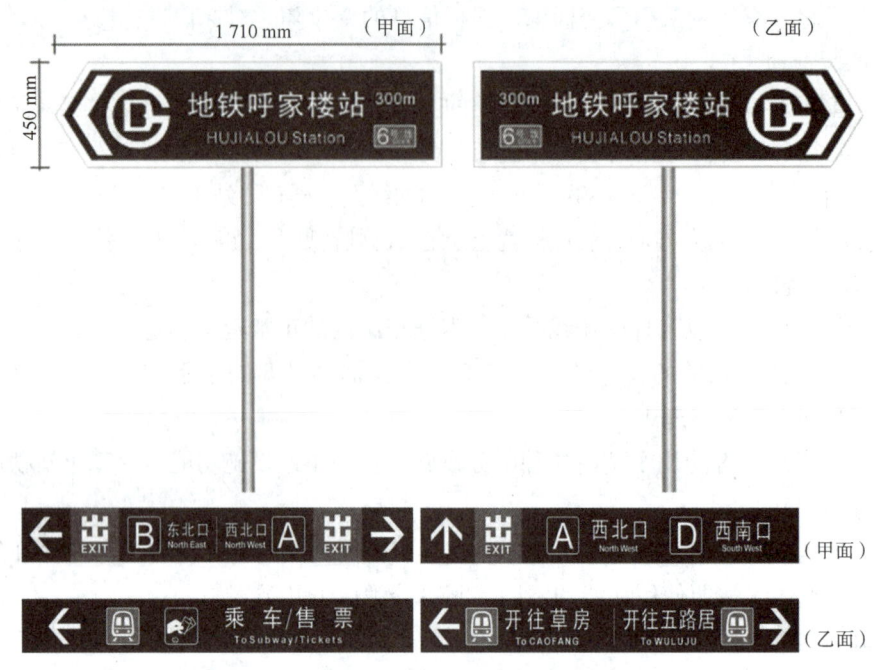

图 7.10　导向类标识

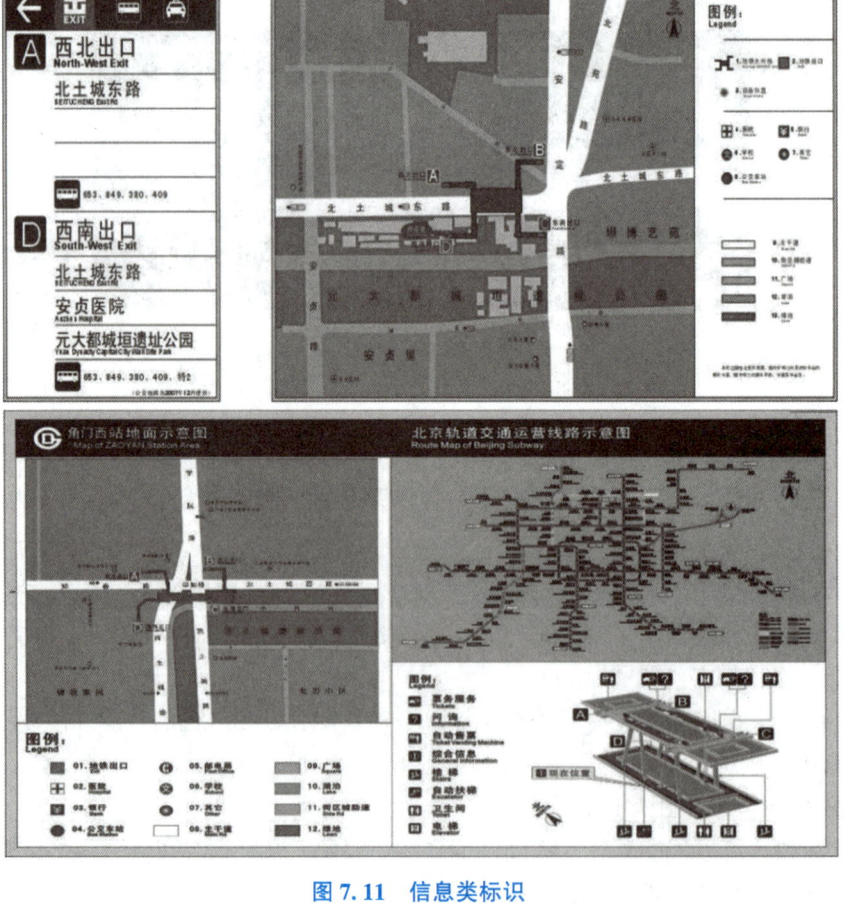

图 7.11　信息类标识

图 7.12 公共宣传类标识

②警告标识：禁止人们的某种行为及要做的动作或操作的图形标识，如禁止吸烟、禁止携带危险品、禁止通行、禁止入内、禁止跳下站台、禁止入洞、禁止倚靠车门、禁止触摸等标识。

③限制标识：限制人们的某种行为的标识，如请勿停留、请勿乱扔废弃物等标识。

图 7.13 安全警告类标识

3. 乘客信息系统

乘客信息系统（PIS）是以车站和车载终端（见 PIS 终端设备）为媒介向乘客提供信息服务的系统，是为乘客出行提供全方位的信息服务的高质量服务系统。该系统不但可以持续地向旅客播放地铁列车到达预告等与乘车有关的运营信息，也可以播放重要新闻、天气预报、娱乐、广告等方面信息（图 7.14）。

4. 广播系统

车站设置广播，用于向乘客或员工进行临时相关信息的语音直播。

车站广播区划分为上行站台、下行站台、站厅、办公区域、上行隧道、下行隧道、出入口、换乘通道等，可实现分区域广播和集中广播的功能。

图 7.14　PIS 终端（车站、车载）

5. 自动售检票系统

自 20 世纪 80 年代以来，售检票方式已从过去的单一的人工售检票方式（纸质车票，图 7.15）发展为计算机集中控制的自动售检票方式。

图 7.15　地铁纸质车票

6. 站台屏蔽门系统

站台屏蔽门（图 7.16）是设在站台边缘，把站台区域与列车运行区域相互隔开的设备。站台屏蔽门的开关是与车厢门联动的，与传统的地下车站相比，采用屏蔽门具有如下优点：

图 7.16　站台屏蔽门

1）提高候车安全

（1）站台屏蔽门上装有障碍物探测功能。一旦有障碍物存在，屏蔽门将重新开启，避免了车门夹人、夹物事故的发生。

（2）站台屏蔽门实现了站台与轨道、列车行进区间的完全隔离，乘客在候车时不会与列车进出站发生任何关系，因此保证了乘客的安全。

2）改善站台环境

设置站台屏蔽门后，降低了列车进出站的噪声与活塞风对站台候车乘客的影响，使环境更加舒适。

3）节约运营成本

（1）节省了地下车站空调负荷，降低能耗。

（2）设置站台屏蔽门后，司机可实现一人全程操作，站台上不必再设站务人员接发列车（站台屏蔽门的开启由列车驾驶员操纵）。

四、地铁客运服务职业道德

地铁服务职业道德是指从事地铁服务的工作人员，在职业活动的整个过程中，必须遵循的行为规范和行为准则。

1. 热爱本职、忠于职守

这是对地铁客运人员职业道德的基本要求。作为一名地铁客运服务人员，要认识客运服务人员在地铁服务工作中的重要性，自愿自觉地从事客运服务工作，应具有热爱本职、忠于职守的高尚情操，珍惜自己的劳动成果，把对乘客的服务转化为人生的价值体现，也就是对工作的热爱。

（1）礼貌待客、热情服务：随着地铁线路的快速发展，地铁将成为市民出行的首要选择。为乘客提供满意的服务，是地铁的重要效益来源。以运营服务为中心的经营指导思想和以人为本、乘客至上的服务理念，决定了地铁服务人员必须全心全意为乘客提供服务，因此服务人员应以文明的举止、热情的态度、规范的用语接待每一位乘客，使他们感受到人格上的尊重和需求的满足。

（2）讲文明、懂礼貌、尊重乘客：这是客运服务人员应具有的职业素养，尊重乘客、理解乘客，用文明的语言和以理服人、得理让人的态度和规范的举止感化乘客。

（3）方便周到、诚信友善：为乘客提供方便周到的服务，努力满足乘客需求，以诚待客，是地铁客运服务人员的责任和义务。如满足乘客的基本需求，宣传提醒乘客按线候车，注意安全，对老、幼、病、残、孕等特殊群体的重点照顾，遵守对乘客的承诺等。

作为一名合格的城市轨道交通员工，应热爱本职工作，尽职尽责，对待乘客热情友好、真诚、一视同仁，具备整体意识、顾全大局，遵纪守法，认真学习业务、提高自身素质，并认真完成各项工作任务。

在客运服务工作中应该表现出的态度：礼貌、热情、友善、诚信、责任、服从。

2. 养成良好的职业道德

良好的职业道德应从以下几方面培养：职业认识、职业感情、职业意志、职业信念、职业行为和习惯，即在不断提高职业认识的基础上，逐步加深职业感情，磨炼职业意志，进一步坚定信念，以养成良好的职业行为和习惯，达到具有高尚职业道德的目的。

（1）提高职业认识。就是要按照职业道德的要求，深刻认识所从事职业的性质、地位和作用，明确服务的对象、操作规程和要达到的目标，认识自己在职业活动中应该承担的责任和义务，以提高热爱本职工作的自觉性。

（2）培养职业感情。就是在提高热爱本职工作的基础上，从高处着想，低处着手，一点一滴地培养自己的职业道德，以不断加深对自身职业的光荣感和责任感。

（3）磨炼职业意志。就是要求从事职业活动和履行职业职责的服务人员，在对乘客提供优质服务的过程中，为了达到职业理想，要有坚强的意志，克服和解决各种矛盾，处理好人际关系，从而在职业岗位上做出贡献。

（4）坚定职业信念。要求在不同岗位上的服务人员，不仅要干一行、爱一行、专一行，而且要坚定职业理想和信念。岗位没有贵贱之分，关键在工作中出类拔萃，为实现职业的理想而坚持不懈。

（5）养成良好的职业行为和习惯。行为和习惯是在职业认识、情感、意志和信念的支配下所采取的行动，当经过反复实践，使良好的职业行为成为自觉的行动而习以为常的时候，就形成了职业习惯。

以上各个因素之间，是相互联系、相互作用、相互促进的，只有发挥所有职业因素的相互作用，才能达到养成良好职业道德的目的。

五、地铁客运服务人员基本要求

客运服务人员应拥有良好的职业道德，业务技能过硬，主动热情地为乘客服务，从而维护企业的良好形象，为企业创造效益。

（1）业务素质：准确运用文明用语，掌握工作技能，扩大知识面。

（2）语言素质：运用语言技巧，化解乘客不满。

（3）心理素质：能正确看待个人挫折，做到荣辱不惊，能正确处理问题，理性做事。

（4）思想素质：有良好的集体观念、组织观念、强烈的集体荣誉感。

【任务实施】

背景描述	从运营市场方面来看，近年来，我国城市轨道交通的平均服务时长不断增加，即从2018年最短的每天16.6小时增加至2021年的每天17小时
讨论主题	分析中国城市轨道交通客运服务现状及各项指标增长情况并汇总
成果展示	小组采用问卷调查的方式，形成分析报告
任务反思	1. 你在本任务中学到的知识点有哪些？ 2. 你对自己在本任务中的表现是否满意？写出课后反思

【任务评价】

序号	评价项目	评价指标	分值	自评(30%)	互评(30%)	师评(40%)	合计
1	职业素养 30分	收集信息、分析问题、解决问题的能力	5				
		团队合作、交流沟通、分享能力	5				
		责任意识、服务意识	5				
		思辨意识、探索意识	5				
		奉献精神	5				
		完成任务的积极主动性	5				
2	专业能力 60分	能够清晰描述轨道交通客运服务的发展现状	20				
		能够掌握我国城市轨道交通客运服务的特点	20				
		能够充分理解城市轨道交通客运服务岗位要求	20				
3	创新意识 10分	创新思维和服务大局的意识	10				
	合计		100				
	综合得分						

拓展知识

平凡岗位真情奉献 展新时代劳模风采
——记北京公交集团电车客运公司刘美莲

刘美莲（图7.17），女，1974年出生，北京公交集团电车分公司104路公交车司机。她孜孜不倦的执着追求、别具一格的服务风格，以及良好的职业形象，赢得了广大乘客的赞誉，也为首都公交赢得了荣誉。2007年被市总工会授予"首都劳动奖章"称号，同年被国家建设部授予"全国建设系统劳动模范"称号；2009年被中华全国总工会授予"五一劳动奖章"称号；2010年荣获"全国劳动模范"荣誉称号；2013年和2018年当选为北京市第十四届、十五届人大代表；2012年和2017年当选为党的十八大和十九大代表。

近20年来，刘美莲每天行驶103 km，重复进出站200站次，没出现过一次交通违章，没发生过一起交通事故。刘美莲之所以能做到这一点，是因为她把安全行车作为自己的天职，养成了"在岗1分钟、安全60秒"的良好习惯，心中牢记"没有什么比人的生命更为宝贵"的安全行车理念。刘美莲谨记"一心为乘客、服务最光荣，真情献社会、责任永担当"的企业精神，践行"服务到位是安全行车的保证"的观念，坚持人性化服务，坚持把安全行车与为乘客提供优质服务结合起来，在实践中归纳出了"三心、三勤、三主动"温馨服务工作法。"三心"即对外地乘客耐心、对老弱病残乘客关心、对问询乘客热心；"三勤"即脑勤多思、眼勤多看、耳勤多听；"三主动"即主动问候乘客、主动扶老携幼、主动为大家排忧解难。

104路这条线路的老年乘客较多，为营造车厢和谐氛围，引导乘客主动让座，她制作了"爱心座套"，上面印上"我们也有老的一天""大爷、大妈，您坐这儿，文明就这么简单"等提示语。她自费买来小棉垫、小扇子等便民用品，让乘客一上车就有回家的感觉。她配合《中华人民共和国道路交通安全法》的实施，在车厢内开辟了"红绿灯专栏"和"珍爱生命，学会应对突发灾难"宣传栏，将突发灾难自救方法编成顺口溜。她把车厢变成了乘客温馨的家、传播知识的长廊和首都文明的窗口，得到了乘客以及媒体的广泛好评，被"北京电视台""北京日报"等媒体报道登载。

2005年，刘美莲结合104路实行无人售票，推出了"站立式"服务。每到一站，她都要站起来迎接乘客，每天要站立近200次。一些常坐她车的老乘客都说："104路98216号车干净、温馨、漂亮，即使多等会儿我也愿意坐。"2009年年初，市政府出台了65岁老年人免费乘车的惠民政策，坐公交车的老年乘客更多了。为了确保老年人乘车安全，刘美莲在行车中又总结出"五个要"服务工作法，成为公交集团各车队提高服务质量的标杆：一是进站时要细观察，看到老人候车心中有数，以免发生站台拥挤伤及老人；二是老人上车后要随时提醒，请他们当心、慢走；三是要及时在车厢里帮助老人找到座位；四是在行驶过程中要小心，避免紧急刹车；五是老人下车时要温馨提示，停好车后再招呼他们下车。

图 7.17　劳模风采

【作业习题】

一、填空题

1. 客运服务的特征：_____、_____、_____、_____和_____。
2. 客运服务有_____、_____、_____和_____四种类型。

3. _____是服务的核心。
4. _____、_____和_____是服务质量的构成要素。
5. 标识系统分为_____、_____、_____、_____和_____五类。

二、简答题

1. 简述站台屏蔽门系统的优点。
2. 客运服务人员怎样养成良好的职业道德？

模块八

城市轨道交通行车组织管理

城市轨道交通行车组织工作是城市轨道交通的中心工作，即在运输生产过程中，为完成运送乘客任务所进行的一系列与运输有关的工作。它担负着指挥列车运行、保证行车安全、提高运输效率的重要任务。城市轨道交通行车组织工作是城市轨道交通系统运营的核心。

作为一名轨道交通人，如何快速地掌握城市轨道交通行车组织管理方法呢？接下来，我们就来一探究竟吧。

思维导图

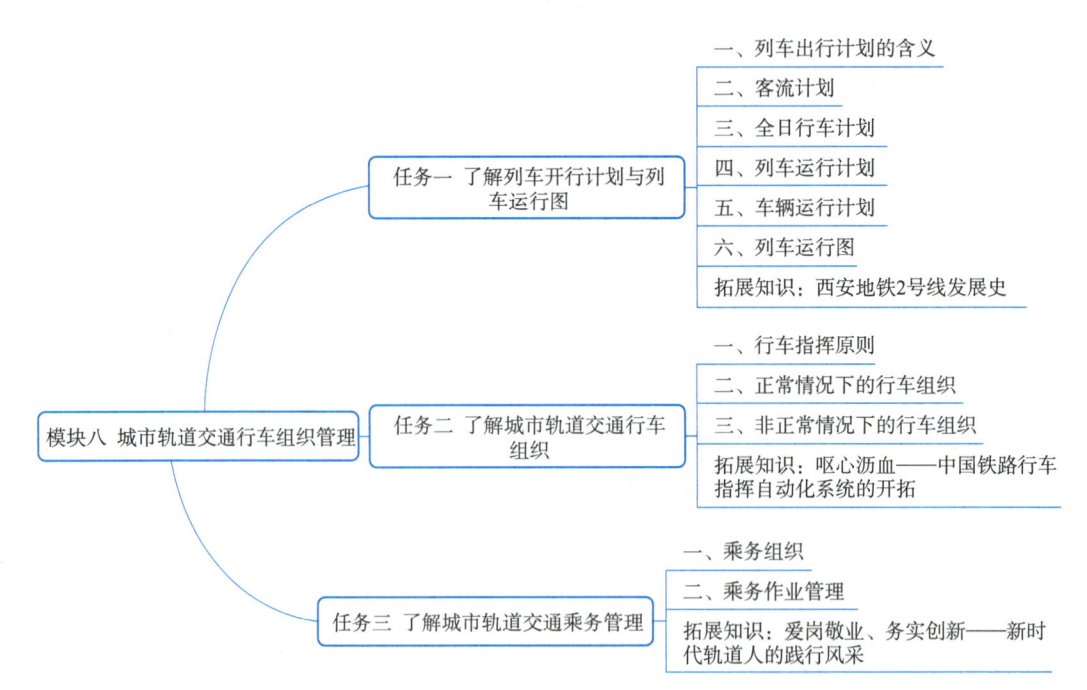

模块八 城市轨道交通行车组织管理
- 任务一 了解列车开行计划与列车运行图
  - 一、列车出行计划的含义
  - 二、客流计划
  - 三、全日行车计划
  - 四、列车运行计划
  - 五、车辆运行计划
  - 六、列车运行图
  - 拓展知识：西安地铁2号线发展史
- 任务二 了解城市轨道交通行车组织
  - 一、行车指挥原则
  - 二、正常情况下的行车组织
  - 三、非正常情况下的行车组织
  - 拓展知识：呕心沥血——中国铁路行车指挥自动化系统的开拓
- 任务三 了解城市轨道交通乘务管理
  - 一、乘务组织
  - 二、乘务作业管理
  - 拓展知识：爱岗敬业、务实创新——新时代轨道人的践行风采

任务一　了解列车开行计划与列车运行图

【任务描述】

从社会服务效益方面看，轨道交通系统应充分发挥运量大和服务有规律的特点，安全、迅速、正点和舒适地运送乘客。从企业经济效益看，轨道交通系统的运营应实现高效率和低成本。为了达到这个目标，城市轨道交通系统的运输组织必须根据客流的特点，合理编制开行计划和列车运行图，组织列车运行，实现运营工作安全、经济、合理地进行。同学们，你们清楚城市轨道交通的行车组织的特点吗？你们了解城市轨道交通的列车开行计划制定方式以及列车运行图的原理和作用吗？请分组采用绘图讲解的方式介绍列车运行图。

【学习目标】

1. 掌握列车开行计划的含义以及编制方法；
2. 了解列车开行的客流计划、全日行车计划、列车运行计划和车辆运用计划；
3. 掌握列车运行图的意义及作用；
4. 掌握列车运行图基本组成要素；
5. 养成勤于思考、善于解决问题的良好习惯；
6. 通过学习列车开行计划，培养做事时先规划后行动的严谨态度。

【涉及主要规范和标准】

序号	名称	下载二维码	序号	名称	下载二维码
1	城市轨道交通行车组织规则（JT/T 1185—2018）		2	城市轨道交通互联互通体系规范信号系统第2部分：列车自动监控系统工作站人机界面（DB37/T 4440.2—2021）	

【相关知识】

城市交通特别是大城市交通，当前面临的主要问题是：人员流动及道路车辆增加速度过快；道路容量严重不足造成了交通阻塞、车速下降、事故频发；交通管理水平低下等问题造成市民行车难、乘车难。交通出行不仅成为市民工作和生活的一个突出问题，也制约着城市经济的发展。

城市交通问题的实质是人、车、线路三要素之间的相互制约关系在城市的不同时空中的反映，其核心是如何满足乘客广泛的交通需求，并保持优质的交通服务水平。

从供给和需求的角度来看，新的道路建设降低了人们的出行时耗，但在使交通便捷的同时，也引发了新的交通需求，经过一段时间后又恢复到原来的拥挤状态，因此，交通需求趋向总是大于交通供给。

根据乘客的出行目的，城市轨道交通需求基本上可以分为两大类，即工作性出行（工作、学习）和非工作性出行（购物、旅游、其他）。城市交通的问题也集中反映在能否满足乘客各个层次各种性质的出行需求方面。另外，随着社会经济的发展，客流在保持较快增长的同时，也受到季节变换、节假日、大型活动、恶劣天气以及出行时段等因素的影响，所以轨道交通部门还应掌握客流的变化特点，综合平衡运量需求和运能供给，制订合理的出行计划。

一、列车出行计划的含义

列车出行计划是根据城市轨道交通客流的特点，规定城市轨道交通线路的日常运输任务，对于如何确定车站各时段最大断面客流量、计算营业时间内各时段开行的列车数、确定行车间隔以及列车开行方案等几方面进行重点分析；同时，其也是编制列车运行图，计算运输工作量和确定车辆运用方案的基础资料。

结合列车出行计划的特点，本任务将从客流计划、全日行车计划、列车运行计划、车辆运用计划四个方面进行概述。

城市轨道交通运营场景如图8.1所示。

图8.1 城市轨道交通运营场景

二、客流计划

客流计划是编制全日行车计划、列车开行方案和车辆运用计划的基础。在新线投入运营的情况下，客流计划根据客流预测资料编制；在既有运营线路的情况下，客流计划根据统计资料和客流调查资料进行编制。

客流计划主要包括站间发、到客流量，各站方向上下车人数，全日、高峰小时和低谷小时的断面客流量，全日分时最大断面客流量等。

三、全日行车计划

全日行车计划是营业时间内各小时开行的列车对数计划，它规定了轨道交通线路需要完成的日常运输任务，是编制列车运行图、计算运输工作量和确定车辆运用的基础资料。

四、列车运行计划

当轨道交通线路较长,客流分布不均衡时,通过合理、可行的交路组合来安排列车输送能力是一种充分利用有限资源、降低运输成本的有效方法。规定列车交路的方法与过程就是编制列车交路计划。

1. 列车交路计划

列车交路计划是指根据运营组织的要求及运营条件的变化,按列车运行图或由行车调度指挥列车按规定区间运行、折返的列车运行计划。

2. 列车折返方式

列车折返是指列车运行至图定的终点或折返站时,进入折返线路,改变运行方向的过程。折返作业时驾驶员驾驶列车到达终点或折返站,车站行车人员以及驾驶员按有关规定完成折返操作的程序与步骤。

列车折返方式分为站前折返、站后折返和混合折返。

(1) 站前折返:指列车在中间站或终点站经由站前渡线进行折返作业(图 8.2),其中图 8-2 (a) 和图 8-2 (c) 为列车在终点站利用交叉渡线进行站前折返,图 8.2 (b) 和图 8.2 (d) 为列车在终点站利用单渡线进行站前折返。

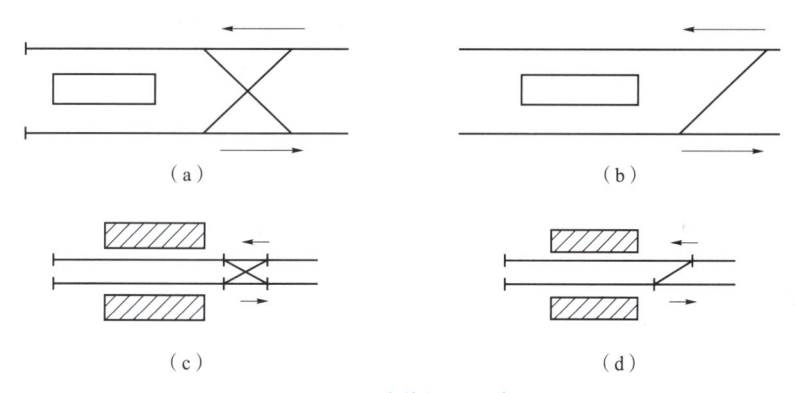

图 8.2 站前折返示意

适用性分析:采用侧式站台站前折返方式,道岔距离车站端部距离很近,能够保证具有较大的折返能力。当图 8.2 (c) 站前为交叉渡线时,由于列车交替使用两个股道,乘客很难选择进入哪侧站台,此种站台形式会延长乘客的候车时间。另外,在客流量大时,上下车乘客共用一站台,客流组织比较混乱。

采用岛式站台站前折返方式,可以避免乘客选择站台,无论列车停在哪一股道,进入岛式站台的乘客都可以顺利乘车。站前道岔区与站台距离相比侧式车站大幅增加。由于列车在道岔区的干扰时间长,折返能力比侧式车站低。

站前折返的优点:

①站前折返时,列车空车走行少,折返时间较短;

②乘客能同时上下车,可缩短停站时间;

③车站正线兼折返线,能减少投资费用。

站前折返的缺点:

①列车在折返过程中会占用区间线路，从而影响后续列车闭塞，对行车安全有一定威胁，出发列车与到达列车存在敌对进路；
②由于进出站时侧向通过道岔，列车速度受到限制，影响乘坐舒适感；
③当客流量大时，可能会引起站台客流秩序的混乱。

城市轨道交通中较少采用这种折返模式，特别是在行车密度高、列车运行间隔短的条件下，一般不会采用站前折返方式。

（2）站后折返：由站后尽端折返线折返（图8.3），其中图8.3（a）为列车在终点站利用交叉渡线进行站后折返，图8.3（b）为列车在中间站利用折返线进行站后折返。

图 8.3　站后折返示意

站后折返避免了前述的进路交叉问题，安全性能良好；而且在站后折返时，列车的进出站速度较高，有利于提高行进速度。一般来说，站后尽端折返线折返是国内外城市轨道交通最常见的一种方式，可为短交路（轨道交通车辆按照一定的路线，经过一定的站台、台站，以及按照一定的出发时间、经过时间、加用时间、到站时间等交替循环运行的运营线路）提供方便，如图8.4所示。

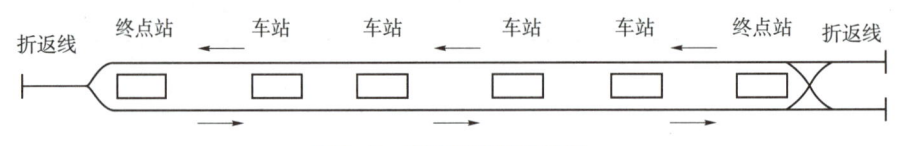

图 8.4　站后尽端折返示意

（3）混合折返：站前、站后混合布置折返线，如图8.5所示。混合折返的目的是提高列车折返能力与线路通过能力，有利于行车组织的调整，适用于对折返能力要求较高的端点站。

图 8.5　混合折返示意

五、车辆运用计划

车辆运用计划是指在一定类型的设备和行车组织方法条件下，为完成全线全日行车计划所需要的车辆保有数量计划。车辆配备计划包括推算运用车辆数、检修车辆数和备用车辆数三部分。

1. 运用车

运用车是为完成日常运输任务而配备的技术状态良好的车辆组，其需要数与高峰小时开行列车对数、列车旅行速度及在折返站停留时间等因素有关。列车保有量根据线路远期客流预测数据，测算远期运行行车间隔可得出所需运用列车数。

2. 检修车

处于检修状态的车辆为检修车。车辆经过一段时间的运用后，各部件会产生磨耗、变形或损坏，为保证车辆技术状态良好和延长使用寿命，需要定期对车辆进行检修。车辆检修涉及车辆检修级别和车辆检修周期，二者根据设计性能、使用寿命以及运用环境和运用指标来确定。

检修车数量需根据运用列车数量综合维修能力、修程修制获得，一般为运用列车数量的10%~15%。

3. 备用车

备用车是为轨道交通系统适应可能的临时或紧急的运输任务、预防车辆故障的发生而准备的技术状态良好的车辆数，如图8.6所示。一般来说，这部分车辆可控制在10%左右。新线车辆状态较好，客流量不大，故备用车辆的数量可适当减少。

图 8.6 备用车

4. 车辆运用计划的确定

在正常运营结束后，车辆部门对车辆进行检查，并根据车辆的检修修程和状况向车场的运转部门提供车辆目前的检修情况及可供使用的车辆配备计划。

车辆运转部门根据车辆部门提供的车辆使用计划，并综合运行图所需的上线车辆的数量和上线时间来编制车辆运用计划。

六、列车运行图

列车运行图是城市轨道交通运营生产的综合性计划，是城市轨道交通行车组织的基础，其质量直接关系着城市轨道交通系统的效益、能力和安全。

1. 列车运行图的定义

列车运行图是列车运行的时间与空间关系的图解。它规定了各次列车占用区间的顺序，各次列车在区间的运行时分。在列车的到达、出发或通过的时刻，在车站的停站时间和折返站的折返作业时间，以及列车交路和列车出入车辆段时刻等，能直观显示出各次列车在时间上和空间上的相互位置和对应关系。

列车运行图（图8.7）是运用坐标原理来描述列车在轨道线路运行的时间、空间关系，直观地显示出列车在各车站（车辆段）停车或通过、在各区间运行状态的一种图解形式。在城市轨道交通运营生产中，根据不同工种、对象的使用范围要求，列车运行图有两种输出形式：运营时刻表和图解表形式。运营时刻表是指列车在车站（车辆段）出发、到达（或通过）及折返时刻的集合，主要供车站人员、驾驶员以及（对外公布时）乘客使用。图解表又称时距图，是指列车在车站（车辆段）出发、到达（或通过）时刻，及列车折返、在各区间的运行时间的图解形式，主要供城市轨道交通企业运营调度部门行车调度指挥使用。其中图解表中的坐标系根据使用习惯特点有两种表示方法。在图 8.7（a）中，横坐标为时间，纵坐标为距离，水平线之间的距离即为站间距，这种表示方法在国内使用得最为广泛。

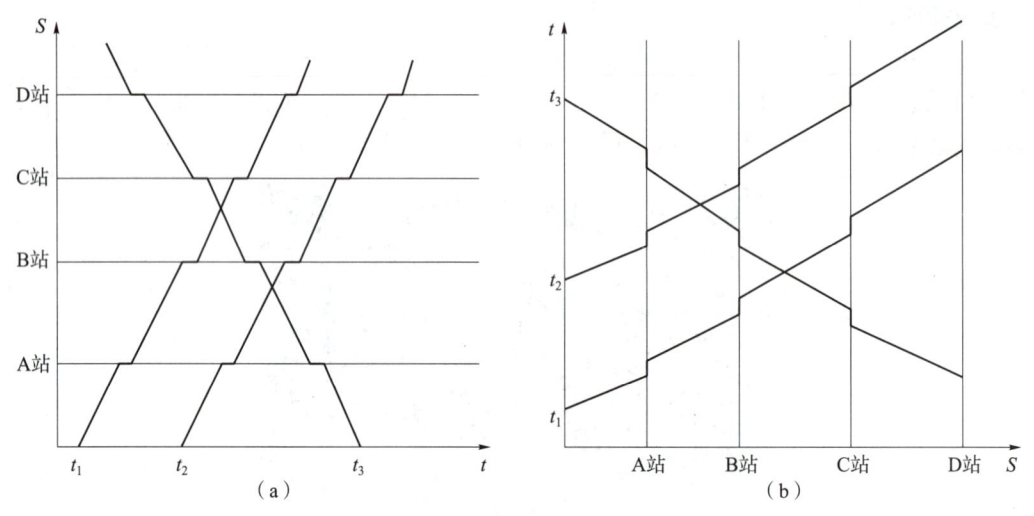

图 8.7 列车运行图

2. 列车运行图的意义

在城市轨道交通运营生产过程中，列车运行是一个复杂的系统过程，它要利用多种技术设备和系统的联动，要求各部门、各工种、各项作业之间互相协调配合，才能保证行车的安全和提高运营效率，列车运行图在此发挥着极其重要的作用。为了保证城市轨道交通运输生产过程的协调一致性和计划性，使各列车运行能彼此很好地配合，保证列车运行与乘客服务工作的协调一致，保证安全、快捷、经济、准确地运送乘客，合理有效地利用轨道交通技术设备，充分利用轨道交通通过能力，轨道交通运营企业必须编制列车运行图。

一方面，列车运行图是城市轨道交通运营企业实现列车安全、正点运行和经济有效地组织运营生产工作的列车运营生产计划，它规定了轨道线路、车辆段、电客车、施工检修设备的运用以及与行车相关各部门（如车站、车辆段、施工检修部门）的工作组织安排，并通过列车运行图把整个轨道线网的运营生产工作联系成一个统一的整体，使其严格按照一定运行程序有条不紊地进行工作，保证按图运行。

另一方面，列车运行图又是城市轨道交通运营企业面向社会提供运输能力和保证服务水平的一种有效形式，它提供了城市轨道交通线路运营服务时间、首末班车时间和运营时刻表，规定了不同季节、不同日子、不同时段客流需求的运能供给和运营服务能力指标。

因此，列车运行图不仅是城市轨道交通运营生产的一个综合性计划，也是行车组织工作的基础，更是轨道交通运营企业经济效益和社会效益的重要体现。

3. 列车运行图的图解

列车运行图运用坐标原理表示列车在各站和区间运行计划的一种图解形式，其由时间线、站名线、运行线、列车车次和运行时刻组成。

1）竖线——代表时间线

将横轴按一定比例用竖线划成等份，代表不同的时间（分钟和小时），通常分钟格线以较细线表示，小时格线以较粗线表示。一般城市轨道交通列车运行图使用 1 min 等分格。

2）横线——代表站名线（车站中心线位置）

根据区间实际运行时间或区间实际里程，将纵轴按一定的比例用横线加以划分，以车站中心线位置进行距离定点，表示车站站名线。

3）斜线——代表列车运行线

根据列车在各站的到达、出发或通过的时刻铺画列车运行线，即为列车运行的近似表示。列车运行线路分为上、下行线，我国城市轨道交通企业普遍采用的运行图，由左下方向右上方倾斜的运行线为上行线，由左上方向右下方倾斜的运行线为下行线。

通常，一张运行图上存在担任不同运营任务的列车。为了便于识别，不同种类列车运行线采用不同的表示方法，主要表现在列车车次或运行线型的不同。

4）车次

目前，我国大多数城市轨道交通系统的列车运行图中，列车车次由 7 位数组成，主要包括：列车服务号、目的地码和行程号（又名序列号）。我国的城市轨道交通系统规定，上行列车的车次为双数，下行列车的车次为单数。例如，西安地铁 2 号线列车车次形式为"列车服务号（3位）+目的地码（2位）+行程号（2位）"，上行列车车次为双数指其中的行程号为双数，下行列车车次为单数指其中的行程号为单数。

5）时刻表示

在列车运行图上，列车运行线（斜线）与车站中心线（横线）的交点即为列车到达、通过或出发的时刻。由于城市轨道交通系统采用 1 分格运行图（其横轴以 1 分钟为单位，用竖线等分），列车行车间隔较小、停站时间较短，则一般不标注列车到、发时刻。

【任务实施】

背景描述	列车运行图是列车运行的时间与空间关系的图解，它规定了各次列车占用区间的次序，各次列车在区间的运行时分
讨论主题	面对列车运行图，你该如何为乘客介绍？
成果展示	小组采用绘图讲解的方式介绍列车运行图

续表

任务反思	1. 你在本任务中学到的知识点有哪些？ 2. 你对自己在本任务中的表现是否满意？写出课后反思

【任务评价】

序号	评价项目	评价指标	分值	自评（30%）	互评（30%）	师评（40%）	合计
1	职业素养 30 分	采取多种手段收集信息、解决问题的能力	5				
		团队合作、交流沟通、分享能力	5				
		责任意识、服从意识	5				
		当前和长远意识	5				
		历史思维	5				
		完成任务的积极主动性	5				
2	专业能力 60 分	能够清晰掌握客流计划	20				
		能够充分了解列车运行计划	20				
		能够充分掌握列车运行图和图解表	20				
3	创新意识 10 分	创新性思维和行动力	10				
合计			100				
综合得分							

拓展知识

西安地铁 2 号线发展史

西安地铁 2 号线是中国陕西省西安市第一条建成运营的地铁线路，于 2006 年 9 月 29 日开工建设。其中，一期工程北段（西安北站至会展中心站）于 2011 年 9 月 16 日通车；一期工程南段（会展中心站至韦曲南站）于 2014 年 6 月 16 日通车，二期工程（草滩站至西安北站；韦曲南站至常宁宫站）于 2023 年 6 月 27 日通车。

西安地铁 2 号线呈南北走向，北起未央区草滩站，途经莲湖区、新城区、碑林区、雁塔区，南至长安区常宁宫站，是贯穿西安市区南北中轴线的核心线路。

截至 2022 年 12 月，西安地铁 2 号线全长 33.4 km，全部为地下线；共设 25 座车站，全部在地下；采用 6 节编组 B 型列车。

西安地铁 2 号线首通段北客站至会展中心站采用双线单方向运行，电客车由北客站经上行线运行至会展中心站，经折返线到下行线，再由会展中心站经下行线到北客站循环运行，如图 8.8 所示。

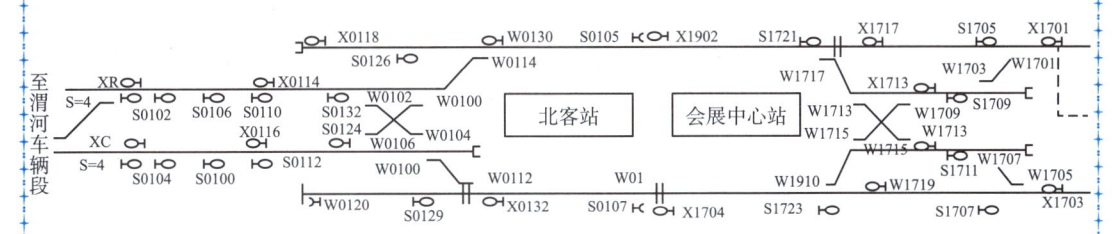

图 8.8　西安地铁 2 号线端站折返示意

电客车存放在渭河车辆段。运营开始前，它们从转换轨经北客站进入正线按图投入运营；运营结束后，从北客站经转换轨回渭河车辆段。

西安地铁 2 号线作为西安市区的第一条地铁线路，在 5 年的时间里，其相继洞通、轨通，标志着西安迈入了地铁时代。其实，西安很早就开始憧憬着地铁。从 1994 年到 2005 年，西安先后 5 次调整《西安市城市快速轨道交通线网规划》，直到 2006 年才最终获得国家审批。究其原因，随着国家西部大开发战略的实施，西安城市经济实力的增强起到至关重要的作用。2006 年巨大的旋挖钻机在张家堡广场挖出第一铲黄土，5 年后从城南到城北，只需短短半小时。随着与国铁及郑西高铁的对接，西安地铁 2 号线的建设无疑将有效提高城市客运系统换乘功能，有利于实现一体化交通。随着地铁线路的逐一开建，西安城市规划固有格局得到了一次次提升，也让市民缓慢的生活节奏得到了一次次突破，这无疑也成为现代交通便捷出行、低碳发展的践行之路。

【作业习题】

一、填空题

1. 列车出行计划是编制＿＿＿＿，计算＿＿＿＿和确定＿＿＿＿的基础资料。
2. 客流计划是编制＿＿＿＿、＿＿＿＿和＿＿＿＿的基础。
3. 列车交路计划是指根据运营组织的要求及运营条件的变化，按＿＿＿＿或由行车调度指挥列车按规定区间运行、折返的列车运行计划。
4. 列车运行图是列车运行的＿＿＿＿与＿＿＿＿关系的图解。
5. 列车运行图是运用坐标原理表示列车在各站和区间运行计划的一种图解形式，其由＿＿＿＿、＿＿＿＿、＿＿＿＿、＿＿＿＿和＿＿＿＿组成。
6. 列车运行图中的斜线代表＿＿＿＿。

二、简答题

1. 试述客流、断面流量和最大断面流量的含义。
2. 简述站前折返的优缺点。
3. 车辆运用计划的含义是什么？

任务二　了解城市轨道交通行车组织

【任务描述】

行车调度指挥工作是行车组织工作的主体，在地铁运营企业，行车调度直接代表运营分公司经理指挥运营工作。你清楚城市轨道交通行车指挥原则吗？你了解正常情况下的行车组织和非正常情况下的行车组织相关内容吗？请分组采用PPT的方式介绍。

【学习目标】

1. 掌握行车时间、统计晚点、车次、行车指挥基本原则等基础知识；
2. 掌握正常情况下的行车指挥工作，了解行车指挥的基本条件、要求和内容；
3. 了解正常情况下的行车组织工作基本控制方式；
4. 熟悉移动闭塞、固定闭塞下的行车组织方法和电话闭塞法时的行车组织方法；
5. 掌握特殊应急情况的行车组织方法判断和调整方法；
6. 养成严谨认真的工作态度。

【涉及主要规范和标准】

序号	名称	下载二维码	序号	名称	下载二维码
1	城市轨道交通行车组织规则（JT/T 1185—2018）		3	城市轨道交通行车值班员技能和素质要求　第1部分：地铁、轻轨和单轨（JT/T 1002.1—2015）	
2	城市轨道交通互联互通体系规范信号系统第2部分：列车自动监控系统工作站人机界面（DB37/T 4440.2—2021）		4	城市轨道交通行车调度员技能和素质要求　第1部分：地铁、轻轨和单轨（JT/T 1004.1—2015）	

【相关知识】

一、行车指挥原则

1. 行车指挥基本原则

城市轨道交通行车组织指挥工作，必须坚持安全生产的方针，贯彻高度集中、统一指挥、逐级负责的原则。行车相关人员必须服从行车调度员的指挥，执行行车调度员命令；同时，行车调度员应严格按运营时刻表（或列车运行图）指挥行车。

正线、辅助线（包括出入段线、折返线、存车线、渡线、联络线、安全线等）及转换轨一般属行车调度员管理，车辆段线属车辆段调度员管理。指挥列车在正线运行的命令只能由行车调度员发布。行车调度指挥中心如图8.9所示。

图8.9 行车调度指挥中心

2. 行车时间的规定

轨道交通企业规定的行车时间以北京时间为准，从零时起计算，实行24小时制。行车日期划分以零时为界，零时以前办妥的行车手续，零时以后仍视为有效。

3. 关于上下行方向的规定

每条线路在划分上下行时都有自己的原则和因素，以西安地铁2号线为例，它的正线为双线，列车运行时采用双线单向右侧行车的方式。北客站往丰曲南站方向为上行，反之为下行。

4. 统计晚点的规定

轨道交通企业统计电客车晚点，是根据列车运行到达终点站时，比照《运营时刻表》中对于每列列车单程晚点时间的规范要求，判定是否属于晚点列车。一般晚点时间是根据具体线路的开通运营情况、行车间隔等各种因素设定的。各轨道交通企业有所不同。

5. 列车车次规定

列车车次一般由服务号、目的地码和序列号几个要素组成；同时，个位是偶数则为上行，奇数为下行，顺序编号。但是目前车次的具体排列次序及位数没有统一的标准，如广州地铁1号和2号线的电客车车次为6位数，左边两位为目的地码，中间2位为服务号，右边两位为序列号；沈阳地铁1号线电客车车次由5位代码组成，前3位为服务号，后2位为目的地码。

二、正常情况下的行车组织

正常情况下的行车组织是指地铁信号系统功能正常，控制中心、车站、列车能按照信号系统所提供的功能、运行条件、列车运行模式及运行图中的运行计划开行列车，并组织列车正常运行。

1. 正常情况下的行车组织基本条件

1）信号系统功能

信号系统功能正常时：列车自动监控系统能够监控列车的运行情况，对全线列车进行自动管理；列车自动防护系统能够监督及控制列车在安全状态下运行，并满足安全的原则；列车自动运行系统能够自动控制列车运行,实现自动驾驶功能,并能够自动根据运行条件和要求完成列车启动、牵引、加减速、制动及开关门等的控制;计算机联锁能够实现道岔、信号机、计轴设备或轨道电路之间正确的联锁逻辑关系。

2)运行条件

运行条件是根据正线线路的条件、车辆自身限制、线路客流量大小、列车全运转时间等各因素综合而成,运行条件不同会影响正线列车的数量、列车的运行速度、交路运行情况等。因此,不同线路或区段的运行条件不同会导致不同的行车组织方案。

3)列车驾驶模式

列车是指在正线上拥有车次号且正常运行、按规定辆数编组、有明显列车标志的车组,不同用途的列车用不同的车次来进行标识。列车运行的基本模式有6种,以国内某城市的地铁信号系统为例,以上6种驾驶模式的使用特性和适用范围如表8.1所示。

表8.1 列车驾驶模式特点

驾驶模式	使用特性	适用范围
列车全自动驾驶模式	列车自动驾驶,驾驶员负责监控列车、列车自动驾驶系统及列车自动防护系统的运行情况,特殊情况下人工进行干预	地铁列车在正线时正常的运行方式,适用于移动闭塞信号系统
有列车自动防护系统防护的人工驾驶模式	列车由驾驶员通过车载信号的显示进行人工驾驶,列车的速度受到列车自动防护系统的监督,有超速防护功能;当列车超过车载信号所允许的最大速度时,列车会产生紧急制动	地铁列车的列车自动驾驶系统故障时(车载和轨旁列车自动防护系统设备状态正常)的运行方式,适用于移动闭塞信号系统
点式列车驾驶模式	列车由驾驶员通过车载信号的显示进行人工驾驶,列车的速度受到列车自动防护系统的监督,有超速防护功能;当列车超过车载信号所允许的最大速度时,列车会产生紧急制动	列车通过获取信号机处的动态应答器的信息,得到移动授权及相关速度信息,适用于点式列车自动防护系统,此时无列车自动驾驶系统,但车载和轨旁列车自动防护系统设备状态正常
限制人工驾驶模式	列车由驾驶员驾驶,且列车的最高驾驶速度不得超过 25 km/h,由驾驶员负责列车的安全驾驶;当列车速度超过 25 km/h,列车会产生紧急制动	列车在车辆段及转换轨时的正常驾驶模式;列车在正线时车载或轨旁列车自动防护系统故障时的降级驾驶模式
非限制人工驾驶模式	切除列车的列车自动防护系统防护后的驾驶模式,列车没有限制速度,车载信号系统不能监督列车运行,完全由驾驶员负责列车的安全驾驶和运行	列车在正线时车载或轨旁列车自动防护系统、联锁系统故障时的应急驾驶模式
自动折返模式	折返功能由列车的车载信号系统自动完成,驾驶员不需要进行人工操作	地铁列车在正线时正常的折返作业运行方式,适用于移动闭塞信号系统

2. 正常情况下的行车组织的基本要求

1)移动闭塞信号级别下的行车组织基本要求

(1)电客车采用列车全自动驾驶模式、人工驾驶模式中的自动或人工驾驶,驾驶员需在电客车出库时或交接班时输入驾驶员代号。在列车自动监控系统有计划运行图时,电客车出车辆段到转换轨时自动接收行车信息；但在没有列车自动监控系统计划运行图时，电客车在出车辆段及正线运行车次变更时，需行车调度员输入或通知驾驶员人工输入服务号和目的地号。

（2）正线上驾驶员凭车载信号显示或行车调度员命令行车，按运营时刻表和PDI显示时分掌握运行及停站时间。

（3）电客车运行时，驾驶员应在前端驾驶，对于自动驾驶的列车应做好监控工作，遇紧急或特殊情况时人工介入列车驾驶。

（4）对于采用列车全自动防护系统驾驶模式的列车，信号系统可根据列车的运行情况，自动对早、晚点的列车进行调整，确保全线列车运行有序正点；对于采用有列车自动防护系统防护的人工驾驶模式驾驶的列车，行车调度员应根据列车的运行情况，及时对早、晚点的列车进行调整。

2）点式列车自动防护系统级别下的行车组织基本要求

（1）电客车采用点式列车驾驶模式人工驾驶，驾驶员需在电客车出库时或交接班时输入驾驶员代号。

在列车自动监控系统有计划运行图时，电客车出车辆段到转换轨时自动接收行车信息；但在没有列车自动监控系统计划运行图时，电客车在出车辆段及正线运行车次变更时，需行车调度员输入或通知驾驶员人工输入服务号和目的地号。

（2）正线上驾驶员凭车载及地面信号或行车调度员命令行车，按运营时刻表掌握运行及停站时间。

（3）驾驶员应严格掌握进出站、过岔、线路限制等特殊运行速度；在列车运行中，驾驶员应在前端驾驶，如推进运行，应有副驾驶员或引导员在前端驾驶室引导和监控电客车运行。

（4）当列车发生早、晚点时，行车调度员应根据列车早、晚点情况及时采取措施，调整列车运行。

3）联锁级别下的行车组织基本要求

当信号系统级别为联锁级别时，信号系统仅具备基本的联锁逻辑，可提供固定闭塞列车间隔和联锁防护，但不提供其他的列车自动控制功能。

（1）电客车采用非限制人工驾驶模式或限制人工驾驶模式人工驾驶，驾驶员需在电客车出库时或交接班时输入驾驶员代号；电客车在出车辆段及正线运行车次变更时，需驾驶员人工输入列车服务号。

（2）正线上驾驶员凭地面信号或行车调度员命令行车，按运营时刻表掌握运行及停站时间。

（3）正线运营秩序紊乱时，只能靠行车调度员人工进行行车组织调整，根据列车早、晚点情况逐步调整列车按运行图运行。

3. 行车指挥的基本控制方式

地铁的基本行车控制方式主要有行车指挥自动化、设备人工控制、电话闭塞控制等几种，其中行车指挥自动化不需要调度员进行太多操作，仅需进行监控即可，其余两种均需调度人工介入进行行车指挥工作。现代地铁的行车组织控制方式多以行车指挥自动化为主，下面将重点介绍行车指挥自动化的行车组织控制方式。

1）行车指挥自动化

行车指挥自动化是利用现代信息化的电子计算机设备进行集中调度控制、指挥列车自动运行的一种远程自动化指挥的行车组织控制方式，以移动闭塞为基本闭塞法。行车指挥自动化控制方式主要的系统功能有：根据计划运行图和列车的运行情况自动绘制实际的运行图并进行比较，对早晚点列车进行重点标识；自动控制全线的道岔、信号机、轨道电路（计轴设备）及相关的联锁设备，并可以自动排列列车进路；自动追踪正线列车的运行，在 ATS 上正确显示正线线路占用情况、列车运行情况（列车车次、驾驶模式、运行状态）等；自动进行列车的运行调整；自动生成运营统计报告等。

行车指挥自动化的行车组织控制的主要内容有：

（1）列车自动监控系统。

列车自动监控系统是行车指挥自动化设备的重要集成系统，实现中央、车站均可视的行车指挥自动化，能够全面监控正线列车运行，并进行自动调整。列车自动监控系统通常包括中央列车自动监控系统、车站列车自动监控系统及车载列车自动监控系统三部分。相关设备均通过列车自动监控系统服务器实时接收相关数据信息。

（2）列车在正线的运行及驾驶模式。

列车在行车指挥自动化控制模式下，可采用自动或者人工驾驶模式。

①列车自动驾驶模式。

在列车自动防护系统和联锁系统的安全保护下，根据列车自动监控系统的指令，采用列车全自动驾驶模式可实现列车的自动驾驶运行和列车在区间运行的自动调整功能，确保达到要求的设计间隔及旅行速度，并实现列车的节能运行控制等；同时，列车在车站、区间正方向、折返线、出入段线、存车线等能够自动运行，控制列车按运行图规定的区间走行时分行车，自动完成对列车的启动、加速、巡航、惰行、减速和停车的合理控制，其站台停车精度为±0.3 m，正确率为 99.995%。列车自动驾驶模式是一种高效、经济、合理地控制列车牵引和制动的模式，满足节能要求；同时，它具有自诊断功能，记录和分析自检测、故障报警信息，并能将报警信息传至中央列车自动监控系统和信号维护监测子系统设备。在列车全自动驾驶模式下，列车根据接收到的速度码，自动控制列车加速、巡航、惰行、制动等，控制列车按要求停车，并自动控制车门、屏蔽门的开启。列车驾驶员主要是监督车载列车自动监控系统设备的相关信息状态，并在必要时进行人工干预，以确保列车的行车安全。

②列车人工驾驶模式。

列车人工驾驶模式是列车的列车自动驾驶系统故障，但车载和轨旁的列车自动防护系统设备良好，驾驶员根据车载设备接收到的列车自动监控系统数据和指令，在列车自动防护系统监督下的人工驾驶模式。当列车接近列车自动防护系统限制速度时，车载列车自动监控系统会对驾驶员发出文字、声、光等报警信息，提醒驾驶员注意，一旦列车速度超过限制速度，驾驶员未采取紧急措施，列车自动防护系统会自动根据"紧急制动曲线"对列车实施紧急制动。

列车全自动驾驶模式与有列车自动防护系统防护的人工驾驶模式的功能区别如表 8.2 所示。

表 8.2 列车自动驾驶模式与列车人工驾驶模式（有自动防护系统）的功能区别

功能	列车自动驾驶模式	列车人工驾驶模式（有自动防护系统）
自动启动	√	×
自动调节速度	√	×
按停车键停车	√	√

续表

功能	列车自动驾驶模式	列车人工驾驶模式（有自动防护系统）
自动开关车门/屏蔽门	√	√
运动等级调节	√	×
自动折返	√	×
跳停	√	√
扣车	√	√
未达站台自动调节	√	×
越站功能	√	√

（3）列车运行组织。

在行车指挥自动化的控制方式下，由中央计算机通过列车自动控制设备实现当日的列车运行图加载、列车进路自动排列及列车运行自动调整的功能，指挥列车安全运行，中央列车自动监控系统可以集中反映正线列车的运行情况。行车调度员通过监控设备，能够准确掌握线路上的列车运行情况和分布情况、区间和站内线路的占用情况、联锁设备（信号机、计轴/轨道电路、道岔）的工作情况等。同时，行车调度员也可以通过人工介入，干预自动控制功能，人工调整列车运行，排列列车进路等。

在该控制方式下，列车占用区间的行车凭证为列车收到的速度码或移动授权，凭车载信号的指示动车或凭行车调度员的指令动车，列车运行的安全间隔由中央列车自动监控系统负责。

（4）列车运行自动调整。

列车运行自动调整是行车指挥自动化的重要功能。启用该功能时，列车自动监控系统能够根据列车运行图中的运行计划，实时对早、晚点时间在一定范围内的图内列车自动进行列车运行调整。一般有两种：按时刻表调整及按运行间隔调整。按时刻表调整能够自动控制列车运行，将列车与时刻表（预先设定）之间的偏差降至最低，如果列车运行时分落后于时刻表，列车就会发出报警，系统进行自动调整，这是通常的正线列车运行模式；按运行间隔调整能自动管理列车运行，平衡正线上列车到达各个车站的时间间隔，这是线路故障或应急时的后备运行模式。列车运行自动调整最主要是通过控制列车的停站时间和列车运行等级来实现。一般列车等级分为7级，如表8.3所示。列车运行等级的自动升高或降低可实现列车运行速度的自动控制。列车运行等级是列车车载信号系统从列车自动监控系统中接收到运行等级，进而调整车辆速度、加速度和预定减速度等。

2）设备人工控制

设备人工控制是在行车调度员的统一指挥下，由车站行车值班员人工操作微机联锁设备，排列进路，控制列车运行。其使用的基本闭塞法为固定闭塞，列车占用区间的行车凭证为出站信号机的绿灯显示。

设备人工控制的主要功能有：利用车站信号控制系统具有的联锁功能，车站行车值班员可以进行进路排列、道岔转换及信号放开的人工操作；车站可根据中央指令对列车运行进行调整；控制中心可以监控或部分监控正线进路占用、信号及道岔的工作状态等，对正线列车进行监护。

表 8.3 列车运行等级

运行等级	定义	目的	惰行模式
1	最大速度、最大加速度、最大减速度	用于时刻表调整及运行间隔调整	可惰行
2	95% 列车自动驾驶系统速度、最大加速度、最大减速度		
3	90% 列车自动驾驶系统速度、最大加速度、最大减速度		
4	85% 列车自动驾驶系统速度、最大加速度、最大减速度		
5	80% 列车自动驾驶系统速度、最大加速度、最大减速度		
6	75% 列车自动驾驶系统速度、最大加速度、最大减速度		
7	70% 列车自动驾驶系统速度、最大加速度、最大减速度		

3）电话闭塞控制

电话闭塞控制是行车调度员将行车控制权下发给车站，由车站值班员人工操作微机联锁设备或组织人员下线路准备进路，控制列车运行。其使用的基本闭塞法为固定闭塞，列车占用区间的行车凭证为路票。

电话闭塞控制的主要功能有：利用车站信号控制系统具有的联锁功能，车站行车值班员可以单独转动道岔，如果无法在信号系统单独转动道岔组织人员下线路人工办理进路，按照电话闭塞法组织列车运行；在正常情况下，控制中心不再指挥列车运行，但在应急情况下，车站可根据中央指令对列车运行进行调整。

三、非正常情况下的行车组织

非正常情况一般是指列车运行的信号控制系统出现故障后，采用代用闭塞法的应急情况，通常情况下行车组织工作由车站控制和办理。地铁的常用代用闭塞法主要是电话闭塞法。无论是行车指挥自动化、调度集中控制还是调度监督下的自动运行控制或半自动运行控制，均会出现信号控制系统故障导致行车控制权下放的情形，从而转为非正常情况下的行车组织。所以非正常情况下的行车组织分为：移动闭塞信号故障时的行车、固定闭塞信号故障时的行车、电话闭塞控制时的行车及特殊应急情况时的行车等。

1. 移动闭塞时信号设备故障下的行车组织

1）控制中心级列车自动监控系统设备故障

控制中心级列车自动监控系统设备故障时，控制中心无法通过列车自动监控系统设备监控到全线列车的运行情况，无法掌握列车的运行状态、线路占用情况等，存在较大的安全隐患。此时，控制中心会将正线的行车控制权下发至各车站（或信号设备集中站），由车站负责监控列车的运行情况。控制中心列车自动监控系统虽然故障，但车站的列车自动监控系统设备仍可通过列车自动监控系统服务器获取运行时刻表等基本信息，从而进行自动排列进路、信号开放等工作，也可根据列车的目的地号及列车位置信息等自动触发相应的进路。如果仅为控制中心列车自动监控系统无法监控，其他功能正常时，信号系统还可以执行列车自动运行调整功能等。

2）车站级列车自动监控系统设备故障

车站级列车自动监控系统设备故障，如果中央级列车自动监控系统正常，则仍由控制中心进行正常的行车组织工作，由设备部门对车站列车自动监控系统设备进行抢修；此时若控制中心级列车自动监控系统设备也故障，则控制中心将行车控制权下放至各车站（或信号设备集中站），由车站将信号系统转至联锁级别，通过联锁工作站人工排列进路。在联锁设备人工控制下，列车的进路、信号机的开放、道岔的位置等均由车站人员人工操作，也可在联锁工作站上将相关的信号机开放为自动排列进路模式或追踪列车模式状态，当列车接近该信号机或进路的某一位置时，自动触发联锁设备为列车排列一条进路。该故障情况下，信号系统无列车自动运行调整功能，但列车仍在列车自动防护系统的防护下监督运行。

3）列车自动防护系统设备故障

列车自动防护系统设备包括车载列车自动防护系统设备和轨旁列车自动防护系统设备。

（1）车载列车自动防护系统设备故障时：司机应第一时间将该故障信息报告行调；同时，该列车应以人工驾驶的模式，按照地面信号的显示运行，直至退出运行服务，此时该列车已不属于移动闭塞列车，属于固定闭塞的列车。移动闭塞时，信号系统会自动为该固定闭塞的列车前后方预留出足够的安全运行距离，如安全运行距离不足，行调应采取有效措施，确保前后方列车的行车安全。

（2）轨旁列车自动防护系统设备故障时：移动闭塞时，若轨旁列车自动防护系统设备发生故障，则该故障区域内由移动闭塞降级为固定闭塞，故障区域内的列车按照地面信号显示行车，列车由司机人工驾驶，列车的进路由列车目的地号触发或者由车站人员人工排列。

4）列车自动驾驶系统设备故障

列车自动驾驶系统设备故障时，列车仍可按移动闭塞时的车载信号行车，具备列车自动防护系统的安全防护功能，但只能够人工驾驶，对于列车自动驾驶系统故障的列车，行调应及时组织下线，安排功能正常的列车上线替开。

2. 固定闭塞时信号设备故障下的行车组织

1）控制中心级列车自动监控系统设备故障

控制中心级列车自动监控系统设备故障包括列车自动监控系统自动功能故障及监控功能故障。当列车自动监控系统自动功能故障时，行调人工排列进路及进行行车组织运营调整工作，此时需重点关注全线的列车运行情况，防止进路漏排、错排。当列车自动监控系统监控功能故障时，行调应及时将行车控制权下放至车站，由车站对正线（或该车站行车管辖范围内）的列车进行监控，特殊情况下还需要车站人工排列列车运行进路。

2）车站级联锁设备故障

车站联锁设备故障包括：全线或某个联锁区车站的联锁工作站全灰；全线或部分联锁区计轴设备故障；全线或部分联锁区的道岔失去表示；全线或部分联锁区的信号机失去表示；全线或部分联锁区车站的联锁工作站请求进路失败等。

此时，值班主任决定采用电话闭塞法组织行车后，行调应及时向故障区域内及受影响的各车站发布按电话闭塞法组织行车的命令，将行车控制权下放至车站，列车占用区间的凭证是路票。

3）列车自动防护系统设备故障

①车载列车自动防护系统设备故障时：当车载列车自动防护系统故障时，驾驶员应及时向行调汇报，得到行调允许后，切除车载列车自动防护系统防护，转换列车驾驶模式为非限制式人工模式驾驶，特殊情况时需限速运行。行调应积极组织该故障车运行至就近存车线或折返线，待清客完毕后安排故障车下线，退出运营服务。

②轨旁列车自动防护系统设备故障时：轨旁列车自动防护系统故障范围较小（如某一区段红光带或某信号机不能开放等）时，行调可安排各次列车不切除车载列车自动防护系统，但需转至限制人工驾驶模式，限速通过故障区段，同时该故障区段同一时间只能有一列车占用。

轨旁列车自动防护系统故障范围较大时，行调应及时向故障区域内及受影响的各车站发布按电话闭塞法组织行车的命令，将行车控制权下放至车站，列车由驾驶员人工驾驶，占用闭塞区间的凭证是路票。

4）列车自动驾驶设备故障

列车自动驾驶设备故障时，列车仍可按固定闭塞时的车载信号行车，具备列车自动防护系统的安全防护功能，但列车由驾驶员人工驾驶，行调应及时组织自动驾驶设备故障的列车下线，让列车自动驾驶功能正常的备用车上线替开故障列车。

3. 电话闭塞法的行车组织

电话闭塞法是正线信号系统联锁功能故障时的行车组织应急方法，是靠人工控制行车间隔的代用闭塞法。电话闭塞法的启用及停用由值班主任决定，但由行调向车站、驾驶员等发布相关的调度命令，在以下几种情况时可以启用电话闭塞法：一个或多个联锁区联锁设备故障时；中央及车站联锁工作站上一个或多个联锁区均无法对线路运行车辆进行监控时；正线与车辆段信号设备故障联锁失效时，或正线与车辆段信号接口故障时；其他特殊情况需采用电话闭塞法组织行车时。

4. 特殊应急情况的行车组织

1）救援故障列车

列车在正线发生故障需救援时，驾驶员应及时向行调汇报，行调应积极组织救援工作，电客车担任救援列车时，原则上应先清客后再执行救援任务，原则上在被救援列车后方站清客，空车前往救援。在达到必须救援的时间时，行调应及时下发救援命令，命令应简洁、清晰、明确，已申请救援的列车严禁动车，但可以继续排除故障。行调应适时组织正线其余正常的列车运行，调整运行间隔，最大限度地维持运营。故障列车在区间时，原则上不封锁区间线路，凭调度命令进入故障区间执行救援，但使用工程车救援时必须封锁区间线路。向封锁线路发出救援列车时，不办理行车闭塞手续，以行调的救援列车开行命令作为进入该封锁线路的许可。在未接到开通封锁线路的调度命令前，救援列车以外的其他列车不得进入该线路。

当救援列车推进故障列车运行时，驾驶员需在救援列车前端驾驶室（运行方向）驾驶，故障列车前端驾驶室需有驾驶员或列车引导员进行引导，运行限速 25 km/h；当救援列车牵引故障列车运行时，驾驶员需在救援列车前端驾驶室驾驶，运行限速 40 km/h。

2）列车退行

列车因故在站间停车需要退行回车站时，驾驶员必须报告行调，在得到行调的命令并换端后方可退行（牵引退行），行调应及时通知有关车站。行调在确认后方相邻区间没有列车占用，并将后续列车扣停在后方站后，方可同意列车退行。

列车退行进入车站时，车站接车人员应于进站站台端墙处显示引导信号，列车在进站站台端墙外必须一度停车，确认引导信号正确方可进站。当退行列车到达车站后，驾驶员应及时向行调报告；同时，根据行调的命令处理。

当列车自动监控设备可以正常使用时，由行调确认列车后方区间（相对原运行方向）

无其他列车占用,并关闭相关联锁站所影响进路的起始信号机的自排或追踪功能,通知车站和驾驶员列车退行的安排。当列车自动监控设备不能正常使用时,由行调确认列车后方区间(相对原运行方向)无其他列车占用,并指令相关联锁站关闭所影响进路的起始信号机的自排或追踪功能,通知车站和驾驶员列车退行的安排。

3) 列车反方向运行

列车运行进路分为上、下行方向运行,如违反常规运行方向的称反方向运行。正常情况下,运行线路上的列车均按正方向运行,但在应急特殊情况下,可适当组织列车反方向运行。

列车反方向运行的行车组织因设备不同有以下两种情况:

(1) 在具有反向列车自动防护系统的计轴区段:列车反向运行前必须得到行调的命令,列车以列车自动防护系统防护模式下的驾驶模式运行,行车凭证为列车收到的推荐速度;如遇列车自动防护系统轨旁设备故障,行调通知驾驶员以限制人工驾驶模式运行。

(2) 在不具有反向列车自动防护系统的计轴区段,除降级运营时组织单线双方向运行或开行救援列车外,载客列车原则上不能反方向运行。在特殊情况下,可将行车控制权下放,改用电话闭塞法行车,车站办理相关的行车业务,列车占用区间的凭证为允许反方向运行的路票。

4) 计划停站列车不停站通过

在日常行车组织运营工作中,因车辆、设备故障,事故及客流突变等原因造成运行晚点或特殊原因需要时,可以准许电客车在站不按计划停站而直接通过,但末班车或乘客无返乘条件的列车,不得直接通过。不准三列及以上电客车在同一车站连续通过。当电客车通过站时,行调应及时通知驾驶员和相关车站。

【任务实施】

背景描述	非正常情况一般是指列车运行的信号控制系统出现故障后,采用代用闭塞法的应急情况,通常情况下行车组织工作由车站控制和办理
讨论主题	非正常情况下的行车组织分哪些行车情况?
成果展示	小组采用PPT的方式介绍并展示成果
任务反思	1. 你在本任务中学到的知识点有哪些? 2. 你对自己在本任务中的表现是否满意?写出课后反思

【任务评价】

序号	评价项目	评价指标	分值	自评（30%）	互评（30%）	师评（40%）	合计
1	职业素养 30分	采取多种手段收集信息、解决问题的能力	5				
		团队合作、交流沟通、分享能力	5				
		责任意识、服从意识	5				
		安全意识	5				
		系统思维	5				
		完成任务的积极主动性	5				
2	专业能力 60分	能够清晰掌握行车指挥原则	20				
		能够充分掌握正常情况下的行车组织	20				
		能够清晰了解非正常情况下的行车组织	20				
3	创新意识 10分	创新性思维和行动力	10				
		合计	100				
		综合得分					

拓展知识

呕心沥血——中国铁路行车指挥自动化系统的开拓

张锡弟（图8.10），铁路运输自动化及铁路信号专家。他长期从事铁路信号器材和系统研究，是铁路行车指挥自动化系统的开拓者之一。他主持完成了电子调度集中系统、计算机调度监督系统、大秦线重载铁路调度指挥中心系统及其配套设备的研制工作。推进模糊控制理论的探讨及应用研究，为中国铁路运输自动化的发展及培养人才做出了重大贡献。

行车指挥自动化系统是一个具有较强数据处理功能的监控系统。在此基础上可形成干线铁路、枢纽地区及较大范围地区铁路的控制中心，以更有效地组织铁路运输工作。此外，随着微型计算机和数字通信技术的发展和应用，行车指挥自动化系统将以微型计算机为基础，组成按功能划分的模块化的分布系统，这样可以进一步提高系统的可靠性，增强系统的功能和适应性。

图8.10 张锡弟

20世纪70年代，随着电子器件的集成化及计算机技术引入铁路行车指挥系统的新趋势，张锡弟与课题组一方面积极推进系统器件的集成化，完成集成化复线调度集中在天津至芦台区段的安装运用；另一方面，结合计算机技术，将行车指挥向自动化推进，课题组在津山线进行了多年现场试验工作，制定了较完整的系统技术条件和方案，并培养锻炼了人才，为铁路信号系统向综合化发展创造条件。20世纪80年代，在国家改革开放新形势下，张锡弟先后参加中国铁道科学研究院及铁道部组织的考察团赴波兰、日本、联邦德国、法国及美国考察访问，了解东西欧、日本及美国铁路信号系统实际情况和技术人员状况，再结合国家教委培养研究生计划，结合科研课题开始培养运输自动化与控制专业研究生工作，按"大力培养人才，引进国外关键技术和部件，自行组成系统"的科研路线，推动铁路信号系统计算机化。另外，他还主持完成"八五"铁道部科技攻关项目"计算机调度监督系统"研究，该项目成果在郑州枢纽及京秦线安装运用，并得到大面积推广。1993年，张锡弟获铁道部科技进步三等奖。与此同时，对车站计算机联锁研究工作，他从资料搜集和人才培养等方面予以大力推动，从而使该项科研工作很快打开局面，并取得了国内领先成果。

【作业习题】

一、填空题

1. 列车自动运行系统能够自动控制列车运行，实现自动驾驶功能，并能够自动根据运行条件和要求完成_____、_____、_____、_____和_____等的控制。

2. 列车运行自动调整最主要是通过控制列车的_____和_____来实现。一般列车等级分为_____级。

3. 电话闭塞法是正线信号系统联锁功能故障时的行车组织应急方法，是靠_____的代用闭塞法。

4. 列车自动防护系统设备包括_____和_____。

二、简答题

1. 简述点式列车驾驶模式的特性及适用范围。
2. 行车指挥自动化是指什么？
3. 非正常情况一般是指什么情况？

任务三　了解城市轨道交通乘务管理

【任务描述】

乘务员是轨道交通行车作业的关键工种。列车在区间运行时，乘务员负有保证列车安全与乘客安全的重要责任。因此，对于乘务员的招聘、选拔、业务培训和平时考核，均应围绕建立一支具有较高综合素质、过硬业务水平、较强安全意识的乘务员队伍展开。你了解的乘务员是如何工作的呢？假如你是一名乘务工作者，你将如何合理选择乘务方式、优化配备乘务资源、提高乘务管理水平和企业经济效益呢？

【学习目标】

1. 掌握乘务组织的内容；
2. 了解乘务员的值乘方式及人员的排班方式；
3. 掌握值乘方式的选择与制定；
4. 掌握乘务作业管理的基本内容；
5. 掌握乘务作业的工作流程；
6. 培养劳动精神、奋斗精神；
7. 通过城市轨道交通乘务管理培养乘务员的责任意识、担当意识。

【涉及主要规范和标准】

序号	名称	下载二维码
1	城市轨道交通全自动运行线路初期运营前安全评估技术规范（T/SHJX 0019—2020）	

【相关知识】

一、乘务组织

乘务组织负责电客车驾驶员、车辆段的管理工作。主要承担电客车驾驶员的培训、日常管理、正线列车安全驾驶、车辆段内的施工管理以及车辆段内的行车组织工作。

城市轨道交通列车的驾驶员包括电客车驾驶员和工程车驾驶员两类，工作在城市轨道交通运营的最前线，肩负着行车安全的主要职责，是地铁安全运营的第一道屏障。因此，合理安排驾驶员的休息时间和值乘方式，确保驾驶员在值乘期间精力充沛，方能够高效完成生产任务。驾驶员值乘方式的选择不仅要与实际运营相结合，还要有科学安排作为保障，在使人员精简、高效的同时，还要确保运营的安全。

1. 乘务方式

城市轨道交通乘务方式通常使用两种乘务制度，即包乘制和轮乘制。

1）包乘制

包乘制是指列车的值乘乘务员固定，由若干个乘务员包乘包管，特点为：

（1）列车乘务员能够比较全面地掌握值乘列车（车辆）的性能。熟悉列车（车辆）情况，有利于处理列车运行时的故障；

（2）有利于管理、监督；

（3）有利于列车维护、保养；

（4）由于采用的是定人包车的形式，对提高列车（车辆）的技术状况有一定的好处；

（5）投用列车台数较多，列车（车辆）使用相对不均匀、不平衡；

（6）需配备的乘务员人数较多。

采用包乘制后，便于乘务员掌握车辆性能状态，有利于增强乘务员对车辆保养的责任心。但与轮乘制相比，采用包乘制时，乘务员劳动生产率较低，对车辆运用计划的编制要求较高。另外，夜班乘务员下班不便。

2）轮乘制

轮乘制是指列车的值乘乘务员不固定，由各个乘务员轮流值乘，特点为：

（1）减少参与运行的乘务员人数，其配量可减少到最低程度，有较高的工作和管理效率；

（2）能够比较合理地利用列车台数，降低车辆使用成本；

（3）对列车乘务员的技术素质要求较高，对列车（车辆）性能的适应性要求较强；

（4）不利于列车保养、维护。

采用轮乘制后，有利于合理安排乘务员作息时间，以较少的乘务员完成乘客输送任务。但乘务员对车辆性能、状态的熟悉程度和对车辆保养的责任心，可能不如包乘制，为此需要通过建立制度、加强教育来明确乘务员的职责，提高车辆保养质量。目前，大多数轨道交通线路采用轮乘制，这里面既有提高劳动生产率的考虑，也有车辆可靠性不断提高的因素。

2. 乘务员轮班制度

乘务员轮班制度是指制定乘务员每日执勤的规则。目前常见的轮班制度为以下四种：

1）四班二运转

"四班二运转"采用的轮转规则为：白班、夜班、休息、休息。"夜班"工作时间跨越两天，实际上"四班二运转"中第一个休息日并非完全休息，而是需要在当日 4:00—11:30 完成一定的驾车任务。因此，"四班二运转"轮转规则实际为：白班、夜班、早班、休息。其中夜、早班需要连乘完成，乘务员夜间要留宿在出退勤车站。

2）四班三运转

"四班三运转"采用的轮转规则为：白班、早班、夜班、休息。"四班三运转"乘务员夜班结束后不留宿在车站。

3）五班三运转

"五班三运转"采用的轮转规则为：白班、早班、夜班、休息、休息，相对于"四班三运转"多了一个休息日，各班基本作业时间没有差异。

4）三班二运转

"三班二运转"采用的轮转规则为：工作、工作、休息。在城市轨道交通系统中，乘务任务分为白班、夜班（夜早连乘）。因此，若采用"三班二运转"，则必须将夜班和早班分开轮转，即一部分人员专门轮转"夜班"，一部分人员专门轮转"白班"。其中，夜班轮转规则为：夜班、休息（或夜班、早班、休息）；白班轮转规则为：白班、白班、休息。各班的基本作业时间与"四班二运转"一致。

各轮班制度特点如表 8.4 所示。

表 8.4 各轮班制度特点

轮班制度		工作时间	休息时间	乘务员数量
四班二运转		单次工作时间长，夜班后留宿车站	集中	四班组
四班三运转		工作时间分散，夜班后不留宿车站	分散	四班组
五班三运转		工作时间分散，夜班后不留宿车站，轮转周期长	分散	五班组
三班二运转	夜班	单次工作时间长，夜班后留宿车站，轮转周期短	集中	三班组
	白班	工作时间合理，轮转周期短	分散	

3. 乘务人员配备

作为一条成熟的地铁运营路线，在合理安排驾驶员作息时间、制定值乘方式之外，合理配备正线乘务人员数量和素质配置，以保证地铁路线以最大收益运营也尤为重要。因此，编制乘务组织时还需要正确规划乘务员数量。

1）确定正线配备乘务员数量

正线乘务员是指参与正线列车驾驶的乘务员。在轨道交通线路运营前期，根据线路的列车配备数量，需要确定该线路配备乘务员（此处仅指列车驾驶员）人数，一般采用人车比进行配备，计算公式如下：

$$n = N_T r \tag{8-1}$$

式中：n——线路配备的正线乘务员人数（人）；

N_T——线路上配备的列车数量（列）；

r——人车比（人/车），一般取值为 1.5~2.0。

2）确定备用乘务员数量

除配备正线乘务员之外，一般还需配备一定的备用乘务员。备用乘务员数量的确定，需要一定的科学依据，乘务员数量配备过多，将导致人员空闲，成本提高；反之，则会导致现场人员使用紧张，部分乘务员工作强度过大，影响正常工作。

（1）影响乘务员备用数量的主要因素。

①处于婚龄的年轻乘务员数量：处于婚龄的乘务员结婚时，需要为其安排一定时间的婚假，会因此影响正常上班。满足此条件的乘务员数量越多，需要配备的备用乘务员越多。一般婚假安排的休假时间为 7 天。

②未生育的女乘务员数量：未生育的女乘务员随时可能因为怀孕需要休长时间产假，因此对现场工作的影响较大。一般产假的休假时间为 6 个月。

③乘务员生病或特殊事假：乘务员日常可能会生病或者存在一些特殊事件需要请假的，此时可能需要考虑配备相应的备用乘务员。一般特殊事假或生病的休假时间平均为 2 天。

④人员调动：人员调动指部分乘务员可能因为特殊原因被调离岗位，如：升职、离职等。此时可能需要考虑配备一定备用乘务员。

⑤人员储备：一般运营公司需要储备一定的乘务员，以应对后期扩建，或者人员退休等事件。

除上述事件外，各轨道交通运营公司根据具体情况，可能还存在其他补充。

（2）备用乘务员人数计算。

$$n' = \sum n_i p_i \frac{d_i}{D} \qquad (8-2)$$

式中：n'——备用乘务员数量（人）；

n_i——可能发生事件 i 的人数（人）；

p_i——发生事件 i 的概率；

d_i——发生事件 i 的影响天数（天）；

D——一年的总天数（天），按 365 天计。

二、乘务作业管理

列车乘务员（以下称为"驾驶员"）在驾驶列车时，必须确认各类行车信号，严格按照信号指示驾驶列车，同时必须坐姿正确，目视正前方，遇到危及行车安全的状况时应及时采取有效的应对措施，尽量避免人员及财产的损失。

1. 行车作业

列车在驶入正线前，乘务员必须对列车进行一次出乘检车作业，行车作业流程为：出勤——列车检查——静、动态调试——出库驾驶——出停车场驾驶——正线驾驶；列车结束正线运行后的作业流程为：退出正线运行——进停车场驾驶——进库驾驶——列车检查及收车——退勤。

2. 应急处置

运行列车时，如遇突发列车应急故障，应及时将情况汇报给行车调度员，服从行车调度员指挥，并运用合理的方法处置列车应急故障，如列车自身不能运行，需要动用其他列车配合实施救援。

1）处置列车应急故障的方法

列车应急故障是影响列车正常运营秩序的主要原因之一。随着设备的老化，以及原有设计的不合理等诸多因素的不断出现，列车在载客运营中时常发生因故障而掉线、清客、救援的情况，给正常的运营组织带来麻烦。列车故障形成的原因主要包括几种情况：设备老化、欠修、维修保养不当、驾驶员操作不当、人为损坏等。

（1）故障恢复法。

驾驶员通过驾驶室显示屏或仪表指示灯的显示内容，确定故障发生部位并检查相关设备是否异常。通过重新分合空气断路器、关闭供气阀门等，可恢复其功能，以达到排除故障的目的。

（2）故障切除法。

有些列车设备发生故障后，会直接影响列车的驾驶性能及安全性能，列车控制系统会采取限速运行或停止运行等手段来确保列车安全，此时驾驶员只需将故障部件切除，就可以维持列车运行。当发生单扇客室车门关闭不到位故障时，驾驶员可以采取切除该扇车门的方法，然后继续载客运行。

（3）旁路法。

当列车的监控系统发生故障时，会影响驾驶功能，导致列车无法行进，此时驾驶员必须按故障情况严格区分故障发生的成因,是监控系统本身原因发生的故障还是设备真正存在故障。假如是监控系统故障,驾驶员可尝试使用旁路相关监控设备,以维持列车运行;如监测列车空气制动是否缓解的压力传感器发生故障时,会导致全列车无牵引的现象,驾驶员应先确定列车制动已经真正缓解后,再使用旁路制动监控电路的方法,这样便可排除故障。

2)列车救援处置

当需要进行列车救援时,一般按正向救援原则处理,即由后续列车对故障列车实施救援。

(1)当列车因故障无法继续运行时,驾驶员经处理无效后,应及时向行车调度员提出救援请求;

(2)故障列车驾驶员在得到救援命令后,应及时打开客室车门进行清客,待完毕后,将方向手柄或模式开关打至后退位,点亮尾部头灯来防护。

(3)故障列车驾驶员应按下停放制动按钮做好防溜措施,并逐个关闭客室中的制动缸阀门,并回到瞭望端驾驶室待命。

(4)救援列车驾驶员在得到救援命令后,应在指定车站清客,待完毕后,以列车自动防护系统手动驾驶的方式行驶至救援地点。

(5)救援列车应在距离故障列车安全距离处停车。救援列车驾驶员下车,确认双方列车的自动车钩状态是否良好,并根据连挂车辆技术条件,决定是否进行电气连挂操作。

(6)救援列车与故障列车连挂完毕后,由救援列车驾驶员进行试拉,确认连挂良好后与故障车驾驶员进行联系,通知故障列车驾驶员缓解故障列车所有制动。

(7)故障列车驾驶员缓解停车制动(关闭剩余的制动缸阀门)后,将方向手柄或模式开火打到向前位。此时,救援列车便可牵引运行。

【任务实施】

背景描述	列车乘务员在驾驶列车时,必须确认各类行车信号,严格按照信号指示驾驶列车;同时,必须坐姿正确,目视正前方,遇到危及行车安全的状况应及时采取有效的应对措施,尽量避免人员及财产损失
讨论主题	如何成为一名合格的乘务人员?
成果展示	小组采用拍视频的方式介绍成果,请简要列出视频介绍大纲
任务反思	1. 你在本任务中学到的知识点有哪些? 2. 你对自己在本任务中的表现是否满意?写出课后反思

【任务评价】

序号	评价项目	评价指标	分值	自评（30%）	互评（30%）	师评（40%）	合计
1	职业素养 30 分	采取多种手段收集信息、解决问题的能力	5				
		团队合作、交流沟通、分享能力	5				
		责任意识、服从意识	5				
		安全意识	5				
		服务思维	5				
		完成任务的积极主动性	5				
2	专业能力 60 分	能够清晰掌握乘务组织工作	30				
		能够充分掌握乘务作业管理工作	30				
3	创新意识 10 分	创新性思维和行动力	10				
	合计		100				
	综合得分						

拓展知识

爱岗敬业、务实创新——新时代轨道人的践行风采

蒋超鹉，男，中共党员，现就职于南宁轨道交通运营有限公司，2023 年被中华全国总工会授予"全国五一劳动奖章"，曾先后荣获"全国最美公交司机""全国交通技术能手""广西劳动模范"等多项各级荣誉。

规范流程的参谋者

蒋超鹉利用较为丰富的工作经验，结合乘务运作实际情况参与编制了《客车司机手册》《乘务安全应急处置手册》等 8 本流程规范，还制定了 200 余条安全行车警示、上千条操作流程，为乘务分中心建章立制、做好"传帮带"发挥了重要作用，促进了运营管理制度的完善。

1. 职业大赛的参与者

蒋超鹉在 2018 年第十届全国交通运输行业"捷安杯"技能大赛中，取得广西壮族自治区城市轨道交通列车驾驶员（职业组）第一名的好成绩。

2. 经验技术的传播者

蒋超鹉入职以来共为南宁地铁培养了 600 多名优秀的电客车驾驶员、200 多名班组管理骨干人员。

通过校企共建活动,他受聘为广西交通职业技术学院城轨专业的一名校外教师,到学校授课时,把自己掌握的理论知识、实践技能、行车经验教训传授给众多年轻学子,累计授课近 1 000 课时。

3. 劳模精神的歌颂者

蒋超鹉积极参加劳模工匠宣讲活动,参加了 2021 年南宁市总工会组织的"永远跟党走、奋进新征程"劳模工匠进企业、进校园宣讲活动。

2022 年 12 月初,他成为广西壮族自治区总工会"百名广西产业工人'二十大精神'百场宣讲"活动的宣导团成员之一,他用真诚质朴的语言讲述自己学习贯彻党的二十大精神的所感所悟。

【作业习题】

一、填空题

1. 城市轨道交通乘务方式通常使用两种乘务制度,即_____和_____。
2. 目前常见的轮班制度有_____、_____、_____、_____四种。
3. "四班三运转"采用的轮转规则为:_____、_____、_____、_____。
4. 列车在驶入正线前,乘务员对列车进行出乘检车作业流程为:_____。
5. 列车结束正线运行后的作业流程为:_____。

二、简答题

1. 简述城市轨道交通乘务方式中包乘制的特点。
2. 处置列车应急故障的方法有哪些?

模块九

城市轨道交通安全管理

当前，我国大多数城市面临着持续增大的交通压力，而巨大的交通压力会给城市的交通安全带来隐患。城市轨道交通作为一种大容量、绿色节能的交通方式，是缓解城市交通压力的重要途径。然而，城市轨道交通系统规模越来越大，对应的安全问题也日益突出，发生事故造成的社会负面影响及经济损失也是巨大的。

为此，如何做好城市轨道交通安全管理，如何构建城市轨道交通安全管理体系，如何提前预防事故的发生，如何在事故不可避免的时候快速做出高效响应都是值得我们去深入思考学习的！接下来，让我们一起走进城市轨道交通运营安全管理，逐一解决以上问题！

思维导图

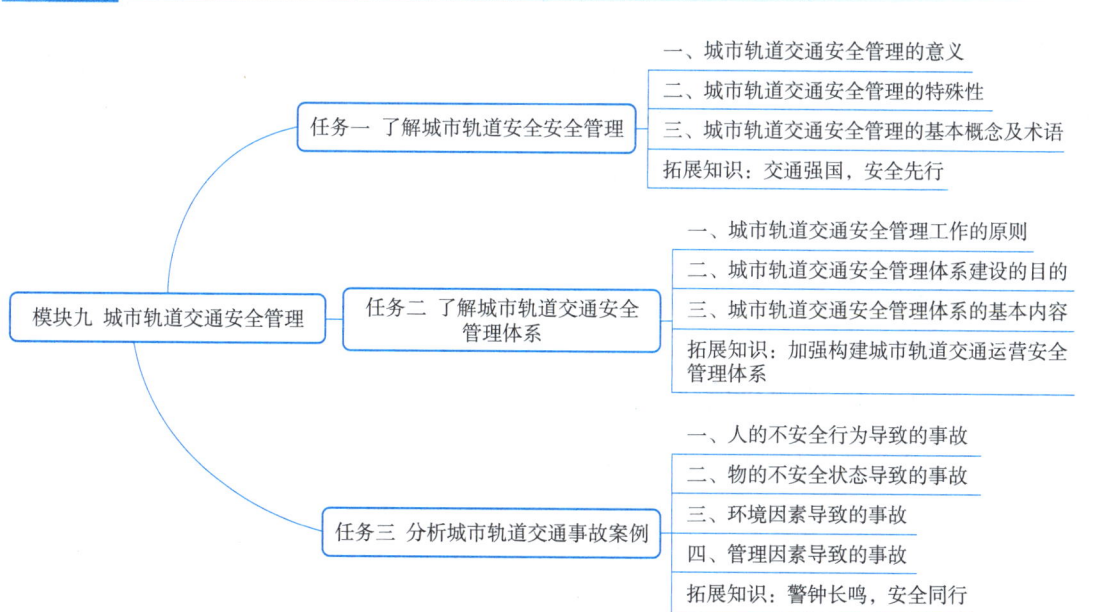

模块九 城市轨道交通安全管理
- 任务一 了解城市轨道安全安全管理
  - 一、城市轨道交通安全管理的意义
  - 二、城市轨道交通安全管理的特殊性
  - 三、城市轨道交通安全管理的基本概念及术语
  - 拓展知识：交通强国，安全先行
- 任务二 了解城市轨道交通安全管理体系
  - 一、城市轨道交通安全管理工作的原则
  - 二、城市轨道交通安全管理体系建设的目的
  - 三、城市轨道交通安全管理体系的基本内容
  - 拓展知识：加强构建城市轨道交通运营安全管理体系
- 任务三 分析城市轨道交通事故案例
  - 一、人的不安全行为导致的事故
  - 二、物的不安全状态导致的事故
  - 三、环境因素导致的事故
  - 四、管理因素导致的事故
  - 拓展知识：警钟长鸣，安全同行

任务一 了解城市轨道交通安全管理

【任务描述】

2021年7月20日，郑州遭遇持续极端特大暴雨，造成地铁5号线一列列车被洪水围困，导致14名乘客不幸遇难。此类事故造成了严重的社会不良影响，也使国家蒙受了巨大的经济损失。做好城市轨道交通安全管理可以有效地遏制上述事故的发生，你听过哪些安全管理基础术语呢？城市轨道交通安全管理又有哪些特殊性呢，大家不妨查阅网络资源，事先搜集并展开学习！

【学习目标】

1. 了解城市轨道交通安全管理的意义；
2. 掌握城市轨道交通安全管理的特殊性；
3. 对于安全管理的基础术语有清晰的认识；
4. 形成基本的城市轨道交通安全管理思维；
5. 树立安全责任意识。

【涉及主要规范和标准】

序号	名称	下载二维码	序号	名称	下载二维码
1	《中华人民共和国安全生产法》		3	《生产安全事故报告和调查处理条例》	
2	《陕西省安全生产条例》		4	《西安市城市轨道交通条例》	

【相关知识】

一、城市轨道交通安全管理的意义

随着城市轨道交通的快速发展，其逐步成为我国最重要的城市交通工具之一，相较于其他工程，城市轨道交通工程大部分位于地下，空间较为密闭，且日均客流量相对较大，一旦发生事故，通常会造成较为严重的后果与影响。因此，做好城市轨道交通安全管理，能够更好地指导地铁运营生产和乘客服务。

1. 城市轨道交通安全管理是社会和经济可持续发展的前提条件

安全运营的城市轨道交通不仅能够保障公共财产和人民生命财产不受伤害和损失，还能够提高人民群众的生活品质。如果发生事故，尤其是特别重大事故、重大事故，将会造成行车中断，甚至造成车毁人亡的严重后果，必然会给乘客带来不幸，给国家造成损失。只有做好城市轨道交通安全管理，才能确保社会和经济的可持续发展。

2. 城市轨道交通安全管理是城市轨道交通高速发展的必要条件

城市轨道交通的高速发展，必须要有一个安全稳定的运营、生产环境。如果运营事故频发、安全形势不容乐观，势必会带来负面影响，还会产生一定程度的社会舆论，对正常的运营和生产产生干扰，影响城市轨道交通的总体规划及部署，城市轨道交通就失去了高速发展的基础。

3. 城市轨道交通安全管理有利于帮助决策者做出正确的决策

由于城市轨道交通安全与运营生产管理工作息息相关，在安全管理过程中，必须定期对风险、隐患进行系统、科学、合理的辨识和排查。在运营发生突发情况时，安全管理工作能够为决策者提供决策依据，从而迅速给出科学、合理的应对措施。

4. 城市轨道交通安全管理有利于划分运营责任，促进各方合作

城市轨道交通运营管理需要多厂家、多部门、多专业协同配合，极易产生因责任不明而导致的工作落实不佳问题。通过安全管理，可明确各方责任，提高工作效率。安全管理工作贯穿运营生产的整个过程，涉及每个作业环节及每个作业人员，只有做好安全管理工作，才能确保运营安全。

二、城市轨道交通安全管理的特殊性

城市轨道交通作为公共交通，最显著的特征就是大运量、公益性。因此，安全、准点、舒适、快捷地将乘客运输至目的地，就是其最本质的要求。由此而产生的安全管理，除一般安全问题的普遍性外，还具有其明显的城市轨道交通特性，具体如下：

1. 运营安全涉及面广

城市轨道交通运营网络由各条线路组成，各条线路按属地由停车场/车辆段、车站构成，按专业由调度、客运、乘务、通号、车辆、工电、机电及综合保障等组成。各专业高度协同、紧密联系，各工序有条不紊、紧密衔接，才能保证安全运输。如果某个车站或者某列车辆（设备）发生非正常情况，就会影响几个站，或者一条线，甚至整个线网。

2. 安全管理贯穿始终

城市轨道交通的运营生产是一个复杂的生产过程，在这一生产过程中，任何环节或工序出现问题，都有可能影响行车安全。因此，在生产过程中，安全管理工作必须到位，每个工作环节都必须遵章守纪、有章可循、依规操作。若某个工种或是某个员工违章作业，就有可能造成行车事件或人身伤亡事故。

3. 安全生产压力大

城市轨道交通设备先进、结构复杂、接口众多，各类操作人员都必须经过专业的、系统的培训才能持证上岗，但是在运营生产中，依然存在着很多不可预知的因素。随着城市轨道交通在城市公共交通中所占的比重逐步增大，市民对城市轨道交通服务质量的期望值越来越高，一旦发生运营安全事故，必然会给整个城市的地面交通带来巨大的压力，直接影响人们的生活和社会安定,因此,安全生产的压力也就越来越大。

4. 安全生产受外界环境影响大

外界自然环境变化也会影响城市轨道交通运营的安全生产,如刮风、雾霾、雨雪等不良天气影响乘务人员瞭望高架及场段运行的线路及信号显示状态;北方地区的严寒天气、南方沿海地区的强台风以及不同的温湿度变化,都有可能损坏设施设备;通信及信号设备受到雷电的冲击、外部信号的干扰等,影响行车安全;隧道被击穿等危及行车安全。

同时,外界的社会环境也会直接影响城市轨道交通的安全生产,如社会的治安秩序、乘客对城市轨道交通安全知识的了解程度等。

5. 安全生产受时间因素的影响显著

城市轨道交通通过列车使乘客产生位移,将乘客转运至目的地而实现运营生产,因此,对于行车间隔、运行时间等都有严格的要求,在作业时要求行车关键岗位人员对时间要严格把控,做到分秒不差、准确无误。一旦发生故障,则需要在最短时间内处理故障,以便恢复行车。

三、城市轨道交通安全管理的基本概念及术语

1. 安全生产

安全生产的定义:采取一系列措施使生产过程在符合规定的物质条件和工作秩序下进行,有效消除或控制危险和有害因素,无人身伤亡和财产损失等生产事故发生,从而保障人员安全与健康,设备和设施免受损坏,环境免遭破坏,使生产经营活动得以顺利进行的一种状态。其本质有四点,一是保护劳动者的生命安全和职业健康是安全生产最根本、最深刻的内涵,是安全生产本质的核心;二是强调最大限度地保护;三是突出在生产过程中的保护;四是突出一定历史条件下的保护。

城市轨道交通安全生产必须坚持"以人为本、安全发展"的原则,以及"安全第一、预防为主、综合治理"的基本方针。

2. 安全生产管理

安全生产管理的定义:对安全生产工作进行的管理和控制。安全生产管理的目标是减少和控制危害及事故,尽量避免生产过程中由于事故造成的人身伤害、财产损失、环境污染以及其他损失。

城市轨道交通安全管理的基本对象是城市轨道交通企业中的所有人员、设施及设备、物料、环境、信息等各方面。当安全管理与运营生产产生冲突时,运营生产应当服从安全管理;当安全管理与日常工作产生冲突时,日常工作应当服从安全管理;当安全管理与个人利益发生冲突时,个人利益应当服从安全管理。

3. 运营事故

在城市轨道交通运营生产过程中,因违反规章制度、劳动纪律,或是技术设备不良及其他原因,造成人员伤亡、设备损坏、经济损失、影响正常运营生产或危及运营生产安全达到一定程度的,均构成运营事故。

4. 责任事故

责任事故是指能够避免发生,而由于人为原因(人的不安全行为、物的不安全状态或管理上的缺陷等)未能避免从而导致发生的事故。

5. 非责任事故

非责任事故是指在不可抗力的作用下、不能预知的情况下(如地震等)发生的事故。

6. 直接经济损失

直接经济损失是指在事故中直接发生的设施、设备损坏或报废的价值及事故救援、伤亡人员处理费（不含保险赔偿费用）。

7. 中断行车

中断行车是指不论事故发生在站内还是区间，线路中有2个及以上车站或区间发生单向行车中断。中断行车时间由事故发生时间起，至实际恢复连续通行列车行车条件时间止。恢复连续通行列车行车条件的时间，以事故现场的实际开通时间为准。

8. 安全与事故的关系

安全与事故是相互对立的，但事故并非不安全的全部内容，只是在安全与不安全的矛盾斗争过程中某些瞬间突变结果的外在表现。系统处于安全状态并不一定不发生事故，系统处于不安全状态，也未必完全是由事故引起的。

9. 事故的发生与隐患和危险源之间的联系

事故是隐患发展的结果，而隐患是事故发生的必然条件；事故总是伴随隐患的发展而发生在生产过程中；危险源处于不安全状态或发生不安全行为能够转换为隐患；危险源是导致事故发生的根本原因，若要防止事故的发生，就是要消除、控制系统中的危险源；隐患是事故发生的直接原因，是人们期望进行有效控制，不能或未能进行有效控制的危险源。总之，若要提高系统的安全性，减少事故的发生，就必须消除隐患或减小隐患发生的概率；而若要消除和减小隐患发生的概率，就必须减少或控制危险源。

【任务实施】

背景描述	城市轨道交通作为重要的民生工程，运营安全事关人民群众切身利益。未来几年，新开通运营轨道交通的城市数量不断增多，已开通运营轨道交通的城市网络规模持续扩大，运营里程迅速增加，对加强城市轨道交通运营安全、提升服务水平提出了新的、更高的要求
讨论主题	学习《交通运输部关于加强城市轨道交通运营安全管理的意见》（交运发〔2014〕201号）文件内容，谈谈如何做好城市轨道交通安全管理
成果展示	小组采用梳理思维导图的方式介绍安全管理的内容
任务反思	1. 你在本任务中学到的知识点有哪些？ 2. 你对自己在本任务中的表现是否满意？写出课后反思

【任务评价】

序号	评价项目	评价指标	分值	自评（30%）	互评（30%）	师评（40%）	合计
1	职业素养 40 分	运用信息化手段收集信息、处理信息的能力	10				
		逻辑思维和表达能力	10				
		分工明确、独立思考	5				
		安全管理思维和安全责任意识	10				
		完成任务的积极主动性	5				
2	专业能力 50 分	能够牢固掌握做好城市轨道交通安全管理的措施	50				
3	创新意识 10 分	创新性思维和行动力	10				
	合计		100				
	综合得分						

拓展知识

交通强国，安全先行

交通是兴国之要、强国之基。2017 年 10 月，党的十九大报告中提出，要建设交通强国；2019 年 9 月，习近平总书记在出席北京大兴国际机场投运仪式时指出，建设更完善的综合交通运输系统，加快建设交通强国；2019 年 9 月，中共中央、国务院印发了《交通强国建设纲要》，并发出通知，要求各地区各部门结合实际认真贯彻落实。2020 年 10 月，党的十九届五中全会提出，要加快建设交通强国，加快城市群和都市圈轨道交通网络化；2022 年 10 月，党的二十大报告中又一次强调要加快建设交通强国。

党的十八大以来，交通运输安全形势总体稳定，10 年来未发生重大铁路交通事故，道路运输领域较大以上等级事故和死亡人数分别下降了 76.9%、78.5%，水上交通事故的件数、死亡失踪人数分别下降了 52.2%、44.8%。安全、便捷、高效、绿色、经济的交通运输美好愿景正一步步变成现实。

随着城市轨道交通运营安全治理体系建设不断完善，其成效日益显著。但随着运营里程和客流的快速增长，城市轨道交通安全运行压力也在日益加大。为深入贯彻落实《国务院办公厅关于保障城市轨道交通安全运行的意见》（国办发〔2018〕13 号）和《城市轨道交通运营管理规定》（交通运输部令 2018 年第 8 号）相关要求，交通运输部在 2019 年制定并发布了《城市轨道交通运营安全风险分级管控和隐患排查治理管理办法》（交运规〔2019〕7 号）、《城市轨道交通设施设备运行维护管理办法》（交运规〔2019〕8 号）、《城市轨道交通运营突发事件应急演练管理办法》（交运规〔2019〕9 号）、《城市轨道交通运营险性事件信息报告与分析管理办法》（交运规〔2019〕10 号）

4个城市轨道交通的管理办法，对于城市轨道交通行业进一步提升城市轨道交通安全生产整体预控能力，规范设施设备运行维护操作，保证城市轨道交通设施设备安全可靠运行，规范运营险性事件信息报告与分析，提升行业安全管理水平和应急处置能力等指明了前进方向，也为加快建设人民满意、保障有力、世界前列的交通强国提供了制度保障。

【作业习题】

一、填空题

1. 城市轨道交通作为公共交通，最显著的特征就是_____、_____。
2. 城市轨道交通安全生产必须坚持"_____、_____"的原则，坚持"安全第一、_____、_____"的基本方针。
3. 安全生产管理的目标是_____和_____危害及事故，尽量避免生产过程中由于事故造成的_____、财产损失、_____以及其他损失。
4. 中断行车是指不论事故发生在站内还是_____，线路中有_____个及以上车站或_____发生单向行车中断。
5. 事故是隐患发展的_____，而隐患是事故发生的_____。

二、简答题

1. 简述城市轨道交通安全管理的意义。
2. 简述城市轨道交通安全管理的特殊性。

任务二 了解城市轨道交通安全管理体系

【任务描述】

随着城市轨道交通的不断发展，其能够有效缓解当前城市交通压力，人民群众对其安全关注度也相应增加。因为城市轨道交通是专业复杂、组织庞大、联系密切、管理严格的综合型交通系统，所以相关政府部门和运营单位必须依据实际情况，制定相应的城市轨道交通运营安全管理机制，形成城市轨道交通安全管理体系，对运营生产相关环节实施严格管控，提升城市轨道交通运营安全性，降低安全事故发生频率，保证城市轨道交通的可靠性、可用性、可维护性及安全性。你了解城市轨道交通安全管理体系吗？学习本任务后，大家要以小组为单位，讨论城市轨道交通安全管理体系由哪些部分组成。

【学习目标】

1. 了解城市轨道交通安全生产管理的工作原则及目的；
2. 掌握安全管理体系的具体构成及其主要内容；
3. 培养城市轨道交通安全管理的思维模式；
4. 具有安全责任意识和团队协作精神。

【涉及主要规范和标准】

序号	名称	下载二维码	序号	名称	下载二维码
1	《中华人民共和国安全生产法》		4	《企业安全文化建设导则》（AQ/T 9004—2008）	
2	《国家安全监管总局关于印发企业安全生产责任体系五落实五到位规定的通知》安监总办〔2015〕27号		5	《中华人民共和国职业病防治法》	
3	《城市轨道交通运营管理规范》（GB/T 30012—2013）		6	《轨道交通运营突发事件应急演练管理办法》交运规〔2019〕9号	

【相关知识】

一、城市轨道交通安全管理工作的原则

城市轨道交通安全管理是从运营生产管理的共性出发，对生产工作的实质内容进行科学

分析、综合、抽象与概括所得出的管理规律。安全生产原则是在安全生产管理原理的基础上指导生产管理活动的通用规则。

1. 坚持以人为本、安全发展的原则

"以人为本"必须以人的生命为根本，保护劳动者的生命安全和职业健康是安全生产最根本、最深刻的内涵，是安全生产本质的核心。城市轨道交通的发展不能以牺牲人的生命为代价，既要确保乘客和员工的人身安全，也要注意职工的正当权益和合法诉求。

《中华人民共和国安全生产法》中确定了"安全第一、预防为主、综合治理"的安全生产管理基本方针，城市轨道交通安全管理必须坚持这一基本方针。"安全第一"是指实行安全优先原则，始终把安全放在首要位置；"预防为主"是指要按照事故发生的规律和特点，千方百计地预防事故发生，将事故消灭在萌芽状态；"综合治理"是综合运用科技手段、法律手段、经济手段和必要的行政手段，做好安全管理，牢固树立红线意识和底线思维。

2. 坚持管业务必须管安全、管生产必须管安全的原则

企业要达到安全生产的目的，必须坚持在计划、实施、总结生产的同时，有安全生产的内容，这充分体现了安全和生产两者之间的辩证关系。企业的生产、技术、培训、物资以及党、政、工、团等归口的工作范围内，都必须有保证安全生产的工作内容，必须坚持做到党政同责、一岗双责、齐抓共管、失职追责。

3. 坚持"先通后复"的原则

发生运营事故时，有关单位和人员应相互配合、积极处理、迅速抢救、尽量减少损失和减小影响，尽快恢复正常运营。

4. 坚持"依法依规，公平公正"的原则

事故分析坚持以法律为依据，以规章为准绳，坚持"四不放过"原则，查明原因，根据事故性质和情节确定相关责任，吸取教训，制定措施，防止同类事故再次发生。

2004年2月17日《国务院办公厅关于加强安全工作的紧急通知》（国办发明电〔2004〕7号）提出"四不放过"，即①事故原因未查清不放过；②责任人员未处理不放过；③整改措施未落实不放过；④有关人员未受到教育不放过。

5. 坚持"预防为主、防处并举"和"风险优先、全员参与、持续改进"的原则

坚持双重预防机制，强调安全生产关口前移，"抓小放大"就是不放过任何小事故和事故苗头，加强安全风险管控和隐患排查治理，实现把风险控制在隐患形成之前、把隐患消灭在事故前面，防止大事故的发生，推进事故预防工作科学化、信息化、标准化。

6. 坚持岗位安全责任制

建立健全安全生产责任制，从各级管理者到员工，逐级落实岗位安全职责，充分表现逐级负责、分工负责、专业负责、岗位负责。

二、城市轨道交通安全管理体系建设的目的

建立安全管理体系的目的是实现全体员工、全生产过程、全运营方位的安全管理工作。通过全面实施安全生产标准化建设，夯实安全生产基础工作，实现安全健康管理系统化、岗位操作行为规范化、设备设施本质安全化、作业环境器具定置化，并持续改进。

城市轨道交通企业应以"精检细修保质量，消隐防患保安全"作为企业的安全生产工作方针，通过建立健全安全管理体系，确立安全管理基本理念和行动准则，完善安全管理体

制机制，提升运营安全管理水平，实现"平安运营"的城市轨道交通运营的最终目标。

三、城市轨道交通安全管理体系的基本内容

依照城市轨道交通安全管理的基本原则和安全管理体系建设的目的，安全管理体系的基本内容主要包括安全保障、安全控制、安全考评、应急管理和安全信息五个子体系。其通过体系管理，实现运营安全生产的全过程（计划、实施、监控）、全员（领导、干部、员工）、全要素（人员、设备、环境等）的全方位管理，切实把握安全生产主动权。

1. 安全保障子体系

安全保障子体系包括安全管理组织、安全生产责任、安全法规管理、安全资金管理、安全培训管理、双重预防机制和安全文化建设等模块。

1）安全管理组织

安全管理组织是城市轨道交通安全管理工作的实施主体，负责运营安全生产的组织领导、协调平衡和监督检查等工作，确保城市轨道交通企业安全管理体制机制能够有效运转。

2）安全生产责任

按照岗位、职能、权利、责任相统一的原则，建立健全全员安全生产责任制，层层落实安全责任，逐级签订安全生产责任书。安全生产责任书中应明确各层级各岗位从业人员的安全生产责任、责任范围、考核和奖罚标准，通过监督检查、责任考核等管理机制保证全员安全生产责任制的落实。

3）安全法规管理

贯彻执行国家、省、市关于轨道交通运营安全的法律法规、行政规章、标准规范及相关要求，对各种城市轨道交通规章制度和作业标准进行研究、制定、修改、完善、贯彻及落实，持续完善安全管理体系，使轨道交通运营安全管理工作有法可依、有章可循，且要做到违法必究、违章必究。

4）安全资金管理

做好城市轨道交通运营安全工作，必须要有相应的安全资金保证，专门用于完善和改进企业安全生产条件的资金。安全资金的管理包括对保证运营安全所需资金的筹集、调拨、使用、结算、分配等。

5）安全培训管理

安全教育培训是增强从业人员安全意识，提升防范风险能力的必要手段，为了实现运输安全，必须通过各种形式和方法，对广大员工定期进行安全教育。此外，对城市轨道交通系统外部人员进行城市轨道交通知识、安全常识及安全法制的宣传、教育，也是安全教育管理的重要内容，应与地方政府配合进行。

6）双重预防机制

建立健全安全风险分级管控和隐患排查治理双重预防工作制度，坚持风险预控、关口前移，全面开展安全风险分级管控和隐患排查治理，提升安全生产的整体预控能力。

7）安全文化建设

安全文化建设是安全生产的根本，其最基本的内涵就是人的安全意识，即以"安全理念渗透和安全行为养成"为目标，内化思想，外化行为，加强安全文化建设，强化员工安全意识，提高员工安全素质。

2. 安全控制子体系

安全控制子体系包括设施设备安全、作业安全管理、消防安全管理、安保反恐管理、职业健康管理、安全警示标志管理和公共场所卫生管理等模块。

1）设施设备安全

设施设备安全管理的重点工作主要包括提高基础设施设备的安全管理水平，提高基础设施设备的安全性能，提高安全技术设备的安全性能等。这是一项长期而艰巨的工作。提高设备质量，加强设备管理，必须坚持定期检查制度，制定科学合理的维修维保策略。

2）作业安全管理

安全管理的出发点和落脚点是现场作业控制，作业人员应遵守岗位操作规程，执行标准化作业，做好安全防护措施。

3）消防安全管理

消防安全管理按照"预防为主、防消结合"的方针，建立健全消防安全责任制，按规定设置消防控制室和微型消防站，加强消防安全重点部位及消防设备设施、消防器材管理，开展消防安全宣传及防火巡查、防火检查，及时发现消除火灾隐患。

4）安保反恐管理

安保反恐管理是指落实反恐防暴、内部治安保卫等有关法规规定的责任和措施，充分发挥车站属地管理作用，防止、控制及妥善处置地铁运营治安事件及恐怖袭击，保护国家、集体财产和乘客、员工的人身安全，保障城市轨道交通公共安全，为乘客营造安全的乘车环境。

5）职业健康管理

为了预防职业病的危害，保护劳动者健康，增强员工安全生产意识，确保生产安全，城市轨道交通安全管理必须建立健全职业卫生管理工作制度，控制不良劳动条件对职业人群健康的影响，通过改进工艺、劳动过程，改善作业环境，保护和增进职业人群健康。

6）安全警示标志管理

按照有关规定和工作场所的安全风险特点，在有重大风险、较大危险因素和严重职业病危害因素的工作场所，应设置明显的、符合有关规定的安全警示标志和职业病危害警示标识。

7）公共场所卫生管理

建立公共场所卫生管理规定，明确各层级管理职责，加强公共场所从业人员及城市轨道交通车辆、车站的卫生管理，预防、控制和消除传染病，保障公众健康，为乘客提供良好的卫生环境。

3. 安全考评子体系

安全考评子体系包括：安全监督检查、安全奖惩管理和安全约谈督办等模块。

1）安全监督检查

建立健全安全监督检查工作制度是为了保障运营安全生产稳定有序，因此，相关人员必须落实安全监督检查职责，促进安全生产。

2）安全奖惩管理

建立健全安全奖励和安全考核工作机制可以对防止事故、安全专项活动中表现突出的单位或个人进行奖励；对因管理不力导致运营事故或事故发生后应急处置不力的相关责任人进行考核，对安全标准化执行情况进行年度绩效评定。

3）安全约谈督办

建立安全生产约谈制度，对发生运营事故、典型问题的单位进行约谈，对相关单位负责人进行提醒、质询、告诫，并对重点事项进行挂牌督办。

4. 应急管理子体系

应急管理子体系包括：应急预案体系、应急演练制度、应急队伍建设、应急值班制度和安全事故管理等模块。

1）应急预案体系

建立健全以综合应急预案、专项应急预案、现场处置方案为核心的应急预案体系，明确事前、事发、事中、事后的各个过程中相关部门和有关人员的职责。应急预案是为有效预防和控制可能发生的运营突发事件，最大程度减少运营突发事件及其造成的损害而预先制订的工作方案。

2）应急演练制度

定期针对可能发生的事故情境，依据应急预案而模拟开展的应急活动，应急演练实施的基本流程包括计划、准备、实施、评估总结、持续改进五个阶段，按照演练形式分为桌面演练和实战演练。

3）应急队伍建设

应急队伍是应急管理体系的重要组成部分，是防范和应对突发事件的重要力量，城市轨道交通运营企业应建立专兼职应急抢险队伍，以应对运营突发事件。应急队伍可以分为应急指挥组和应急处置组。

4）应急值班制度

应急值班是做好应急响应、应急处置的重要措施。基于城市轨道交通运营生产的特殊性质，为应对运营突发事件，城市轨道交通运营企业要建立健全各级人员应急值班制度。

5）安全事故管理

城市轨道交通企业应建立健全运营事故管理制度，明确运营事故的单位职责、事故的分级分类、事故报告及调查、责任认定划分、安全问责、统计分析等内容。安全事故主要包括生产安全事故、消防安全事故、特种设备安全事故和道路交通安全事故。生产安全事故分级按照事故损失及对运营造成的影响和危害程度，分为特别重大事故、重大事故、较大事故和一般事故。

5. 安全信息子体系

安全信息一般是指在运营生产过程中，一切有利于安全生产的指令和对系统安全状态的描述或反映。安全信息既是安全管理的对象，又是安全管理的基础。安全信息子体系包括安全目标管理、应急信息、安全举报、安全台账和安全会议制度等模块。

1）安全目标管理

安全目标管理是目标管理在安全管理方面的应用，围绕城市轨道交通企业安全生产的总目标，层层展开各自的目标，确定行动方针，安排安全工作进度，制定、实施有效的组织措施，并严格考核安全成果。

2）应急信息

应急信息是指发生运营事故或其他突发事件时的应急工作信息，必须做到及时、客观、真实，不得迟报、漏报、谎报、瞒报。

3）安全举报

建立健全安全生产举报渠道，让员工通过电话、书信、电子邮件、互联网等形式反映安全生产事故隐患等情况，提出意见、建议或投诉请求。

4）安全台账

建立健全各类安全台账，其中的内容包括安全教育培训、安全检查记录、安全风险管控、隐患排查治理、应急演练、安全奖惩等。

5）安全会议制度

定期组织召开安委会会议、月度安全例会、安全专题会议及其他各类安全会议。

【任务实施】

背景描述	保障城市轨道交通安全运行，必须坚持以习近平新时代中国特色社会主义思想为指导，以切实保障城市轨道交通安全运行为目标，完善体制机制，健全法规标准，创新管理制度，强化技术支撑，夯实安全基础，提升服务品质，增强安全防范治理能力，为广大人民群众提供安全、可靠、便捷、舒适、经济的出行服务
讨论主题	讨论城市轨道交通安全管理体系的组成部分
成果展示	小组讨论，形成安全管理体系板书并进行展示和解说
任务反思	1. 你在本任务中学到的知识点有哪些？ 2. 你对自己在本任务中的表现是否满意？写出课后反思

【任务评价】

序号	评价项目	评价指标	分值	自评（30%）	互评（30%）	师评（40%）	合计
1	职业素养 40分	运用信息化手段收集信息、处理信息的能力	10				
		逻辑思维和表达能力	10				
		分工明确、团队协作	5				
		能够理论联系实际，体现科学性、系统性	10				
		安全责任意识	5				
2	专业能力 50分	能够牢固掌握城市轨道交通安全管理体系的组成部分	25				
		能够清晰描述城市轨道交通安全管理体系的组成部分的内涵	25				
3	创新意识 10分	创新性思维和行动力	10				
		合计	100				
		综合得分					

拓展知识

加强构建城市轨道交通运营安全管理体系

加快建设交通强国，任务艰巨，但使命光荣。近年来，我国城市轨道交通发展越来越迅速，线网规模和客流规模均居世界第一。据行业统计，截至2022年12月底，我国内地累计有55个城市投运城轨交通线路，运营里程达到10 291.95 km，其中，地铁8 012.85 km，占比77.85%。城市轨道交通作为最重要的民生工程之一，其安全运行对保障人民群众生命财产安全、维护社会安全稳定具有重要意义，交通强国建设更要求加强运营安全管理体系建设。

国务院办公厅在2018年发布了《国务院办公厅关于保障城市轨道交通安全运行的意见》（国办发〔2018〕13号），其中对于提升城轨运营安全管理水平、加强城轨安全生产整体预控能力提出了具体指导意见。

城市轨道交通运营安全管理必须坚持以习近平新时代中国特色社会主义思想为指导，认真落实党中央、国务院决策部署，坚持"以人为本，安全第一；统筹协调，改革创新；预防为先，防处并举；属地管理，综合治理"的基本原则：一要健全管理体制机制，完善法规标准，做到构建综合治理体系；二要创新管理制度，强化技术支撑，做到有序统筹规划建设运营；三要夯实安全基础，强化关键设施设备管理，提升从业人员素质，做到加强运营安全管理；四要加强日常巡检防控，规范安全检查，加强社会共建共治，做到强化公共安全防范；五要完善应急预案体系，加强应急救援力量建设，强化现场处置应对，做到提升应急处置能力；六要完善保障措施，以综合开发收益支持运营和基础设施建设。

交通运输是国民经济中的基础性、先导性、战略性产业和重要服务性行业，城市轨道交通更是如此，党的二十大报告中强调，要加快建设交通强国，充分体现了以习近平同志为核心的党中央对交通运输工作的高度重视和殷切期望。我们应该充分认识到交通现代化是中国式现代化的重要标志；同时，交通现代化在构建新发展格局中也具有不可或缺的地位和作用。我们必须坚持以习近平新时代中国特色社会主义思想为指导，深入学习贯彻落实党的二十大精神，踔厉奋发、勇毅前行，加快建设交通强国，加强构建城市轨道交通运营安全管理体系，让城市轨道交通在中国现代化建设的蓝图上留下浓墨重彩的一笔。

【作业习题】

一、填空题

1. 《中华人民共和国安全生产法》确定了"＿＿＿＿、＿＿＿＿、＿＿＿＿"的安全生产管理基本方针。
2. 事故分析坚持以＿＿＿＿为依据，以＿＿＿＿为准绳，坚持＿＿＿＿原则。
3. 城市轨道交通企业应以"＿＿＿＿＿＿＿＿＿＿，＿＿＿＿＿＿＿＿＿＿"作为企业的安全生产工作方针。
4. 安全管理体系的基本内容主要包括＿＿＿＿、＿＿＿＿、＿＿＿＿、应急管理和＿＿＿＿五个子体系。
5. ＿＿＿＿是城市轨道交通安全管理工作的实施主体，负责运营安全生产的组织领导、协调平衡和＿＿＿＿等工作。
6. 消防安全管理按照"＿＿＿＿、＿＿＿＿"的方针，建立健全消防安全责任制。
7. 安全考评子体系包括＿＿＿＿、＿＿＿＿和安全约谈督办等模块。
8. ＿＿＿＿是应急管理体系的重要组成部分，是防范和应对突发事件的重要力量。
9. 运营事故主要包括＿＿＿＿、消防安全事故、＿＿＿＿和道路交通安全事故。
10. 生产安全事故分级按照事故损失及对运营造成的影响和危害程度，分为特别重大事故、＿＿＿＿、＿＿＿＿和一般事故。

二、简答题

1. 简述城市轨道交通安全管理工作的原则。
2. 简述"四不放过"的具体内容。

任务三　分析城市轨道交通事故案例

【任务描述】

"前车之覆，后车之鉴"。安全是企业生产永恒的主题，分析完既往的事故案例，我们可以看出，一次小小的疏忽，一个简单的错误，一处不当的行为，就会酿成一起事故，而每一起事故都有可能造成人员的伤亡、设备的损坏，教训之深刻，后果之惨重，令人久久难以释怀。事件的发生绝不是偶然的、孤立的，每起事故或事件的发生都与人、机、环、管四个方面紧密相关。因此，我们要坚持将别人的事故当成自己的教训来总结经验的原则。你会分析事故原因吗？请小组选出优秀成员，并展开演讲。

【学习目标】

1. 清楚事故发生的来龙去脉及原因；
2. 换位思考，置身于事故情境之中，思考自己解决问题的方法，分析是否会犯同样的错误；
3. 吸取经验教训，纠正自己的一些不良行为或习惯，牢固树立安全意识；
4. 培养善于反思、严于律己的优良品质；
5. 养成遵章守纪的工作习惯。

【涉及主要规范和标准】

序号	名称	下载二维码	序号	名称	下载二维码
1	《国家城市轨道交通运营突发事件应急预案》（国办函〔2015〕32号）		4	《生产安全事故罚款处罚规定》（试行）	
2	《城市轨道交通运营险性事件信息报告与分析管理办法》（交运规〔2019〕10号）		5	《城市轨道交通运营安全风险分级管控和隐患排查治理管理办法》（交运规〔2019〕7号）	
3	《生产安全事故应急条例》（中华人民共和国国务院令第708号）		6	《河南郑州720特大暴雨灾害调查报告》	

【相关知识】

一、人的不安全行为导致的事故

1. 人的不安全行为是导致安全事故的重要因素

对于城市轨道交通运营企业安全生产工作来说，人的不安全行为通常是指造成人身伤亡或经济损失的人为错误。通俗地讲就是从业人员在运营生产过程中违反劳动纪律、操作规程和方法，违反安全生产客观规律，从而有可能导致生产安全事故的行为。

2. 不安全行为的反映形式

不安全行为主要反映了在可能引发事故的原因中，"人"这一方面的原因，在实践中主要表现为相关人员出现了可能引发事故的不安全动作，以及应该遵守安全管理制度、安全操作规程而没有遵守的行为。

3. A市轻轨人防门侵限碰撞事件

（1）事件概况：×年1月×日17时05分许，A市轨道交通环线海峡路至南湖区间人民防护工程出入口门侵入列车行驶区域，与列车发生擦碰，造成第一节车厢略微偏移、车头受损。17时11分行调无法联系到事故列车驾驶员，组织在罗家坝小交路运行，启动四级应急响应。17时16分仍无法联系到事故列车驾驶员，电力调度对该区段紧急停电。行车调度安排工作人员进入现场查看，启动三级应急响应。17时25分，经现场工作人员确认，事故列车已颠覆，驾驶员已昏迷，有乘客受伤，当前列车预计载有乘客30名左右。随即将海峡路至南湖上行接触网停电，采用区间乘客步行疏散救援预案，以及一级应急响应（图9.1）。

图9.1 A市轨道交通人防门侵限碰撞事件现场

（2）事件影响：该事件造成1名工作人员死亡，另有1名乘客和2名工作人员受伤；还造成列车车头严重受损，导致A市轨道环线4 km至海峡路区段（含四公里站、南湖站、海峡路站）停运。

（3）现场处置：市委、市政府高度重视，分管副市长率市应急局、公安局、住建委、交通局等部门和南岸区委区政府主要负责人赶赴现场，指挥抢险救援工作。事故发生后，轨道集团立即启动应急救援预案，现场工作人员引导30名乘客步行疏散，并迅速将1名手部轻微受伤的乘客和3名受伤的工作人员送往医院救治。为保障市民出行，A市轨道交通环线调整了列车运行交路。

（4）事件原因。

①直接原因：施工工人1月×日夜间进场作业不规范，离场时未将主安全锁紧装置（下摇锁头）恢复至工作状态（锁头未伸入锁座孔内），隔断门的辅助安全装置（门后拉杆）在昼间行车时失效（脱开），导致隔断门大门扇离开安全锁紧的终止位，侵入行车限界，导致撞车事故。

②间接原因：一是隔断门安全锁定装置在设计时存有缺陷，安全措施的冗余设计不足。主安全锁紧装置锁头位于门扇底部，不能直接目测锁头是否到位，机动巡检不直观；辅助安全装置（门后拉杆）太弱，在活塞风作用下容易震动松脱，主安全锁紧装置不工作时，辅

助安全装置不能起到同样的安全效果。二是总包单位对分包单位的管理不到位，进场作业的安全教育培训缺失。三是隔断门的涂装油漆是灰黑色的，隔断门位置出现异动时给列车驾驶员的视觉警示作用不足。四是隔断门设置位置距离隧道拐弯段只有 60 m，此处的行车速度为 70 km/h，制动距离不足。

（5）事件启示：此次事件是典型的作业安全卡控不严，完工后设备未恢复到位而导致的伤亡事件。在城市轨道交通运营工作中必须严格遵守现场作业纪律，加强关键作业、关键环节的控制。一是要明确安全关键岗位、关键作业、关键环节、关键时段，制定行之有效的控制措施，并跟踪检查控制措施的落实情况。二是要加强班前劳保用品、工器具合格性的安全预想，班中的安全自控以及互控的安全控制，班后工完场清等的完工总结。三是要加强委外单位管理，杜绝无证或技能不达标人员上岗作业。

2. B 市×号线列车救援事件

（1）事件概况：1 月×日 10 时 50 分许，B 市×号线驾驶员驾驶列车在××站正常开关门作业后列车不能启动，驾驶员检查各开关位置、保险无异常，操作旁路开关进行牵引试验无效，驾驶员换端至尾端进行试验，列车仍然全列牵引无流。10 时 55 分行车调度发布列车清客救援命令，11 时 02 分救援列车连挂完毕，11 时 05 分救援列车从当前车站连挂动车。

（2）事件影响：造成×号线停运 6 列，晚点 5 分钟以上 4 列，中途清客 1 列，抽线 1 列。

（3）事件原因。

①直接原因：一是××号接线在布线时电缆绑扎不到位且预留电缆线较长，线缆在驾驶台内处于自由状态，列车运行中不断摆动并与周边金属部件摩擦，造成线缆绝缘外皮破损，致使导线与金属部件间拉弧并将线缆烧断。二是在车辆制造过程中，由于厂家接线未按照规定的工艺标准对线缆进行绑扎，错误采用临时布线的方式连接××号接线。

②间接原因：一是检修工艺落实管理中存在漏洞，检修工艺落实不到位，致使多个修程均未发现车辆存在的故障隐患，最终导致列车在运营中发布救援命令。二是作业员工责任心不强，岗位意识淡薄。在车辆的各级修程中，各作业人员均未发现该部位线缆绑扎不到位及预留线缆过长的问题，充分说明作业人员自身岗位责任意识淡薄，在维修工作中不认真、排查隐患不力，不能主动发现车辆存在的故障隐患。三是质检工作未严格按规定流程检查，未发现作业人员在作业中对车辆接线未能按照规定工艺要求进行绑扎，致使车辆带故障隐患上线运行。

（4）事件启示：此次事故的发生反映出检修作业标准化管理工作存在死角。一是要加强检修作业指导书、人员作业技能的培训工作，做好检修标准化的落实及监督。二是加强对设施设备接线等基础工作的普查，深刻吸取教训，抓小防大。

3. 人的不安全行为的成因分析及应对措施

人的不安全行为的产生可从外因和内因两方面进行分析，外因主要是作业环境不佳及安全培训不到位，内因主要是员工的异常心理状态及业务技能不达标。

1）外在因素

一是作业环境不佳。如作业场所狭窄、压抑，容易使作业人员心中烦躁、不耐烦，这就可能引发误触误碰的不安全行为；如环境照明不足时，易疲劳，会引起心理状态变化，使思考力和判断力迟缓，错误操作增多；如环境炎热或寒冷，作业人员易出现畏缩情绪，导致作业质量不佳。此外，噪声、粉尘、潮湿环境等对作业均有影响，容易导致作业人员出现不安全行为。

二是安全教育培训不到位。安全教育的培训形式不能很好地适应员工的培训需求，致使员工安全意识淡薄，未形成系统的安全思维；同时员工不积极参加安全培训教育，消极应付，从而导致自身安全技能欠缺，引发不安全行为。

2）内在因素

一是员工若责任意识不强，工作时缺乏责任心，就会导致在具体的作业过程中不负责任，且工作不认真，不按时巡检、维修，严重违反规章制度。二是岗位职责履行不到位，只是单纯地完成作业动作，作业不标准、不规范。三是业务技能欠佳，安全技能不高，作业人员对本工种操作技能掌握不全面，对规章制度理解不到位，致使在作业过程中出现臆测操作等不安全行为。四是作业过程中存在异常的心理状态，如侥幸心理、经验心理、惰性心理、逞能心理、从众心理等极易支配人的身体引发不安全行为。

3）应对措施

一是增强安全意识，让员工从思想上、行为上牢固树立"安全第一"的思想。二是加大员工标准化作业执行力度，适时通过自查、自纠、互查、互纠等形式检查落实情况。三是增强底线思维和红线意识，加强现场作业管控，抓好作业标准执行和设备检修质量管控。四是严格落实安全生产主体责任，加强委外单位安全管理，严防不安全行为的出现。

二、物的不安全状态导致的事故

物的不安全状态，这里指的是城市轨道交通运营中的设备设施的不安全状态，主要包括机器、设备、工具、附件、场地、环境等有缺陷。设备设施的不安全状态的运动轨迹，一旦与人的不安全行为的运动轨迹交叉，就是发生事故的时间与空间。因此，正确判断设备设施的具体不安全状态，控制其发展，对预防、消除事故有直接的现实意义。

1. C 市地铁车门脱落事件

（1）事件概况：×年11月×日9时30分许，C市荃湾线一列载客列车由旺角站出发后驶往油麻地站，并在约有两节车厢驶进油麻地站2号月台后停下，第一节车厢的前轮轴偏离路轨，车厢倾斜靠向月台边缘，并有两对车门脱离车身，事故发生时，驾驶员报告发现火花和烟雾。经过全面的修复，荃湾线全线服务于×年11月×+1日首班车恢复正常（图9.2）。

（2）事件影响：荃湾线来往荔景和佐敦站的列车服务暂停 943 min，对 1 000 余名乘客进行现场疏散，3 名乘客身体不适。

图 9.2 C 市地铁车门脱落事件现场

（3）现场处置：乘客在工作人员的协助下，通过该月台近尾端的列车车门和月台站台门进行疏散，控制中心安排部分线路小交路运行；同时，开通免费接驳巴士。

（4）事件原因：列车驶近油麻地站月台时，距离月台约50 m的一个永久固定的金属护栏（约宽7 m、高2.4 m，质量约1 700 kg）发生位移并进入列车路径的范围，列车因此与护栏碰撞，导致列车第一条轮轴偏离路轨并在约有两节车厢驶进月台后停下。车门脱离是由于列车偏离路轨时，车门与月台撞击所致。

十二组固定涉事金属护栏组件的螺栓和螺母有严重腐蚀的情况，导致螺栓无法紧固在地面上，金属护栏不能固定在地上导致其结构不稳，金属护栏因此倾斜并进入列车路径范围。

（5）事件启示：根据调查显示，C市城市轨道交通运营公司制定有土木结构保养维修制度，但对土木结构及此类护栏的分类不够精细，未对涉事栏杆及类似设计的装置进行登记，因此，没有给出保养维修指引，未定期评估护栏安全状态及对列车运营的影响，渗水对护栏的影响并没有引起作业人员的注意。该事件暴露出相关人员工作中安全管理未闭环，安全意识敏感度不强，在工作中必须层层落实岗位责任，深入分析场地不安全状态，做好风险辨识和问题整改。

2. D市地铁车辆线路短路导致列车火灾

（1）事件概况：×年7月×日16时30分许，D市地铁由某地开往机场的一辆地铁列车，运行途中列车车厢顶部出现明火并冒出黑烟，车厢内被大量烟雾笼罩，造成机场线全线中断运营。经专业人员、消防、公安等进行现场扑救后，17时29分，起火列车退出正线，机场线全线恢复运营（图9.3）。

（2）事件影响：线路全线中断运营，乘客紧急疏散，无人员伤亡，处置过程中也没有造成次生事故。

图9.3　D市地铁车辆线路短路导致列车火灾

（3）现场处置：经专业人员、消防、公安等进行现场扑救后，17时29分，起火列车退出正线，机场线全线恢复运营。

（4）事件原因：一是车厢顶灯接线短路引燃车顶海绵。车厢顶部客室照明的筒灯接线在密封式对接插头处短路，造成高温，引燃附近用于减震、防尘的填充海绵。二是车辆设计、选材、制造不规范，车辆内部使用易燃材料，未使用阻燃材料，埋下火灾隐患。

（5）事件启示：列车如果发生火灾，造成车辆设备损坏，如火灾较大、应急处置不力，可能造成人员伤亡，会对运营安全造成极大损害，在社会中将会产生严重不良舆论影响。因此，一是在日常作业时，要按照检修规程做好城市轨道车辆的日常维护保养，及时消除车辆隐患，杜绝车辆带病上线。二是地铁设施均应使用阻燃材料，引发此次地铁车厢起火的一个重要原因就是在车辆顶部填充了海绵，而对已投入使用的非阻燃设施设备，应当及时更换。三是要增强员工安全意识，要做到遇火情早发现、早上报、早处理，尽力避免火灾扩大。

3. 物地不安全状态的成因分析及应对措施

通过分析国内外地铁事故统计，我们可以得出在城市轨道交通的运营安全生产过程中，车辆、信号、机电、轨道、供电等运营设备的不安全状态较为频发，即设备设施的不安全状态，也就是人们日常所说的物的不安全状态。

物的不安全状态通常会与人的不安全行为有所关联，所以设备设施的不安全状态既反映的是设备设施的自身特性，也反映了人的职业素养和决策水平等。

1）外在因素

一是作业标准存在漏洞。制定的作业标准、维修策略不够科学、合理、严谨，作业标准不统一或者未明确，导致现场作业无章可依。二是检修作业质量欠佳。作业人员技能不达标，责任心不强，导致在设施设备检修过程中，对设备的维护保养不到位或者是未能及时发现和消除设施设备存在的隐患。

2）内在因素

一是设备老旧。由于线路运营时间的增加及客流的不断增大，部分线路的设备设施处于不断运行的状态，随着时间的推移，逐步产生磨损、老化、超负荷运转等情况，导致其自身功能稳定性降低。二是设计缺陷。设备设施的设计问题、质量问题或者是施工问题，导致其自身存在一定的安全隐患，一旦达到某个条件或阈值，就会引起安全事故。

3）应对措施

一是完善设施设备的检修作业标准。研究常发故障且容易引起较大影响的设施设备的功能及原理，掌握其故障的发生规律并纳入检修作业指导书等技术标准中，不断修正完善，确保检修作业标准贴近现场实际，符合设施设备维修策略。二是加强设施设备检修质量的抽查抽验。对关键设备、检修关键作业、关键环节进行督导检查，确保现场作业按规定开展，作业质量达到相关标准。三是强化作业人员劳动纪律和作业纪律。抓好设备质量检修质量，以质量保安全，从根源上杜绝由于设备质量问题导致的事故。四是做好设备设施隐患排查，加强设备巡检，定期开展关键设施设备的安全专项检查，及时发现隐患问题并落实整改。

三、环境因素导致的事故

环境因素可分为外部环境和内部环境两类。一般来说，由于外部环境的复杂性和隐蔽性，从而导致外部环境不可控；内部环境是指作业场所人为形成的环境，内部环境有时会给员工带来心理上的压力，从而诱发员工的不安全行为。

1. E 市地铁隧道被施工打桩机击穿

（1）事件概况：×年 12 月×日 6 时 45 分许，E 市一非地铁施工单位在未经审批的情况下擅自进行打桩施工作业，水泥桩直接打入地铁×号线隧道，导致 E 市地铁×号线红树湾南-后海下行隧道被打桩机击穿，接触网设备受损，一辆列车在紧急制动后撞上打入隧道内的水泥桩（图 9.4）。

（2）事件影响：×号线全线运行受阻，大量乘客滞留，工作人员受伤，无乘客受伤，列车严重受损。

（3）现场处置：在看到障碍物后，驾驶员立即对列车实施紧急制动，由于列车速度较快,列车车头右上部将柱子撞断,驾驶员头部被硬物撞伤,大批乘客出行受到影响,经过约12个小时的紧急抢修,当日晚间运行服务恢复。

图 9.4　E 市地铁隧道被施工打桩机击穿

(4) 事件原因:外部施工单位在未经审批的情况下擅自进行打桩施工作业,桩头击穿地铁盾构隧道结构。

(5) 事件启示:一是外部环境的不确定性因素,可能导致列车在运行中发生险情,因此对线路状态及进路的瞭望至关重要。二是夜间施工作业等极易造成物品遗留、侵限,轧道车需对线路、设备状态重点确认。三是线路异物侵限是列车脱轨、侵覆的诱发性因素,风险高、影响大。

2. F 市地铁高架线路接触网上悬挂异物

(1) 事件概况:×年 4 月×日 23 时 22 分许,受雷电大风天气影响,F 市地铁高架线路上行区间接触网上悬挂长达 20 m 的防尘网,该防尘网横跨上下行接触网。驾驶员发现情况后,立即采取紧急停车措施。由于现场无法处置,驾驶员报行车调度后安排专人现场处理(图 9.5)。

图 9.5　F 市地铁高架线路接触网上悬挂异物

(2) 事件影响:线路运营中断,晚点 2 列次、清客 3 列次,区间疏散 1 列次,区间疏散乘客 60 多名,造成了一定的社会影响。

(3) 现场处置:接触网区间停电,抢修作业人员携带异物处置工器具进入下行线路处置,次日 01 时 16 分许,异物处理完毕并清出轨行区,接触网恢复供电。

(4) 事件原因:受雷雨大风天气影响,防尘网由线路旁边的施工场地飘出,后缠绕在对应高架区段下行线路接触网上方。

(5) 事件启示:一是需严格监控高架段异物侵限事件,尤其是大风等恶劣天气,做到早发现，早处理；二是加强高架区段周边施工单位管理，确保行车安全。

3. 环境因素导致的安全事件的成因分析及应对措施

通过案例我们可以总结出来，环境的不安全因素对城市轨道交通的安全运营也有很大影响。外部环境因素可以分为自然环境和社会环境，内部环境可分为作业环境和人文环境。一般来说，外部环境可控性较差，日常工作容易忽略，其易引发安全事故。

1) 外部环境——自然环境因素的影响

一是受大风天气的影响。地铁高架线路及车辆段/停车场的敞口段，极易造成异物侵限；大风天气户外施工作业人员易被吹倒摔伤，如接触网登高空作业。二是受暴雨的影响。地铁线路可能会发生雨水倒灌入地下车站，车站及隧道积水，造成人员伤害、设备损坏、线路停止运营（可自主学习郑州地铁5号线"7·20事件"）；雨天时露天的钢轨湿滑，行车时若未能有效控制列车制动距离，易导致列车发生滑行冒进等。三是高温及严寒天气的影响。夏季持续的高温易使通信等设备房电气设备热量累积，引发电气火灾；极端的高温天气还可能会造成轨道胀轨，严重威胁行车安全；夏季易引发乘客或者员工中暑昏迷，危及自身安全。冬季线路、道岔易积雪，接触网易悬挂冰柱，影响行车安全；雨雪天气下乘客易在进出站口滑倒摔伤。四是邻近外部单位作业的影响。临近车站或线路的外部作业可能会影响地铁运营的安全，新线下穿工程可能改变原有稳定的地质构造，对运营安全造成影响。

2) 外部环境——社会环境因素的影响

一是恐怖袭击分子会选择在人员密集、封闭性强的城市轨道交通施放毒气（可自主学习东京地铁沙林毒气事件）、炸弹等。二是少部分人因生活压力较大，产生抑郁、悲观厌世情绪，有可能选择在轨道交通上自杀、制造纵火等事故。

3) 内部环境——作业环境因素的影响

一是作业环境脏、乱、差会造成人员心理焦躁等厌烦情绪，从而引发人的不安全行为，继而发生事故。二是缺乏必要卫生工程技术设施。如没有通风换气或照明设备，缺乏防尘、防毒、防暑降温、防噪声等措施、设备或相应措施、设备不完善、效果不好，从而引发人员伤害。

4) 内部环境——人文环境因素的影响

人文环境是城市轨道交通企业强化运营安全管理的重要手段之一，如尊重劳动，让员工有归属感、获得感、职业自豪感，为他们提供整洁有序、优美清洁的工作环境，和谐团结的工作氛围，让员工关爱生命，不断关注和改善自己的安全环境。

5) 应对措施

一是重视设备运行环境盯控。在日常巡视设备时不可只注重设备本体的运行状态，还应关注设备运行环境的检查。二是出现大风、高温、严寒、暴雨等极端天气时，应加强运营线路、场段、车站、行车设备等的巡视检查；运用科技手段对恶劣气候进行跟踪监测，及时进行险情预报，做好事故应急救援。三是要对邻近外部单位施工可能造成的影响有预见性，根据实际情况对本单位可能受影响的设备或区域进行盯控，发现问题立即上报，加强横向协调，纵向联动，提高应急处置效率。四是加强现场作业环境管理，严格佩戴劳动防护用品，工完场清，严格恢复原有生产环境。五是完善风险辨识和隐患排查制度，针对作业环境存在的不安全因素，定期组织开展危险源辨识和隐患排查工作，对于发现的典型问题，能整改的要立即整改。

四、管理因素导致的事故

安全管理是以消除人的不安全行为和物的不安全状态，预防事故的发生为目的，管理不到位、缺位是导致事故发生的重要因素。

1. G 市地铁车站漏水事件

（1）事件概况：×年 8 月×日 05 时 31 分许，G 市地铁×号线××站 C 口与站厅连接处吊顶上部消防管路法兰连接处脱开导致大量消防水涌出，对车站客运服务造成较大影响。

（2）事件影响：事件造成事件发生车站延迟开站 45 分钟、载客越站 6 列次，对×号线运营服务造成较大影响；造成部分设备设施受损及一定的经济损失。

（3）现场处置：事发车站发现险情后立即报行车调度，并通知设施设备相关专业人员，环控调度关闭事发车站消防电动蝶阀；行车调度通知全线车站、各次列车在事发车站关站，组织各专业进行抢修；6 时 30 分许，漏水量减少。

（4）事件原因。

①直接原因：事发车站 C 口与站厅连接处吊顶上部消防管路法兰与卡箍型号不匹配，导致法兰与卡箍安装间隙过大，管口不同心，管路长期受纵向应力及消防水压力影响导致连接卡箍件错位，最终造成连接口开裂。

②间接原因：相关专业未及时发现漏水原因，仅临时使用管道将漏水引流至离壁墙排水沟，处理措施不当，未解决根本问题，未能有效遏制故障发生。

（5）事件启示：该事件暴露出对隐患问题重视不够、现场处置能力不强等问题。其中，一是要严格卡控设备安装质量，提高发现问题的水平、解决问题的能力，加大现场检查力度，加大隐蔽工程的抽查力度。二是优化处置程序，提高应急处置效率，落实责任闭环管理，认真履行安全生产责任，及时消除隐患。

2. 管理因素导致的安全事件的成因分析及应对措施

管理缺失会导致人的不安全行为和设备设施的不安全状态出现，从而进一步引发事故，有效的管理会间接消除事故隐患，防止事故发生。涉及城市轨道交通运营安全的管理因素较多，它的本质就是充分发挥人的积极性和创造性，调动一切资源（人、财、物、信息）和积极因素，促使各种矛盾向有利于城市轨道交通运营安全方面转化。

1）成因分析

安全管理缺失分为四类，一是对城市轨道交通安全规章、规范、标准学习掌握不到位，未按照要求严格执行（如巡检漏巡，设备失修）。二是应急预案和现场处置方案不完善，未对处置规范及流程进行明确，致使发生突发情况后响应缓慢。三是双重预防机制落实不到位，隐患排查不到位，问题意识不强，对安全隐患处理不及时。四是故障处置过程，专业管理人员协调不力，履职不到位，协调决判能力低等。五是未严格落实安全主体责任，不能及时发现监管单位的施工计划漏项、维护质量不高等问题。

2）应对措施

应对措施分为五类：一是按照法律法规、标准、规范相关条款要求，动态核查相关技术标准、操作规程等是否有缺项，并结合城市轨道交通运营实际，持续改进完善各项规章规程，及早约束和规范各种行为，提出更加具体的要求；二是强化安全生产责任制，加大安全管理力度，严格落实各项标准规范，避免工作人员出现失误而导致不可靠事件的发生；三是完善应急管理体系，制定重实效、可操作性强的各类应急预案及现场处置方案；四是发挥督导作用，深入安全检查，对违反作业纪律、安全操作规程的行为要立即制止，及时有效消除安全隐患；五是加大安全知识、意识、能力的培训力度，提高员工的综合安全素质和业务技能。

【任务实施】

背景描述	认真总结研究城市轨道交通典型事故案例是预防发生类似事故的重要措施，大家从中可以汲取经验教训。学习事故案例，能够进一步提升安全意识和管理水平，营造轨道交通安全发展的环境和氛围
讨论主题	选一则城市轨道交通典型事故案例，谈谈你的看法和认识
成果展示	小组推选优秀组员展开演讲
任务反思	1. 你在本任务中学到的知识点有哪些？ 2. 你对自己在本任务中的表现是否满意？写出课后反思

【任务评价】

序号	评价项目	评价指标	分值	自评（30%）	互评（30%）	师评（40%）	合计
1	职业素养 30分	运用信息化手段收集信息、处理信息的能力	10				
		逻辑思维和表达能力	5				
		完成任务的积极主动性	5				
		交流沟通、分享能力	5				
		遵章守纪、安全责任意识	5				
2	专业能力 60分	能够选择合适、恰当的案例进行分析	10				
		能够多角度、正确分析事故成因	25				
		能够全方位、多维度吸取事故教训，采取预防措施	25				
3	创新意识 10分	创新性思维和行动力	10				
	合计		100				
	综合得分						

> **拓展知识**
>
> ## 警钟长鸣，安全同行
>
> 　　安全是天，生死攸关。城市轨道交通安全运营既包括运营，更包括安全，首先应该是安全的运营，然后是运营的安全。郑州地铁 5 号线"7·20 事件"是我们永远都不愿再次提起，却又无法回避的、触目惊心的事件。《河南郑州"7·20"特大暴雨灾害调查报告》指出，这场灾害事件有极端暴雨防御难度大的原因，有城市发展快、历史欠账多的原因，也集中暴露出郑州市委市政府、有关区县（市）和部门单位领导干部认识准备不足、防范组织不力、应急处置不当等问题。
>
> 　　2021 年 7 月 20 日，郑州地铁 5 号线 04502 次列车行驶至海滩寺站至沙口路站上行区间时遭遇涝水灌入，失电迫停。经疏散救援，953 人安全撤出、14 人死亡。调查认定，这是一起由极端暴雨引发严重城市内涝，涝水冲毁五龙口停车场挡水围墙、灌入地铁隧道，郑州市地铁集团有限公司和有关方面应对处置不力、行车指挥调度失误，违规变更五龙口停车场设计、对挡水围墙建设质量把关不严，造成重大人员伤亡的责任事件。
>
> 　　此次事件暴露出以下问题：一是郑州地铁未及时采取预警响应行动，应对处置管理混乱，未执行重大险情报告制度，事发整个过程未启动应急响应；二是行车指挥调度失误，指令列车退行，导致列车所在位置标高比退行前所在位置标高低约 75 cm，增加了车内水深，加重了车内被困乘客险情；三是停车场挡水围墙质量不合格，擅自变更设计，使停车场处于较深的低洼地带，导致自然排水条件变差。城市轨道交通行业一定要坚持人民至上、生命至上，坚持红线意识、底线思维，坚持真抓实干、担当作为，筑牢安全管理基石，坚持"安全隐患零容忍"理念，压紧、压实工作责任。
>
> 　　我们应该深刻汲取郑州地铁 5 号线淹水倒灌事件教训，有针对性地完善应急预案，强化应急响应处置。出现极端天气、发生紧急情况危及人民群众生命安全的，运营单位应该按照规定立即停止相关区段或全线网运营，该关闭的关闭、该停运的停运。我们还应该始终把保障人民群众生命财产安全放在第一位，扎实工作，坚决抓好城市轨道交通运营安全中的各项工作，全力确保城市轨道交通的安全、稳定运行。

【作业习题】

一、填空题

1. 事故或事件的发生都与＿＿＿＿、＿＿＿＿、＿＿＿＿、＿＿＿＿四个方面紧密相关。
2. 人的不安全行为通常是指＿＿＿＿＿＿＿＿或＿＿＿＿＿＿＿＿的人为错误。
3. 安全管理，以＿＿＿＿＿＿和＿＿＿＿＿＿，预防事故的发生为目的。
4. 正确判断设备设施的＿＿＿＿＿＿，控制其＿＿＿＿＿＿，对预防、消除事故有直接的现实意义。
5. 管理缺失会导致＿＿＿＿＿＿和设备设施的不安全状态出现，从而进一步导致事故的发生。

二、简答题

1. 试分析人的不安全行为的成因。
2. 如何预防由物的不安全状态导致的安全事故？

参 考 文 献

[1] 阎国强. 城市轨道交通概论 [M]. 3版. 北京：人民交通出版社，2021.
[2] 崔宏巍. 城市轨道交通概论 [M]. 2版. 北京：人民交通出版社，2022.
[3] 罗钦，陈菁菁. 城市轨道交通概论 [M]. 2版. 成都：西南交通大学出版社，2021.
[4] 林瑜筠. 城市轨道交通概论 [M]. 2版. 北京：中国铁道出版社，2021.
[5] 张凡. 城市轨道交通概论 [M]. 4版. 成都：西南交通大学出版社，2021.
[6] 姚林泉，汪一鸣. 城市轨道交通概论 [M]. 2版. 北京：清华大学出版社，2021.
[7] 李再帏. 城市轨道交通工务概论 [M]. 北京：中国铁道出版社，2018.
[8] 邵伟中，宋博，刘纯洁. 城市轨道交通土建设施运行与维修 [M]. 北京：中国建筑工业出版社，2019.
[9] 李红莲. 城市轨道交通车站机电设备 [M]. 北京：机械工业出版社，2017.
[10] 俞军燕. 城市轨道交通车站机电设备运行与维护 [M]. 2版. 北京：中国建筑工业出版社，2019.
[11] 上海申通地铁集团有限公司轨道公司. 城市轨道交通车站客运服务 [M]. 北京：中国铁道出版社，2018.
[12] 刘亚磊. 城市轨道交通车辆 [M]. 北京：北京交通大学出版社，2019.
[13] 李怡，袁佳，唐艳红. 城市轨道交通车辆检修 [M]. 成都：西南交通大学出版社，2020.
[14] 杜彩霞，谢鹏程. 城市轨道交通车辆构造与检修 [M]. 北京：机械工业出版社，2023.
[15] 陈玲. 城市轨道交通供电系统 [M]. 北京：北京交通大学出版社，2018.
[16] 陶艳，朱闻名. 城市轨道交通供电技术 [M]. 2版. 北京：人民交通出版社，2022.
[17] 李学武. 城市轨道交通供电系统概论 [M]. 北京：化学工业出版社，2015.
[18] 张利彪. 城市轨道交通信号与通信系统 [M]. 2版. 北京：人民交通出版社，2020.
[19] 郝菊香，王茹玉，唐艺凡. 城市轨道交通信号与通信系统 [M]. 成都：西南交通大学出版社，2021.
[20] 张喜. 城市轨道交通信号与通信概论 [M]. 北京：北京交通大学出版社，2020.
[21] 毛保华. 城市轨道交通规划与设计 [M]. 3版. 北京：人民交通出版社，2020.
[22] 刘莉娜. 城市轨道交通客运组织 [M]. 3版. 北京：人民交通出版社，2020.
[23] 周玮腾，韩宝明，杜恒，等. 城市轨道交通行车调度 [M]. 北京：北京交通大学出版社，2020.
[24] 孙佩，禹建伟. 城市轨道交通行车组织 [M]. 北京：中国铁道出版社，2021.

[25] 常博,刘建利,牛林杰. 城市轨道交通行车组织［M］. 武汉：华中科技大学出版社,2021.

[26] 纪争,毛昱洁. 城市轨道交通列车驾驶［M］. 北京：人民交通出版社,2020.

[27] 芦建明. 城市轨道交通列车驾驶［M］. 北京：中国铁道出版社,2015.

[28] 王健,孟磊,何晓晖,等. 城市轨道交通安全管理［M］. 3版. 北京：人民交通出版社,2023.

[29] 上海申通地铁集团有限公司轨道交通培训中心. 城市轨道交通安全和应急手册［M］. 北京：人民交通出版社,2022.